中宣部2022年主题出版重点出版物

“十四五”国家重点图书出版规划项目

# 全面建成小康社会

## 内蒙古奋斗者

NEIMENGGU FENDOUZHE

本书编写组

内蒙古人民出版社

责任编辑：段瑞昕　郭婧赟
封面设计：石笑梦　刘那日苏
版式设计：汪　阳　刘那日苏

**图书在版编目（CIP）数据**

全面建成小康社会内蒙古奋斗者 / 本书编写组 编著 . — 呼和浩特：
　内蒙古人民出版社，2022.9
（“纪录小康工程”地方丛书）
ISBN 978 – 7 – 204 – 17268 – 9

I. ①全… II. ①本… III. ①先进工作者 – 先进事迹 – 内蒙古 IV. ① K820.826

中国版本图书馆 CIP 数据核字（2022）第 176587 号

**全面建成小康社会内蒙古奋斗者**
QUANMIAN JIANCHENG XIAOKANG SHEHUI NEIMENGGU FENDOUZHE

本书编写组

内蒙古人民出版社　出版发行
（010010　呼和浩特市新城区中山东路 8 号）

内蒙古爱信达教育印务有限责任公司印刷　新华书店经销

2022 年 9 月第 1 版　2022 年 9 月第 1 次印刷
开本：710 毫米 ×1000 毫米 1/16　印张：25.5
字数：320 千字

ISBN 978 – 7 – 204 – 17268 – 9　定价：90.00 元

邮购地址 010010　呼和浩特市新城区中山东路 8 号
内蒙古人民出版社图书营销部　电话：（0471）3946298

# 总 序

## 为民族复兴修史 为伟大时代立传

小康，是中华民族孜孜以求的梦想和夙愿。千百年来，中国人民一直对小康怀有割舍不断的情愫，祖祖辈辈为过上幸福美好生活劳苦奋斗。“民亦劳止，汔可小康”“久困于穷，冀以小康”“安得广厦千万间，大庇天下寒士俱欢颜”……都寄托着中国人民对小康社会的恒久期盼。然而，这些朴素而美好的愿望在历史上却从来没有变成现实。中国共产党自成立那天起，就把为中国人民谋幸福、为中华民族谋复兴作为初心使命，团结带领亿万中国人民拼搏奋斗，为过上幸福生活胼手胝足、砥砺前行。夺取新民主主义革命伟大胜利，完成社会主义革命和推进社会主义建设，进行改革开放和社会主义现代化建设，开创中国特色社会主义新时代，经过百年不懈奋斗，无数中国人摆脱贫困，过上衣食无忧的好日子。

特别是党的十八大以来，以习近平同志为核心的党中央统揽中华民族伟大复兴战略全局和世界百年未有之大变局，团结带领全党全国各族人民统筹推进“五位一体”总体布局、协调推进“四个全面”战略布局，万众一心战贫困、促改革、抗疫情、谋发展，党和国家事业取得历史性成就、发生历史性变革。在庆祝中国共产党成立100周年大会上，习近平总书记庄严宣告：“经过全党全国各族人民持续奋斗，我们实现了第一个百年奋斗目标，在中华大地上全面建成了小康社会，历史性地解决了绝对贫困问题，正在意气风发向着全面建成社会主义现代化强国的第二个百年奋斗目标迈进。”

这是中华民族、中国人民、中国共产党的伟大光荣！这是百姓的福祉、国家的进步、民族的骄傲！

全面小康，让梦想的阳光照进现实、照亮生活。从推翻“三座大山”到“人民当家作主”，从“小康之家”到“小康社会”，从“总体小康”到“全面小康”，从“全面建设”到“全面建成”，中国人民牢牢把命运掌握在自己手上，人民群众的生活越来越红火。“人民对美好生活的向往就是我们的奋斗目标。”在习近平总书记坚强领导、亲自指挥下，我国脱贫攻坚取得重大历史性成就，现行标准下9899万农村贫困人口全部脱贫，建成世界上规模最大的社会保障体系，居民人均预期寿命提高到78.2岁，人民精神文化生活极大丰富，生态环境得到明显改善，公平正义的阳光普照大地。今天的中国人民，生活殷实、安居乐业，获得感、幸福感、安全感显著增强，道路自信、理论自信、制度自信、文化自信更加坚定，对创造更加美好的生活充满信心。

全面小康，让社会主义中国焕发出蓬勃生机活力。经过长期努力特别是党的十八大以来伟大实践，我国经济实力、科技实力、国防实力、综合国力跃上新的大台阶，成为世界第二大经济体、第一大工业国、第一大货物贸易国、第一大外汇储备国，国内生产总值从 1952 年的 679 亿元跃升至 2021 年的 114 万亿元，人均国内生产总值从 1952 年的几十美元跃升至 2021 年的超过 1.2 万美元。把握新发展阶段、贯彻新发展理念、构建新发展格局、推动高质量发展，全面建设社会主义现代化国家，我们的物质基础、制度基础更加坚实、更加牢靠。全面建成小康社会的伟大成就充分说明，在中华大地上生气勃勃的创造性的社会主义实践造福了人民、改变了中国、影响了时代，世界范围内社会主义和资本主义两种社会制度的历史演进及其较量发生了有利于社会主义的重大转变，社会主义制度优势得到极大彰显，中国特色社会主义道路越走越宽广。

全面小康，让中华民族自信自强屹立于世界民族之林。中华民族有五千多年的文明历史，创造了灿烂的中华文明，为人类文明进步作出了卓越贡献。近代以来，中华民族遭受的苦难之重、付出的牺牲之大，世所罕见。中国共产党带领中国人民从沉沦中觉醒、从灾难中奋起，前赴后继、百折不挠，战胜各种艰难险阻，取得一个个伟大胜利，创造一个个发展奇迹，用鲜血和汗水书写了中华民族几千年历史上最恢宏的史诗。全面建成小康社会，见证了中华民族强大的创造力、坚韧力、爆发力，见证了中华民族自信自强、守正创新精神气质的锻造与激扬，实现中华民族伟大复兴有了更为主动的精神力量，进入不可逆转的历史进程。今天，我们比历史上任何时期都更接近、更有信心和能力实现中华民族伟大复兴的目标，中国人民的志气、骨气、底气极大增强，奋进新征程、建功新时代有着前所未有的历史主动精神、历史创造精神。

全面小康，在人类社会发展史上写就了不可磨灭的光辉篇章。中华民族素有和合共生、兼济天下的价值追求，中国共产党立志于为人类谋进步、为世界谋大同。中国的发展，使世界五分之一的人口整体摆脱贫困，提前十年实现联合国2030年可持续发展议程确定的目标，谱写了彪炳世界发展史的减贫奇迹，创造了中国式现代化道路与人类文明新形态。这份光荣的胜利，属于中国，也属于世界。事实雄辩地证明，人类通往美好生活的道路不止一条，各国实现现代化的道路不止一条。全面建成小康社会的中国，始终站在历史正确的一边，站在人类进步的一边，国际影响力、感召力、塑造力显著提升，负责任大国形象充分彰显，以更加开放包容的姿态拥抱世界，必将为推动构建人类命运共同体、弘扬全人类共同价值、建设更加美好的世界作出新的更大贡献。

回望全面建成小康社会的历史，伟大历程何其艰苦卓绝，伟大胜利何其光辉炳耀，伟大精神何其气壮山河！

这是中华民族发展史上矗立起的又一座历史丰碑、精神丰碑！这座丰碑，凝结着中国共产党人矢志不渝的坚持坚守、博大深沉的情怀胸襟，辉映着科学理论的思想穿透力、时代引领力、实践推动力，镌刻着中国人民的奋发奋斗、牺牲奉献，彰显着中国特色社会主义制度的强大生命力、显著优越性。

因为感动，所以纪录；因为壮丽，所以丰厚。恢宏的历史伟业，必将留下深沉的历史印记，竖起闪耀的历史地标。

中央宣传部牵头，中央有关部门和宣传文化单位，省、市、县各级宣传部门共同参与组织实施“纪录小康工程”，以为民族复兴修史、为伟大时代立传为宗旨，以“存史资政、教化育人”为目的，形成了数据库、大事记、系列丛书和主题纪录片4方面主要成果。目前已建成内容全面、分类有序的4级数据库，编纂完成各级各类全面小康、脱贫攻坚大事记，出版“纪录小康工程”丛书，摄制完成纪录片《纪录小康》。

“纪录小康工程”丛书包括中央系列和地方系列。中央系列分为“擘画领航”“经天纬地”“航海梯山”“踔厉奋发”“彪炳史册”5个主题，由中央有关部门精选内容组织编撰；地方系列分为“全景录”“大事记”“变迁志”“奋斗者”“影像记”5个板块，由各省（区、市）和新疆生产建设兵团结合各地实际情况推出主题图书。丛书忠实纪录习近平总书记的小康情怀、扶贫足迹，反映党中央关于全面建成小康社会重大决策、重大部署的历史过程，展现通过不懈奋斗取得全面建成小康社会伟大胜利的光辉历程，讲述在决战脱贫攻坚、决胜全面小康进程中涌现的先进个人、先进集体和典型事迹，揭示辉煌成就和历史巨变背后的制度优势和经验启示。这是对全面建成小康社会伟大成就的历史巡礼，是对中国共产党和中国人民奋斗精神的深情礼赞。

历史昭示未来，明天更加美好。全面建成小康社会，带给中国人民的是温暖、是力量、是坚定、是信心。让我们时时回望小康历程，深入学习贯彻习近平新时代中国特色社会主义思想，深刻理解中国共产党为什么能、马克思主义为什么行、中国特色社会主义为什么好，深刻把握“两个确立”的决定性意义，增强“四个意识”、坚定“四个自信”、做到“两个维护”，以坚如磐石的定力、敢打必胜的信念，集中精力办好自己的事情，向着实现第二个百年奋斗目标、创造中国人民更加幸福美好生活勇毅前行。

# 目　录

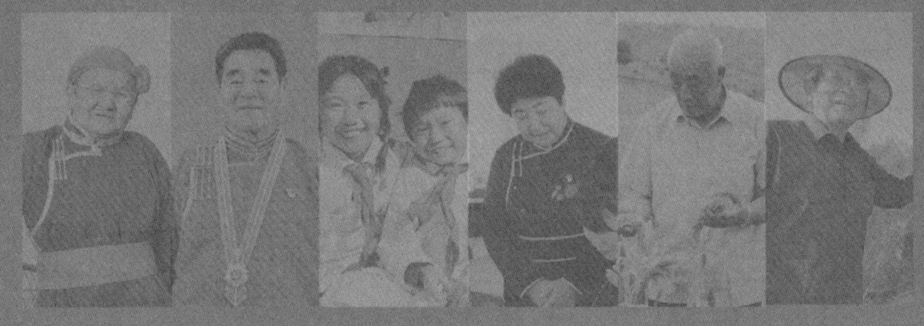

# 一、楷模引领篇

小康，一个存续千年的梦想，在内蒙古大地已变为现实。

“却顾所来径，苍苍横翠微。”在奔向全面小康的道路上，闪动着无数负重前行的身影，涌现出众多感人至深的故事。

用大爱温暖“国家孩子”的“人民楷模”都贵玛，扎根草原带领牧民致富的改革先锋廷•巴特尔，入选“100位新中国成立以来感动中国人物”的草原英雄小姐妹龙梅和玉荣，带领草原姐妹“绣”出幸福生活的脱贫攻坚楷模白晶莹，数十年如一日帮扶贫困群众脱贫致富的武汉鼎，甘作大漠播绿人的“时代楷模”苏和……他们忠于党、忠于祖国、忠于人民的爱国情怀，勇于担当、坚毅执着、迎难而上的奋斗姿态，踏实干事、初心不改、默默耕耘的奉献精神，成为内蒙古闪耀全国的璀璨星光。

# 都贵玛：大爱温暖“国家的孩子”

“草原母亲”都贵玛老人有个微信群，群里有 20 多个人，都亲热地叫她额吉（蒙古语意为“母亲”）。不过，这些人没有一个和她有血缘关系。

茫茫草原，往事并不如烟，翻开内蒙古档案馆的资料，真实记录了 1960 年三千孤儿北上的历史。在“1960 年移入儿童设备购

都贵玛

置费明细表”中，有小木床、小毯子、小桌子、澡盆、枕头、毛巾……一件件育婴工具的背后，是一群细心的妈妈为即将领养的孩子做的精心准备。在这幅感人的画卷中，最鲜活的面容就是“人民楷模”都贵玛，她的故事以不同的形式在全国流传，她的名字在歌声中传扬，她的善行被写进书中，她的故事在荧幕上重现。

身穿紫色蒙古袍，头戴橘红色头巾，每当有客人来访或外出参加活动，都贵玛都会这样穿戴，这套衣服是她最喜欢的。都贵玛不仅是“草原的女儿”“最美的额吉”，也是牧区的妇产科医生、牧民的知心朋友。养育28名幼儿，为40多位产妇接生，照顾身边老幼……她缓缓叙述着自己的故事，仿佛在吟唱一首悠远的歌。

1942年，都贵玛出生在乌兰察布盟（今乌兰察布市）四子王旗脑木更苏木一个普通的牧民家庭。1959年，我国遭受严重自然灾害，粮食产量急剧下降，上海、江苏、浙江、安徽等地保育院中几千名孤儿因食品不足陷入困境。党中央高度重视此事，在周恩来总理和时任内蒙古自治区主席乌兰夫亲切关怀下，远在几千里之外、生活并不宽裕的草原额吉们敞开博大的胸怀，接纳了嗷嗷待哺的三千孤儿。孤儿中的28个孩子来到了四子王旗，最大的不过5岁，最小的尚未满月。一路辗转，当孩子们抵达四子王旗保育院时，保育员都贵玛已经等候多时。看到他们时，她只觉得他们“瘦小得像小羊羔一样”。

“我上过学，认得字，苏木（乡镇）领导问我，能不能照顾孩子，我就回答当然能了。当时自己刚从牧区出来工作，还比较兴奋，后来才知道，这绝对不是一件轻松的事情。”缓缓讲起这段往事，如今已年过八旬的都贵玛依然记忆清晰。

有牛粪烧着的蒙古包不会冷，有爱支撑的日子才不会苦。草原额吉谨记国家的嘱托，用真情付出诠释大爱无疆。

在蒙古包里，都贵玛把孩子们的床摆成圆形，自己睡在中间，这样晚上不论哪个孩子哭，她都能以最快的速度照料。她回忆说：“一下来了那么多孩子，像小羊羔一样，白天要照顾他们吃喝，晚上还要值班，根本没法睡觉。”但是看到孩子们一张张小脸逐渐红润、有了笑容，都贵玛觉得再苦再累都值得。给孩子们做饭、洗衣、煮牛奶、教儿歌、哄他们入睡……对于当时尚未成家的都贵玛而言，只能一步一步地学，白天忙得应接不暇，晚上经常衣不解

都贵玛和她抚养的“国家的孩子”

带。在她的精心呵护下，28 个孩子在艰难的岁月里全部都活了下来，真正做到了“接一个，活一个，壮一个”。孩子们陆续冒出新牙、学会走路、喊出第一声“额吉”。

1961 年春夏之际，当地没有子女的牧民家庭开始陆续收养孤儿。每个家庭来领养时，都贵玛都要逐个介绍孤儿的身体情况、个性习惯，交代抚养方法、注意事项。28 个孩子中，1 岁多的呼和是年龄最小、身体最弱的一个，也是都贵玛照顾时间最长的孩子。在都贵玛的精心照顾下，呼和快 3 岁时，已经长得高高壮壮，领养他的家庭也确定了下来。都贵玛反复叮嘱领养他的父母：“这孩子肠胃不太好，喂牛奶的时候要兑 2/3 的水，要不就消化不了。这孩子特别爱吃肉，可是不能给他吃太多……”话没说完，她哽咽着快步冲出门，跑到保育院后边的山坡上放声大哭。

都贵玛与她的 28 个孩子分别后，继续回到草原放牧。那时的杜尔伯特草原地广人稀、交通不便，医疗卫生条件十分落后，不少牧民 50 多岁就已疾病缠身，而分娩更是横亘在广大妇女面前的一道“鬼门关”。这让有抚养孤儿经历的都贵玛，更能理解作为母亲的不易，眼见着草原上缺少妇产医生，她看在眼里、急在心头。1974 年，她放下家里的活计，主动参加旗医院组织的培训，跟随妇产科医生学习产科医学知识。

1975 年的一天，乌兰希热嘎查牧民敖敦格日勒难产，但最近的医院也在 100 多公里外，情急之下，家人向刚从旗医院培训回来的都贵玛求助。她及时赶到产妇家，用自己掌握的现代医学技术救下了母女俩，那是她接生的第一个孩子。

都贵玛不是专职医生，她的第一身份还是牧民。当年与她一起参加产科培训的人，只有她坚持了下来，草原繁忙的时候，放牧和接产往往不能兼顾，但是只要有病人家属来找她，都贵玛总是第一时间赶过去。她总说：“既然党和政府让我学习掌握了这门技术，那么照顾病人就是我的责任。”都贵玛没有辜负乡亲们的信任，就像坚守照顾好“国家的孩子”的承诺一样，她一直尽职尽责地履行着产科大夫的职责，她把劳动之余的时间都放在学习产科医学技术上，逐步掌握了一套在牧区简陋条件下接产的独特方法，10 多年间，她迎接了一个又一个新的生命。

都贵玛有个药箱，是当时培训她的医生送给她的。2016 年，她把这个见证了几十个孩子出生的药箱，送给了四子王旗蒙中医院的玛希毕力格医生。回忆起额吉赠送药箱的那一幕，玛希毕力格说：“当时药箱上铺着蓝色哈达，哈达上放着一盒火柴。额吉说，这是我的老师送给我的，现在我送给你，这不仅仅是我们牧区医生的薪火相传，更是责任的传递。”

一滴水只有汇入海洋才能获得永久的生命，都贵玛犹如一滴融入大海的水，用最朴实的行动发挥着自己的光和热。20 世纪 80 年代初，都贵玛的哥嫂相继病故，她二话没说就把年仅 3 岁和 10 岁的孟克吉雅和朝格德力格尔兄弟俩接回家，与自己的女儿一同抚养成人。20 世纪 90 年代，都贵玛 80 多岁的姑姑、姑父瘫痪在床，无人照顾，她又将老两口接到家里照顾。2008 年汶川地震后，都贵玛主动联系嘎查党支部交纳了 3000 元的“特殊党费”。得知当地一所小学有 50 多名贫困学生时，她又拿出 5000 元帮他们交纳相关费用。2020 年新冠肺炎疫情期间，她先以党员身份捐款 1000 元，随后又向四子王旗红十字会捐款 5000 元。

她的奉献精神，赢得无数赞誉。1979 年、1983 年获得“全国三八红旗手”荣誉称号；2006 年获得“中国十大杰出母亲”荣誉称号；2007 年获得“全国道德模范”提名；2019 年被中宣部评为“最美奋斗者”；2021 年 6 月 2 日，都贵玛被授予“上海市荣誉市民”称号；2021 年 11 月 5 日，都贵玛被授予“第八届全国道德模范”荣誉称号……

2019 年 9 月 29 日，对于都贵玛来说，注定是极不平凡的一天。她被授予“人民楷模”国家荣誉称号。都贵玛激动地说：“这是党和人民给予我的最高荣誉。我将加倍珍惜这一荣誉，继续为家乡、为人民作出更多贡献！”

“我这辈子做的这些事情，其实都是我应该做的事情，党和国家给了我荣誉，我非常荣幸。人的一生总有忙不完的事情，只要身体允许，我还会用自己的能力帮助更多的人。”都贵玛在用一生的行动践行诺言。

如今，都贵玛抚养长大的 28 个“国家的孩子”像胡杨一样，已深深扎根在了这片哺育滋养他们的土地上，有的成为国家干部，有的成为人民教师，也有的人握着马鞭在马背上度过一生……都贵玛像一条情感的纽带，将天南海北的孩子们联结在一起。她经常通过微信和孩子们聊天，关心他们的近况，孩子们就算工作再忙、住得再远，都常常到家中看望她，孩子们对她有说不出的感激和依恋。“抚育‘国家的孩子’是我的荣光，他们跟我亲生的孩子一样。”都贵玛说，被孩子们叫一声“额吉”，就是最大的幸福。

# 廷·巴特尔：扎根北疆的“草原之子”

廷·巴特尔是内蒙古自治区锡林郭勒盟阿巴嘎旗洪格尔高勒镇萨如拉图雅嘎查的牧民。67 岁的他和草原打了半辈子交道，他投身边疆牧区建设 40 多年，探索出保护生态、发展经济、促进增收的新路子，使当地牧民生活发生深刻变化。

全国劳动模范、全国优秀共产党员、改革先锋、“七一勋章”获得者……这些年来，廷·巴特尔载誉无数，但每次接受采访，他都会说：“我是牧民，这是我的职业荣誉。”

## 从将军之子到“草原之子”

1974 年，廷·巴特尔从呼和浩特市来到了偏远的阿巴嘎旗洪格尔高勒镇萨如拉图雅嘎查插队。他记得，刚到嘎查时，放眼望去地上都是一大片一大片的白沙子，牧民们夜里睡觉连被褥都没有，照明是将棉花捻插在羊油里面点燃，写一封信寄到呼和浩特要半年时间。当年还不到 20 岁的廷·巴特尔，面对陌生的环境，一切都得从头学起。首先是语言，然后是骑马、放牧、打草等在草原上

“七一勋章”获得者廷·巴特尔

生存的基本技能。这些，对于年轻好学的廷·巴特尔来说都不是事儿。他用心去贴近草原和牧民，两年后，廷·巴特尔已经成长为经验老到的牧民了，成了知青“标兵”。21岁时，他加入中国共产党，并担任萨如拉图雅嘎查队长。

1976年，廷·巴特尔的父亲——廷懋将军出任内蒙古军区政委、内蒙古自治区党委第二书记。与此同时，知青可以返城的政策也出台了。在萨如拉图雅知青点，大家普遍认为廷·巴特尔肯定是第一个返城的知青。然而，出乎人们意料的是，知青们都想方设法回城了，只有廷·巴特尔选择扎根在这片北疆草原上。

“当了队长、书记，我扔下牧民就走，行吗？我回城了，这么多人怎么办？”廷·巴特尔这样解释自己当初的决定。

作为仅剩的知青、嘎查的大队长，廷·巴特尔深知自己肩上的责任很重，也明白做一个好队长，不能怕吃亏，只有吃亏才能把这个队领好。廷·巴特尔在生产实践中不断摸索尝试、总结经验，想各种办法带着牧民增收。

从1983年起，牧区开始推行草原畜牧双承包制，极大地调动了牧民的养畜积极性，牧民的日子发生了翻天覆地的变化。但因为缺少科学引导，很多牧民盲目追求牲畜数量，导致草原生态环境每况愈下。

看到这种情况，廷·巴特尔坐不住了。他从这户牧民家里出来，又进那户牧民家里，苦口婆心地向每一位牧民阐述围封退化草原、禁牧沙化草原的观点，但是接受的人寥寥无几。

“喊破嗓子，不如做出样子。”1986年，廷·巴特尔以身作则，在萨如拉图雅草原上做出惊人之举，他把家里辛辛苦苦养的60多只羊全部卖掉，改为养牛，并圈起300多亩草场。一年后，廷·巴特尔围封的300多亩草场打了9车草，相当于其他牧民1000亩草场的打草量。再后来，廷·巴特尔家出栏1头牛收入1200元，别人家2头羊才卖1000元。这鲜明的对比，让附近的牧民们看到了围封轮牧的好处，纷纷向他学习，同时也悟出一个道理：跟着廷·巴特尔干，没错。

总结多年的放牧实践经验，廷·巴特尔提出了著名的“蹄腿理论”：养1头牛只有4条腿，5只羊却有20只蹄子。很显然，5只羊对草原的破坏性远远超过1头牛，但效益却不如1头牛。养牛既保护了草原，又减轻了劳动强度，收入不降反增，何乐而不为呢？

廷·巴特尔在自家5926亩草场上将“蹄腿理论”付诸实施，他把草场划分为大小9块，大一点的草场根据植被情况进行轮牧，小草场供给怀孕的母牛和刚出生的小牛犊，还有一部分草场留给野生动物。草场生态得到了很好的恢复，牧草长到了成年人小腿那么高，一年四季都有野生动物出没。如今，经过30多年的反复实践和努力奋斗，廷·巴特尔已经找到了经济和生态效益的最佳平衡点。他家草场是锡林郭勒草原上保护得最好的草场之一，他家养殖的牛也是纯种西门塔尔牛。住在美丽如画的草原上，呼吸着清新的空气，只养50头牛，年收入即可达到50万元。按廷·巴特尔的话说："这不就是我们向往的生活吗？"

## 从脱贫先行者到致富的领路人

进入21世纪，多数牧民的日子越过越好，可仍有20多户牧民生活比较困难，廷·巴特尔看在眼里、愁在心里。

"我们党员干部要先站出来。"身为嘎查党支部书记，他带动嘎查"两委"班子成员慷慨捐出基础母羊，设立"流动扶贫羊群"项目，把羊群承包给贫困户饲养。每年羊毛收入和80%的成活羊羔归贫困户所有，20%的成活羊羔归嘎查集体。如此循环，在贫困户逐户脱贫时，嘎查"流动扶贫羊群"的"雪球"也越滚越大。

廷·巴特尔还根据嘎查实际情况找出了贫困的根源，搞评比式扶贫，把权力交给牧民，让牧民给贫困户打分。好吃懒做、劳动表现不好的扣分；家庭不和睦的扣分；酗酒的扣分；不爱护草场的扣分；不参加义务劳动的扣分……按得分高低依次排序，确定先扶谁后扶谁。2001年，经过对贫困户的科学合理帮扶，嘎查24户贫困户全部脱贫。随着"蹄腿理论"的深入实践，在扶贫过程中，嘎查的扶贫羊群也变成了扶贫牛群。

为进一步带领牧民致富，2003 年，他自掏腰包建起牛业扶贫公司，并承诺“公司赔了算我的，赚了都分给牧民”。

之后的十几年，公司收入都拿来为牧民缴纳医保费用，资助考上大学的牧民子女，补贴购买优良牛种、搞棚圈建设的牧民。2018 年公司解散时，他把公司 235 头牛和 16 万元全部分给牧民。

廷・巴特尔深知，要想让牧民群众过上好日子，首先要改变牧区的生态环境，他组织牧民在嘎查严重沙化退化地区，因地制宜种植黄柳、沙棘等耐旱植物，并积极争取各类生态建设项目，重点实施围封禁牧和“封、飞、造”等工程，草场全部实现围栏化，有效遏制了沙化退化现象。在发展生产方面，嘎查发展鲜奶、风干肉加工销售以及生态养鱼、牧民之家旅游等产业，牧民收入大幅度提高，从 40 多年前的人均年纯收入 40 多元，发展到现在的 1.88 万

廷・巴特尔

元。在基础设施建设中，通过积极争取项目、社会支持和嘎查投入等方式，修通了通往嘎查的砂石公路和通往景区乌里雅斯台的小柏油路；投资40万元，改扩建嘎查活动室，建固定便捷式厕所18处；在重点位置建垃圾箱27个，改变了嘎查的人居环境。在廷·巴特尔的带领下，牧民的生活发生了巨大变化，获得感、幸福感、安全感不断增强。

如今的萨如拉图雅嘎查已经成了远近闻名的生态村、富裕村，天更蓝、水更清、草更绿，牧民的生活也更富裕，家家户户住上了砖瓦房，通了电、修了路、拉了网，摩托车换成了小汽车。

“他带头，我们跟着学、照着做，一年纯收入30多万元。”说起廷·巴特尔，嘎查牧民云亮满心敬佩，“我们跟着他过上了好日子。”

现如今，在廷·巴特尔与老伴儿居住的房屋附近，有一座蓝顶白墙的彩钢房，里面摆着桌椅，还有一块块图文并茂的展板，展示他发展畜牧业的智慧和成果。

2010年，在当地政府支持下建成了一处农牧民培训基地，年均接待2万余人次。在这个大讲堂里，廷·巴特尔现身说法成了讲师，掰着指头给牧民算收入账、成本账、劳动账、生态账。他把几十年在生产中摸索出来的实践经验，特别是现代经营理念，毫无保留地传授给大家。

2015年廷·巴特尔卸任了嘎查党支部书记，但是只要有牧民来访，廷·巴特尔都会放下手头的活儿，毫无保留地与他们交流经验。“只要我的做法对大伙儿有用，我就有责任和义务全部传授给他们。”在培训基地参加培训，可以观摩廷·巴特尔家及周边牧民几十年来在社会主义新牧区建设中取得的实实在在成果，廷·巴特尔所讲授的也都是与时俱进的新经验、新方法，没有空话，句句实用，不仅造福一方牧民，也成了全国各地建设现代农牧业的典范。

多年来，廷·巴特尔始终为牧区的发展、为牧民的富裕奔波着。他还用自己的行动和成果说服牧民，赢得了大家的信任，成为牧民们的“主心骨”和贴心人。

# 草原英雄小姐妹：
# 最鲜艳的花朵 最可贵的精神
# 永不过时的精神航标

4 月的呼和浩特春暖花开，见到龙梅和玉荣时，这对已是花甲之年的蒙古族姐妹花依然美丽优雅。

50 多年来，龙梅和玉荣最不陌生的事情，就是讲述 1964 年那场惊心动魄的搏斗。

1964 年 2 月 9 日，这天一大早，因为阿爸要帮另一家牧民粉刷房子，给公社放 384 只羊的任务就落到了 11 岁的龙梅和 9 岁的玉荣姐妹俩肩上。

上午 10 点多，天气还好，姐妹俩赶着羊群离开了家。中午时分，一场罕见的特大暴风雪突然逼近了。狂风、暴雪铺天盖地，似乎要吞没这片广袤的草原。气温降至零下 37 摄氏度，西北风越刮越猛，羊群开始顺风狂奔。姐妹俩急忙拦住羊群往回赶，但是暴风雪却挡住了归路。怎么办？丢下羊群找个地方躲躲？她们想起了阿爸的话：“羊是集体的财产，是集体的命根子，一只也不能丢！”她们放弃了回去找阿爸的念头，姐妹俩艰难地左拉右挡，一起踩着厚厚的积雪艰难地追赶着羊群，离家越来越远。饥饿、寒冷、疲劳折磨着两个小姑娘，但是羊群没有停下来，龙梅和玉荣也不能停下。

在暴风雪中，不知过了多久，天渐渐亮了，此时姐妹俩已经跋涉了 30 多公里，来到了白云鄂博车站附近。妹妹玉荣的毡靴跑丢了，两只脚冻成了两个大冰坨子，龙梅想把自己的毡靴脱给妹妹，但是她的手指不听使唤，毡靴和脚也结结实实地冻在了一起。姐妹俩相互搀扶着，赶着羊群，一步步挪向铁道。玉荣耗尽了最后一点体力，晕倒在雪地上。几近冻僵了的龙梅、玉荣被当地牧民哈斯朝禄和白云鄂博矿区铁路扳道工人发现，小姐妹被及时送往白云铁矿医院救治，经过一天一夜的全力抢救后终于脱离了生命危险。

姐妹俩的性命保住了，但是龙梅失去了左脚拇指，玉荣右腿膝

龙梅、玉荣

关节以下和左腿踝关节以下做了截肢手术，造成终身残疾。她们用生命守护的384只羊，仅有3只被冻死，其余安然无恙。创造这个奇迹的，是两个孩子坚守的信念，“只要跟着羊群跑，羊就丢不了”“集体的羊一只也不能少”。

龙梅、玉荣参加2008年奥运会火炬接力传递活动

那场暴风雪改变了龙梅和玉荣的命运。在乌兰夫等时任自治区领导的关怀下，龙梅、玉荣被送到内蒙古自治区人民医院继续进行康复治疗。在呼和浩特和北京两地经过半年多的治疗之后，姐妹俩回到家乡达茂草原，继续学业。龙梅、玉荣舍身保护集体羊群的故事很快受到了社会各界的广泛关注。1964年3月12日，新华社播发长篇通讯《暴风雪中一昼夜》，《人民日报》《光明日报》等同时对此事进行了报道。时任内蒙古自治区党委第一书记、内蒙古自治区主席的乌兰夫动情地称龙梅、玉荣为“草原英雄小姐妹”，并于3月13日为她们题词：“龙梅、玉荣小姊妹是牧区人民在毛泽东思想教育下，成长起来的革命接班人。我区各族青少年努力学习她们的模范行为和高贵品质！”

很快，草原英雄小姐妹的英雄故事传遍全国，她们小小年纪、小小身躯，却用实际行动展现出了伟大的集体主义和爱国主义精神。她们的故事家喻户晓、历久弥新，激励着一代代青年人爱国家、爱集体、奋发向上，影响着一代又一代人奋力前行……之后，她们的英雄事迹进了连环画，上了教科书，还被拍成电影、编成舞台剧，龙梅、玉荣的名字家喻户晓、妇孺皆知。

在党和国家的关怀下，龙梅、玉荣双双成长为国家干部。

1970 年，龙梅应征入伍。1976 年转业后，龙梅先后担任包头市达尔罕茂明安联合旗委副书记，包头市东河区团委副书记、东河区委统战部副部长、东河区人大常委会副主任、东河区政协主席等职务。1976年，从内蒙古师范学院（内蒙古师范大学前身）毕业后，玉荣被任命为乌兰察布盟（今乌兰察布市）教育局副局长，1980 年担任乌兰察布盟（今乌兰察布市）团委副书记。1988 年，玉荣被调任自治区残联副主席、执行理事会副理事长。2003 年，玉荣被调至自治区政协，先后担任办公厅副主任、副秘书长，民族和宗教委员会主任及政协副秘书长等职务。

当英雄不容易！从少年时代起，姐妹俩就告诫自己，决不能给英雄的光环抹黑。

生活中，姐妹俩一直保持着淳朴善良的本性，尽管头顶英雄光环，但她们严于律己、低调做人，始终以普通人的身份对待一切。在工作岗位上，她们不改英雄本色，尽管身有残疾，但一直兢兢业业、勤勤恳恳。

作为英雄模范人物，工作之余，她们热心公益，长城内外、大江南北、都市城镇、乡野田头、学校工厂，到处都留下了她们坚毅的身影、亲切的微笑、动人的声音……她们以身作则、现身说法，用英雄事迹一次次感染人，用精神品格一回回教育人……

“我们这代人就是听着草原英雄小姐妹的故事长大的。今天来到这个事迹展览馆，看到许多实物和图片，感觉十分亲切，对草原英雄小姐妹当年的英雄事迹也有了更加深刻的认识。”走进位于包头市白云鄂博的全国爱国主义教育示范基地——草原英雄小姐妹事迹展览馆，有来自全国各地的观展者前来参观，看看小姐妹用过的牧羊鞭，瞅瞅小姐妹穿过的白毡袜，听听小姐妹保护羊群的故事，聊聊小姐妹初心不改的今天……如果幸运的话，他们可能会在展馆里遇上龙梅、玉荣姐妹，与英雄近距离接触。

如今，“小姐妹”已变身“老姐妹”。孩子们口中，她们也由“龙梅、玉荣姐姐”逐渐变成了“龙梅、玉荣阿姨”“龙梅、玉荣奶奶”，但英雄故事不朽，英雄精神永存，在人们的心目中，她们永远是草原上那对可亲可敬的“草原英雄小姐妹”。

多年来，龙梅、玉荣始终坚持一个底线：只做公益事业。她们像当年守护集体羊群一样，守护着“草原英雄小姐妹”的崇高精神，守护着热爱祖国、热爱集体的高贵品格。

在包头市雷锋纪念馆里，前来参观的少年儿童围站在龙梅身旁，听她讲述当年奋不顾身保护集体羊群的事迹。龙梅是这里的义务辅导员，每隔一段时间，她都会来这里。“没有党和全国人民对我们的关心，我们不可能这么健康地成长。”龙梅告诉记者，总有企业找到她们做形象代言人、拍广告，甚至做名誉会长……姐妹俩都婉言谢绝了。“50 多年来，是党和人民把我们姐妹俩从普通牧民的孩子培养成军人、大学生和民族干部，我们要继续用实际行动回报社会。”玉荣深有感触地说。

历史英雄光环未褪，时代荣耀桂冠再戴。2008 年，姐妹俩光荣地成为北京奥运会火炬手。2009 年，龙梅和玉荣入选“100 位新中国成立以来感动中国人物”。2019 年，龙梅、玉荣获评新中国“最美奋斗者”，在人民大会堂受到党中央的隆重表彰。

英雄所体现的精神和品格不会因岁月的推移而减弱，也不会因时代的变迁而磨灭。“草原英雄小姐妹”的精神是内蒙古在中华人民共和国建设初期孕育的“红色种子”，是优秀传统文化和血浓于水、守望相助的民族团结情谊生动结合的闪亮灯塔，是永不过时的精神航标。

“经历了时代变迁，龙梅、玉荣感恩党和国家的初心始终不变，尽所有能力回报社会，哪里需要就出现在哪。”谈起姐妹俩的事迹，包头机械工业职业学校党委书记李静说：“集体主义精神是爱国主义精神的一部分，所以‘草原英雄小姐妹’精神不仅不过时，还绽放出了新时代的光芒。”

# 白晶莹：草原绣娘针尖上筑梦人生

2021年2月25日，在全国脱贫攻坚总结表彰大会上，白晶莹被授予“全国脱贫攻坚楷模”荣誉称号。中共中央总书记、国家主席、中央军委主席习近平亲自为荣誉称号获得者颁奖。白晶莹是内蒙古自治区唯一获此殊荣的人。

当天，她身穿一件绣有牡丹花图案的服饰上台领奖，特别引人注目。“我要向全国人民展示一下，我们草原绣娘花儿一样的幸福生活。”白晶莹激动地说。从兴安盟科尔沁右翼中旗走进人民大会堂，这份荣誉是她和科尔沁右翼中旗2.1万名妇女以及2895名脱贫群众一针一线“绣”出来的。

一根丝线，一头牵着万千百姓致富生计，一头连着千百年文化传承。

科尔沁右翼中旗曾是国家扶贫开发工作重点旗，属于大兴安岭南麓集中连片特困地区。2016年，科尔沁右翼中旗推出了一系列“菜单式”扶贫项目，其中蒙古族刺绣是特色产业扶贫的重头戏。时任科尔沁右翼中旗政协党组书记、主席的白晶莹成为科尔沁右翼中旗刺绣扶贫计划的推动者，同时也成为当时唯一的刺绣培训老师。她用纤纤巧手，靠着针尖功夫，“穿”起了各级党委、政府的惠民好政策，更带领农牧民姐妹“绣”出花一样的幸福生活。

对于白晶莹来说，刺绣既是从小练就的技艺和儿时的回忆，更是扎根于心底的情怀。深夜里，妈妈在灯下做着手工活儿——这个已过去几十年的场景，仍不时在她梦中重现。

“小时候的衣服、鞋子上，家里的被子、门帘、窗帘上，都有妈妈绣的花。”白晶莹的姥姥和母亲是远近闻名的刺绣能手。在家庭的熏陶、培养下，她从小练就了一手精湛的刺绣技艺，虽然成年后一直在政府部门工作，但手艺没有荒废。

白晶莹（右二）和学员们在一起

“妇女们因照顾老人孩子，大多留守在村里，经济收入较少。如果能从事刺绣，在家就能挣到钱。”脱贫攻坚战打响后，身为科尔沁右翼中旗人大常委会主任的白晶莹在调研时发现，有些老弱病残群众出门不便，扶贫政策不容易对接，而刺绣在家就能完成。一头是做工精美、底蕴深厚的王府刺绣，另一头是家中空闲的女性劳动力，这也让作为王府刺绣非遗传承人的白晶莹看到了传承蒙古族刺绣的希望。

白晶莹决定主动挑起重担，她用纤细的绣花针和五彩的丝线，让这项历经千年的传统手工技艺在脱贫攻坚战中焕发生机。

回忆起第一次培训课，现场的每个细节、每张面孔，白晶莹都清晰记得。原本可容纳 100 多人的教室，一下子来了 300 多人。妇女们有的坐在窗台上，有的蹲在地上，都嚷着要听“白老师”讲课。

“姐妹们安静一下，为了来这里，我跑了 3 个小时，上完课我还要去上班，大家安静地听我讲，就 20 分钟，能做到吗？”在大课堂教绣花功夫，白晶莹要像哄小孩儿一样哄着姐妹们。

“学这个挣钱吗？”“挣不着钱怎么办？”“绣得眼花了咋整？”白晶莹早就料到妇女们会提这些问题，所以每到一处培训，她不是先讲刺绣技术，而是先做思想工作。白晶莹说，思想认识没有统一，其他事情无从谈起，就像种庄稼一样，撒种子前得先把土翻一遍。

从起初上课时心不在焉、说走就走，到后来的下课后围着“白老师”问这问那。

“绣一朵花真的能挣到 20 块钱吗？”

“能，一定能！只要我们一起坚持！”

白晶莹（中）和学员们讨论绣法

白晶莹坚定的语气让妇女们对巧手致富这件事动心了，也上心了。绣花不能心急，但老百姓摆脱贫困的心却很急。对蒙古族刺绣产生浓厚兴趣的妇女们开始尝试拿起绣花针，跟着白晶莹学习刺绣。

为了不耽误本职工作，白晶莹利用早晨上班之前和下午下班之后的时间到附近的嘎查对农牧民妇女进行集中培训，周末则到更远的村屯全天授课。农忙时节，老百姓没办法集中学习，她便利用工作日的早晚休息时间和双休日、节假日下乡入户培训。

为了发展刺绣产业，带领群众脱贫致富，白晶莹把自己修炼成了“菩萨心、婆婆嘴、橡皮肚、毛驴腿”。从 2016 年起，白晶莹的足迹遍布科尔沁右翼中旗的12个苏木(镇、乡)、173个嘎查(村)，并集中设立了 51 个产业村，举办了 130 余期蒙古族刺绣培训班，培训绣工 1.6 万人次。

“刺绣是件幸福的事情，五颜六色的丝线一根一根地映入眼帘，我们的生活定会像花朵一样五彩缤纷。”在刺绣的世界里，白晶莹为妇女们描绘的场景如梦如幻。然而课堂之外，妇女们的绣品如何走出科尔沁大草原，从而为她们带来切切实实的收入，则是另一个亟待解决的问题。

“刺绣产业给我们这些返乡大学生提供了就业机会。”大学生创业就业扶贫服务协会主席、刺绣车间负责人杨福林说。起初，刺绣车间只有 16 名大学生来报名，开拓市场对于这些涉世未深的大学生来说也并非易事。为此，白晶莹不断引导、鼓励他们要有信心、决心，更要有创业精神和奉献精神。

白晶莹是这么说的，也是这么做的。除了给学员们免费授课，就连针、线等原材料，都是白晶莹用自己的工资购买的，供学员们免费使用。

2016 年到 2018 年 5 月期间，白晶莹坚持自己掏腰包“试水”。没有经费买图样，她就在白纸上自己设计、绘制刺绣图案，现有的 1072 种刺绣产品和近万张刺绣图案的设计、绘制全部出自她一人之手。

绣娘技能考核、产品质量监管、产品价格确定、市场拓展延伸、企业财务规范……在不断地摸索中，“企业＋协会＋基地＋农牧户”的产业运营模式逐步形成。白晶莹推动成立了大学生创业就业扶贫服务协会、图什业图刺绣产业基地、沃尔墩刺绣产业发展有限公司、图什业图民族手工艺协会，负责收购农牧户的绣品，经基地加工成服装、手袋等商品对外出售。

2018年，白晶莹出任科尔沁右翼中旗人大常委会党组书记、主任，同时被正式任命为科尔沁右翼中旗蒙古族刺绣产业专项推进组组长。通过“请进来＋走出去”的方式，蒙古族刺绣与中国四大名绣中的湘绣、苏绣等绣种“联姻”，孕育出了500多种独具民族特色又符合现代审美时尚的旅游产品和家居产品。营销团队以每月建立一个实体销售网点的速度，迅速在全国建立了37个销售网点，产品逐渐打开了销路。

走进科尔沁右翼中旗蒙古族刺绣产业基地，缝纫车间、刺绣车间、成品室、研发室、展览室一应俱全。“真没想到蒙古族刺绣产业基础这么好，这让我感觉很震撼。”四川省凉山彝族自治州一位彝绣从业者参观了刺绣车间后感叹道。

因“绣”得业，以“绣”兴业。如今，科尔沁右翼中旗蒙古族刺绣已经走上了“助力百名大学生返乡创业、培养千名刺绣技能艺术人才、带动万名妇女参与”的产业化发展道路。率领“草原绣娘”创造这些奇迹的白晶莹，也先后获得了“全国脱贫攻坚奖贡献奖”“2019年度全国三八红旗手”“2019中国妇女手工创业创新大赛金奖”“2019年度中国纺织非遗推广大使”等荣誉和称号。

2019年4月，科尔沁右翼中旗退出国家级贫困旗县序列。截至2019年底，参与刺绣产业的2.1万名妇女中2895名建档立卡贫困户人均年增收2000元以上，500余名绣工人均累计收入达到5万元以上。

如今，科尔沁右翼中旗围绕“吃生态饭、做牛文章、念文旅经”的发展思路，精心打造蒙古族刺绣文化博物馆，把 1072 种刺绣产品分为七大系列向游客展示，使蒙古族刺绣成为当地文化旅游的一张特色名片。

谈及如何巩固拓展脱贫攻坚成果同乡村振兴工作有效衔接，白晶莹说:“要发挥人才作用，进一步助力大学生返乡创业就业，培养千名刺绣技能艺术人才带头促进产业发展，共同努力创造出美好未来。”

# 武汉鼎：用一生做好一件事

一个人做点好事并不难，难的是一辈子做好事，不做坏事。武汉鼎，从年轻小伙到耄耋老人，60 年如一日扎根农村，用自己坚定的信念和坚实的脊梁，带领乡亲们走上脱贫致富奔小康的康庄大道。

1933 年，武汉鼎出生在内蒙古清水河县北堡乡大阳坪村。清水河县地处高原地带，自然条件较差，农业生产受限，当地一度非

武汉鼎被授予“全国脱贫攻坚模范”荣誉称号

常贫困。

60 年前，武汉鼎是个从县城来到乡里工作不久的民间兽医。那时，盆地青乡的牲畜疫病蔓延，严重影响集体生产，导致许多农户一夜赤贫。自制工具、配兑药水，武汉鼎没白没黑地泡在村里，彻底控制住了全乡的牛羊疥癣病，给农户挽回了巨大损失。

在走村串户给牲畜看病的过程中，武汉鼎目睹了村民们普遍三餐不保、生活捉襟见肘的状况，他暗暗发誓："这辈子拼上命，也要帮老乡们过上有吃有穿的好日子！"

他发现当地饲养的羊品种差、收益低，要肉没肉、要毛没毛、要绒没绒，便向牲畜改良发起挑战。他四处筹集资金，跑山西、到河北、过山东，转了内蒙古多个盟市旗县，辗转万里，为盆地青乡调回种驴和细毛羊 500 多（头）只，并利用人工授精技术，对土种羊进行改良，羊肉、羊绒和羊毛产量大幅度增加，贫困村民的收入随之提高。

因为山羊改良成功，武汉鼎从一名普通兽医被破格提拔为清水河县兽医站站长。从临时工变成了国家干部，这是多少人梦寐以求的事，但是，仅仅当了 3 年站长后，武汉鼎就做了一个让所有人都出乎意料的决定——辞去兽医站站长职务，去暖水湾村蹲点帮扶。

30 多年前的暖水湾村，26 户人家都居住在山沟破旧的窑洞里，要想出村得翻过 3 道山岭，走十几里山路。村里没有自来水、没有电，耕地都是坡梁旱地，收成只能靠老天爷。村民的衣服鞋袜都打着补丁，每天吃两顿饭，只有土豆和南瓜。

"武老来了之后，一句话就点醒了我们：'你们在这个沟里一辈子都是井底之蛙，为什么不搬到山梁上面，在平整的土地上种植？'只有搬到山梁上面，才能更好地解决水、电、路等一系列问题。”韩庆坝村村委会副主任严琼指着暖水湾村的旧址说，“如果不是武大爷，我们不可能那么快搬出这些土窑洞；如果没有武大爷，我们村不可能那么快脱贫致富。”

“那时，武汉鼎来我们村走访完贫困户后，二话不说，买回良种鸡蛋，自己用煤油灯孵化出小鸡，送给穷得连 1 元钱都拿不出来的贫困户，他默默地帮许许多多家庭走出了困境。谁也不知道，为了帮助贫困户，他到底买了多少鸡蛋，熬了多少个日夜，孵了多少笼小鸡……”“全村 26 户人家，每一户他都接济过。他常常倒贴钱给村民的牲口看病。”暖水湾村村民你一言我一语地念叨着武汉鼎的好，说他为乡亲们做的好事，三天三夜也说不完。

为了能够推广从山西省吕梁地区学习来的先进的“丰产沟”耕作法，武汉鼎亲自在暖水湾村租地示范，当年种植的 1 亩马铃薯丰产田，秋后测产，产量竟然翻了一番。良好的效益最具说服力，从第二年开始，全村村民都跟着他种植“丰产田”，一年下来，全村粮食产量获得大丰收，实现了翻番。紧接着，他又在暖水湾村开展“三三制”种植法，即用 1/3 的山坡地种植高产饲草，用 1/3 的土地种植经济作物，剩下的 1/3 土地推广“深耕蓄水耕作法”，精耕细作。在他的指导下，村民人均收入逐年提高，由 1987 年的 113 元提高到 2008 年的 6200 元，10 年间翻了 50 多倍，彻底实现了草多、羊多、肥多、粮多、钱多的良性循环。村里通了电，村民吃上了自来水，用上了家用电器，全村整体从破败的土窑洞搬迁到新建的石窑洞，暖水湾村成了远近闻名的富裕村。

在如今的暖水湾村，武汉鼎的名字家喻户晓。在很多人眼中，武汉鼎是慷慨大方的好心人，可在大儿子武斌眼中，他却是“小气抠门”的父亲。

武汉鼎察看引进的良种谷子长势

1978 年春天，清水河县韭菜庄乡摇铃沟村存放的莜麦籽种发了霉。武汉鼎要把自己家的好莜麦换给村里做籽种，妻子说啥也不同意，趴在莜麦口袋上哭着说："这是我们一家人全年的口粮，你拿走了我们咋办？"武汉鼎开导妻子说："我们大不了吃一年赖莜麦！如果不给他们兑换，全村 40 多户人家，今年就没法种地，明年就断粮了。你说咱们能不管吗？"听了这话，妻子松开了拽着粮袋的手。结果，武汉鼎全家吃了整整一年又黑又硬又难闻的赖莜面。

1982 年入冬前，盆地青乡沟掌村有一位生活困难的高德元老人，他光着脚赶着毛驴，怀里抱着个骡驹子来到武汉鼎的兽医站。原来，他饲养的母驴得了产后热，骡驹子因缺奶奄奄一息。武汉鼎看到骡驹挨饿怕难以活下来，就让妻子与刚生了孩子的儿媳妇商量，匀出奶水，兑上米汤喂骡驹。通过武汉鼎的治疗，大驴和骡驹子都保住了命。高德元回去时，武汉鼎还给他买了一双新球鞋，感动得高德元热泪盈眶。这却让穿着补丁鞋的大儿子心里不是滋味，武汉鼎安慰儿子说："你们穿得再不好，还有穿的，他连烂鞋也没有，他比你们更需要。"

在家人的记忆中，武汉鼎的工作永远干不完，经常一两个月不见人影。为了尽快改良当地畜种，武汉鼎到山东引进种驴，行程数千里，他都和毛驴挤在一节货运车厢里。

1992 年，武汉鼎从清水河县畜牧局退休，但他退休不退岗，继续将晚年的余晖洒向广袤的清水河大地，用辛勤、智慧和汗水谱写了一曲奉献之歌。在退休后的 20 多年里，他先后在全县的 5 个乡镇、15 个建制村、30 多个自然村开展科技扶贫服务，主动找项目，个人出资 20 多万元，行程 3 万多公里，把全部精力用在蹲点村的科技扶贫上。与此同时，他还帮扶特困家庭、残疾人家庭等 50 多户，资助农村贫困失学儿童 54 名。

2016 年 4 月 6 日，83 岁的武汉鼎突然晕倒，因多个器官功能衰竭住进重症监护室，医院三次下达病危通知书。老人在 9 天后才苏醒，可转入普通病房不到两个星期，他就不顾医生和家人反对，坚决要出院。无奈之下，家人只好送他回家，结果两天后就不见了人影。直到清水河县委老干部局打来电话，家里人才知道，武汉鼎怕误了老乡们的农时，自费买了 2 万元的玉米良种和地膜，亲自送到了韭菜庄乡座峰村。

在 60 多年的扶贫工作中，武汉鼎把自己工资收入的一多半都用来接济贫困村民，总金额达 40 多万元。武汉鼎说："作为一名共产党员，我时刻提醒自己，无论什么时候，多大年龄，都要去创造自身的价值，要起到带头作用，为人民无私奉献。"

在漫漫扶贫路上，武汉鼎深深感受到，给钱给物只能解一时之贫，扶才扶智才能从根本上摆脱贫困。于是，他努力提高贫困人口的综合素质和劳动技能，开讲座、办夜校、办各类科技培训班，邀请知名科研院所、大中专院校农牧业专家学者、科技人员给贫困村民讲课，累计培训贫困群众 5000 多人次。

有了武汉鼎的协助帮扶，清水河县近 50 个自然村 12000 多贫困人口成功跨越温饱线，过上了丰衣足食的好生活。

长期奋战在脱贫攻坚第一线的武汉鼎，先后受到国家部委、自治区、盟市、旗县的表彰奖励 230 余次。其中，2010 年，获“全区道德模范提名奖”；2011 年，被评为“感动内蒙古十佳人物”；2018 年、2021 年，被评为“全国脱贫攻坚模范”“全国脱贫攻坚先进个人”“全国优秀共产党员”。

每一次奖励都是武汉鼎前进的动力，他也十分珍惜这些荣誉。一座座奖杯、一沓沓荣誉证书，如今都完好地保存在清水河县城关镇昆新社区的武汉鼎工作室里，激励着一代又一代清水河人为改变家乡面貌不停奋进。

用一生的精力做好帮助贫困群众走出困境这一件事，武汉鼎用自己的模范行动在百姓心中树起了一座模范共产党员的丰碑。

# 苏和：把绿色播进大漠

2004年初，57岁的阿拉善盟政协主席苏和主动向自治区党委申请提前退休。原因令人震惊：到额济纳旗的黑城遗址旁种树。

黑城是一座古城，处于沙漠戈壁腹地，黄沙漫漫、荒无人烟，夏季气温高达40多摄氏度，自然环境十分恶劣。大家都以为苏和

苏和与他种下的林子

疯了，但他已下定决心："心愿不了，这辈子不安心。"

在苏和儿时，额济纳旗林草茂密、河水充沛，自二十世纪六七十年代以来，生态日趋恶化。"我 1993 年被调回额济纳后，去过好几次，发现黑城被沙子埋得厉害，原来城墙里面没有什么沙子，后来城墙里面和外面都被埋住了。我就想到了治沙种树，但那时候没有条件。"苏和看在眼里，急在心上。

为了阻止黄沙继续侵蚀黑城遗址，2001 年，苏和曾说动日本治沙绿化协会到黑城种梭梭，但因缺乏管护、补水不及时，大多数梭梭苗都死了。一位日本小伙子流着泪说："这里风沙太大，我们实在干不下去，只好走了。"

苏和于 1966 年加入中国共产党，曾担任过额济纳旗旗长，阿拉善盟委委员、纪委书记、副盟长、政协主席等职务。关于退休后的生活，他早就考虑过。"我觉得应该做点有意义的事情，不要浪费晚年的时间，不然以后可能会感觉白活了那么十几、二十年。"

苏和的老伴和他一样，是土生土长的额济纳旗人，对家乡怀有深厚的感情。她虽然担心苏和的身体，但对苏和的决定非常支持。他们把几万块钱退休金，还有给儿子买车的钱，全投入到植树造林中。

他们每天早上出发去黑城种树，晚上回城里，中午在戈壁滩做饭都成了大问题，因为不敢揭锅盖——怕沙子进去。后来，苏和与老伴就带干粮或者面片当午饭，但吃饭时难免还会有沙子。

一年一场风，从春刮到冬，特别是春天的沙尘暴，刮起来天昏地暗，头一天挖好的树坑，第二天就被沙子埋上了。苏和到几十公里外的镇上招民工，民工们都连连摆手："黑城我们不去，那里风沙太大了。"

如今，有了沥青路，从额济纳旗政府所在地出发，20 分钟就能到达黑城。而那时的黑城基本没有人家，只有一个小蒙古包，一位牧民在那里看护黑城。

“远倒不远，就是路难走。有的地方有河没有桥，根本过不去。有的地方有桥，但是桥面很难走。”苏和回忆道。

黑城附近有一眼废弃多年的深井，苏和花了十几天把这眼井掏出来，水量还算充足。挖一个坑，栽一棵梭梭，浇两桶水，每桶水 20 公斤重，全靠苏和夫妇用手拎。为了减轻父母负担，苏和的子女经常去梭梭林帮忙干活。

在沙漠里，种一棵植物容易，难的是后期维护。因为缺少经验，加上骆驼、野兔和老鼠频繁光顾，偷啃梭梭苗，第一年种下的梭梭几乎全死了，第二年种下的梭梭成活率也不高。

“如果造不出林子，我就白干了，思想上也有压力。一开始也有过动摇，但想到自己是共产党员，走了，丢党的人，也丢自己的人。”苏和说，“如果不成，将来肯定得回去，但只要有一点希望就不能退。那几棵天然梭梭生长得很好，我为什么搞不起来？”

要想让梭梭成活，必须得有人在沙漠里住下来照看，苏和要做这个人。

苏和在黑城北面的沙漠里，拉起围栏将残存的 3 平方公里天然梭梭林围住。投资 3 万元盖起几间小平房，像梭梭一样，拼尽全力在荒漠里扎下了根。

“我了解黑城，对那里也有感情。”苏和说，“更重要的是，我是到那里造林去了，这是我的梦想，而不是去享受了。如果不能克服没电、没路这些困难，那就不要去了。”但苏和去了之后才发现，黑城和他们以前一直生活的胡杨林，环境大不相同，炎热的夏天和

苏和在沙漠中劳作

寒冷的冬天，都是他不曾体验过的。

中午热得睡不着觉，就把门窗关得严严实实，往地上洒水降温，实在不行就往身上浇点水。后来，苏和以前的同事，也是盟里的领导，给他安装了一个小风力发电机。“有了电，我们就可以吹电风扇了，还能看电视，这解决了我们生活中的大问题。”

苏和的老伴儿慢慢也适应了黑城的环境，回黑城比苏和还积极。2015 年 3 月，苏和的老伴儿在阿拉善左旗的家属院里从楼梯上滑下来，两个胳膊都骨折了。苏和带着她在呼和浩特的医院治疗了二十几天，看着不能自己吃饭、穿衣的老伴儿，苏和虽然心里着急，但也不敢提回黑城的事。没想到老伴儿能活动后，就和他说："我们还是走吧，回黑城吧。"于是，他们让儿子请假，去黑城给他们做了半个月的饭。

植树造林的很多活一个人干不成，老伴儿就给苏和当帮手，慢慢也学会了种树，掌握了很多造林、护林知识。"有时她还给我提出一些意见建议，说哪一片林子该浇水了，哪一片林子生虫应该打药了。她也学会了开四驱越野车、简单地打井，跟着我一块儿干。"

为了种更多的梭梭，苏和开始自己打井，买二手发电机自己发电，买二手老解放汽车改装成水罐车。荒漠戈壁没有灌溉渠系，几千亩的梭梭林只能靠拉水浇灌，为了节约用水，苏和就将自制的水枪直接插到梭梭的根部注水，这样不但减少了渗水，而且利于梭梭吸收。为防止树苗被啃，苏和用旧衣服裹住树干，他还坚持巡护和灭鼠。

"每棵树都是有生命的，像我的孩子一样，我总希望它能茁壮成长。"苏和用粗糙的大手摩挲着树干说，他对沙漠戈壁的一切都是有感情的。

苏和在植树造林中不断摸索经验，哪个地方土壤好一点，怎么浇水有利于梭梭生长。"有些地方是黏土层，人工挖不动，种了树也扎不下根去，走了很多弯路。"苏和说，"还有其他因素制约，比如，浇水多树木就生长得快一点，但浇水多花钱就多，我又没有那么多钱。"

买柴油、雇民工都得花钱，刚开始经费确实困难，苏和有时还要向亲朋好友借钱。

好在皇天不负有心人，2006 年，事情终于出现了转机。苏和在沙漠修建了一处梭梭苗圃，当年培育梭梭苗 6 万多株，不但满足了自用苗的需求，还无偿为周围的牧民提供梭梭苗。

治沙之路不仅辛苦，还充满危险。有一次苏和被烫伤，在没有通路的情况下，老伴儿只能到几公里外找牧民求救。

2005 年春天，苏和和老伴儿开车去黑城，车陷在沙漠里，手机又没有信号，老两口没有带足水和食物，在车里困了一天一夜，直到第二天下午才被过路的牧民发现。

2018 年 9 月的一天，苏和正在林地边干活，被旁边转动的割草机绞伤了右腿。他因患有糖尿病，多次手术后，伤口久久不能愈合，最终做了截肢手术。可当他装上假肢，能够站起来行走时，又回到了黑城，回到了心爱的梭梭林。“只要我还能走、还能开车，我就还能种树、还能给梭梭浇水。”

十年树木，百年树人。从 2004 到 2021 年，苏和栽种了 25 万多株梭梭苗、2000 余株胡杨，植树造林面积 6307 亩，他种的梭梭林成为阿拉善盟面积最大的人工梭梭林之一，他被誉为“大漠胡杨”“沙漠愚公”。

苏和的脸黑了、头发白了，沙漠却绿了。他的故事感动着周围的人们，越来越多的志愿者加入了治沙造林事业。

不惧风沙遮望眼，甘作大漠播绿人。苏和始终坚守共产党人的理想信念，情系沙漠，无私奉献，用实际行动树起一面保护生态、建设家乡的旗帜，为荒漠戈壁带来生机与希望。

2014 年，苏和被中宣部授予“时代楷模”荣誉称号。他先后获得“全国离退休干部先进个人”“全区优秀共产党员”“全区道德模范”“全区离退休干部先进个人”“感动内蒙古人物”等荣誉称号。

“我原来就想尽自己的能力，能造出一片是一片。前几年那么困难，我都能干下来，现在党中央、国务院这么重视生态建设，各级党组织、广大志愿者这么支持我，我还能放弃吗？只要身体允许，我就必须干下去，为子孙后代多留一点绿色。”苏和认为，自己只是造了一点林子而已。但能够坚持十几年，无疑是他最骄傲的成绩。

2021年6月20日，苏和因病医治无效逝世，享年74岁。

斯人已逝，大漠绿色依旧动人，这是对他最好的怀念！

# 二、时代先锋篇

“民亦劳止，汔可小康。”《诗经》里的悠悠吟唱，穿越千年风雨，在中国特色社会主义新时代变成了现实；千磨万击还坚劲，越是艰险越向前，中国共产党人的接续奋斗，历经百年沧桑，把全面小康的里程碑树立在复兴之路上。

喊破嗓子，不如干出样子。在奔向小康的路上，基层党员和领导干部心怀忠诚、行有方向，带领人民群众摆脱贫困、走上致富路，树立起共产党员心中有党、心中有民、心中有责、心中有戒的忠诚形象。

有一种精神，催人奋进。先锋模范们牢记宗旨，心系群众，时刻把群众安危冷暖挂在心上，始终把党和人民的事业放在心中最高位置，用拼搏、大爱、奉献，甚至生命诠释了共产党人的无悔初心。以榜样为镜，向榜样看齐，全区广大党员干部和群众凝聚起创造美好幸福生活的磅礴力量。

# 于海俊：丹心碧血映林海

眼前青山绿水，身边鸟语花香，有人说这是新时代的“幸福标配”。全面小康代表更高质量和水平的生活，也意味着对资源能源需求和生态环境质量的更高要求。这背后有许多人为守好绿水青山，建好美丽家园默默奉献、久久为功。“全国优秀共产党员”于海俊就是其中之一。

2019 年 6 月 19 日 23 时 30 分，山水同悲，于海俊带着他追寻

于海俊

绿色、描绘绿色、守护绿色的梦想沉沉“睡去”。

于海俊生前系内蒙古大兴安岭根河林业局副局长，林业工程正高级工程师。入党30多年来，他始终按照共产党员标准严格要求自己，他负责并参加的林业工程规划设计、森林资源调查规划设计、生态环境工程设计和测绘项目共有100余项，其中完成了“天保工程”设计32项，8个项目获评全国和省部级优秀科技成果奖，主编或参编完成论文、著作10余篇（部），他还先后获得“内蒙古自治区优秀科技工作者”等近20项荣誉。

牺牲前一天，根河林业局党委召开了“不忘初心、牢记使命”主题教育研讨会，于海俊将撰写的心得体会郑重地交给党组织。他这样写道：“坚决担起建设美丽根河的历史使命，坚持最重的担子自己先挑、最硬的骨头自己先啃。”他用宝贵的生命践行了共产党员“随时准备为党和人民牺牲一切”的初心和誓言。

2019年6月下旬以来，内蒙古大兴安岭林区各地普遍高温干旱，持续少雨且雷电频发。6月19日15时07分，根河林业局护林防火管理处接到航空护林局火情报告——上央格气林场47沟附近有烟点。15时15分，于海俊带领60名专业扑火队员紧急奔赴起火点。由于火场内偃松倒木较多、腐殖层厚，山火已发展成树冠火，加速蔓延。根据火场形势，于海俊制定了“一点突破，两翼推进”的扑火作战方案，全力组织扑救。20时20分，经过全体指战员两个多小时的奋力扑救，火场胜利实现合围，外围明火被扑灭。20时38分，根据多年扑火经验和对火场植被分布特点的分析，于海俊继续带领队伍从北往南逐段排查余火，布置火场倒木清理工作、开设隔离带，防止火场死灰复燃。为了在最短的时间内彻底清理好火场，于海俊一边察看地图，一边手持GPS定点坐标，察看

于海俊（前）与苗木专家在察看林场树木

火场面积和林木过火情况。每次到火场扑火，他都会用随身携带的 GPS 测量拐点，然后将拐点的坐标标记在地图上，扑火返回后，系统整理扑火过程中的各种经历经验，对掌握的火场山形地貌、植被特点等数据进行比照分析，研究总结不同火场林火形成和演变发展的科学规律。

21 时左右，正带领队伍清理余火的护林防火管理处副主任郑晓强，突然听到对讲机内电报员孙宝民的呼喊：“快来人，砸到人了！”一根过火的站杆砸中了于海俊，郑晓强赶紧带着身边的扑火队员顺着喊声往回跑，队员们将站杆锯断后挪开时，于海俊已处于休克状态，但他的手里仍然攥着 GPS 定位仪。

于海俊牺牲后，同事们找到了他随身携带的记事本，扉页上写着：本记录本经过烟熏、火燎、油渍、尘埋、汗浸、水淹、雨浇等多道工序，得以保存，实属幸事……2011 年 1 月至 2019 年 6 月，于海俊带领扑火队参加扑救火灾 12 场(次)，其中援外扑火 5 场(次)，本局扑火 7 场(次)，圆满完成了每一次扑火任务。

2018 年 6 月 22 日，内蒙古大兴安岭北部原始林区乌玛林业局伊木河林场发生森林火灾，23 日凌晨，于海俊率领队伍乘坐直升机穿过原始森林直奔火场参与扑救。23 日 14 时左右，队员们休整时发现，于海俊左脚的鞋怎么也脱不下来。原来，飞机抵达现场时，大家为腾出乘坐空间，合力移动机舱里的飞机吊桶时，一个铁块掉落下来，重重地砸在于海俊的脚面上，十几个小时，于海俊硬是咬着牙，强忍疼痛爬山、过河，带头指挥扑火作战。此时他的脚已经肿得如馒头大，皮肤泛着深紫色，豆大的汗珠从额头上滴落。大伙心疼他，他却笑着说:“没事，我要和兄弟们在一起。”

早些年，于海俊的父亲一个人在生产队挣工分，母亲生病在家，日子过得很困难。为了供于海俊上大学，弟弟、妹妹们只好相继辍学在家务农，原想等于海俊事业有成，多少也能“沾点光”，可是他却一头扎进了大森林，没有一个人沾了他的“光”。

“这是第一次到我哥工作的地方……”赶来参加于海俊追悼会的弟弟于海瑞泪流满面，第一次走进哥哥的办公室，十几平方米的屋子除了书籍、文件和奖状外，再没有什么东西了。第一次走进哥哥的宿舍，冰箱里除了方便面，只有吃剩下一半的冻馒头。衣柜里没有一件像样的衣服……“我哥哥从来不做违背原则的事儿，他和孩子们在一起说的最多的话就是好好干，靠自己走出来的路最踏实。”于海瑞说。

从相识、相恋到结婚生子，妻子刘文庆听到最多的话是“在忙”，丈夫于海俊留给她的最后一句话也是“我忙着呢”。刘文庆深深懂得丈夫对事业的热爱，也更理解于海俊严于律己的生活，她语气坚定地说："我们一家人都是共产党员，我们能够理解海俊所做的一切。海俊走了，天塌了，但我相信我儿子一定能把我们家的这片天撑起来。"

于海俊的离去，让林区职工和社会各界无不为之悲恸，追悼会当天，熟悉的、陌生的职工群众，都来送这位优秀共产党员最后一程。那两个被于海俊救过性命的孩子不会忘记，小时候，他们淘气，爬到了规划院后院圈养着熊的铁笼子上，被黑熊一把拽入笼内，正在加班的于海俊和同事李培林赶来，把孩子们救了出来；根河林业局贫困职工郑洪福、赵和、刘永富不会忘记，每次慰问，于海俊都要从自己的口袋里拿出钱来留给他们……于海俊的精神风范，激励一代又一代务林人为筑牢祖国北疆生态安全屏障接续奋斗。

# 潘志荣：做农牧民信任的“好安达”

“我过来看看你，司法救助的钱很快就到账啦。”

“谢谢潘主任为我的事多次奔走。感谢党、感谢检察院对我家的救助。”

这是潘志荣退休前，作为包头市达尔罕茂明安联合旗（以下简称达茂旗）人民检察院检委会专职委员、第三检察部主任，到巴音

潘志荣（左）向群众宣传法律知识

花镇敖龙忽洞嘎查回访司法救助案件当事人时的一段对话。从事检察工作 30 多年来，潘志荣始终坚守共产党人初心使命，扎根基层，无私奉献，被各族干部群众称为“好安达”（好兄弟）。

“我代表党和人民庄严宣告，经过全党全国各族人民持续奋斗，我们实现了第一个百年奋斗目标，在中华大地上全面建成了小康社会，历史性地解决了绝对贫困问题，正在意气风发向着全面建成社会主义现代化强国的第二个百年奋斗目标迈进。”2021 年 7 月 1 日，在庆祝中国共产党成立 100 周年大会上，习近平总书记的庄严宣告，让在现场聆听的潘志荣振奋不已。

“为有牺牲多壮志，敢教日月换新天。”为了人民幸福，广大党员、干部勇往直前以赴之，艰苦奋斗以求之，不遗余力以成之，诠释了“我将无我，不负人民”的崇高情怀。

“党员必须为老百姓着想，这是党员的立身之本。”潘志荣是这样说的，也是这样做的。他深深热爱检察工作，将“会蒙古语、懂民俗、守诚信、干实事”作为工作信条，认真对待每一个案件。牧业机械化中专院校毕业的他曾是检察业务“门外汉”，刻苦背诵法律条文，潜心钻研业务，一本《蒙汉词典》随时带在身边，后来又通过自学取得法律专业大专文凭。几年后，他便成为蒙汉兼通、业务突出的专家型人才。他把一串串辛勤的脚步印在广袤的草原上。

物有甘苦，尝之者识；道有夷险，履之者知。

从 30 多年前经办的第一起案子开始，潘志荣就在心里种下了严谨工作的“种子”。1987 年 11 月，也是潘志荣在达茂旗人民检察院工作的第二年，刚任助理检察员时接手了第一个案子——70 公里外的红旗牧场一户牧民丢了两匹马，公安机关破案后，将案子报送到检察院，对犯罪嫌疑人提请逮捕。

潘志荣（右一）为牧民送去禁牧安置楼房合同书

审核案卷过程中，潘志荣看到，尽管犯罪嫌疑人对其犯罪事实供认不讳，但缺少证人的直接证据。原来，公安人员办案时，并没有见到案件证人。“逮捕一个人必须慎重。”翌日清晨，潘志荣坐班车赶赴当地，进行实地调查复核，取证后，检方批准逮捕犯罪嫌疑人，法院判其有期徒刑 3 年。“那时候损失 3000 元以上就算数额巨大的刑事案件。两匹马不到 4000 元，他坐了 3 年牢。”潘志荣内心感到震惊，更感受到司法程序严谨的重要性。

在希拉穆仁草原上，潘志荣是活地图，不仅善辨方向，而且哪一家住哪里，他都记得很清楚。能有这般“功力”，是他长年累月累积所得——从事检察工作以来，潘志荣有 2/3 的时间工作在基层农牧区，踏遍全旗 77 个嘎查和建制村，巡访过 980 多个牧场点和 3400 多户农牧民，也因此有了“游牧检察官”的称号。

每当中央召开重要会议，潘志荣都会第一时间认真学习领会会议精神，并转化为群众愿意听、听得懂、听得进的内容，走到哪儿宣讲到哪儿。

为宣传党的十九大精神，潘志荣深入农村、牧区、厂矿、车间，进行了 50 多场宣讲。牧民多来福记得很清楚，说：“老潘说习近平总书记和党中央很关心我们的生产生活，要让大家的生活越过越好，一起走向共同富裕。”

2021 年 8 月，习近平总书记在中央民族工作会议上强调：“铸牢中华民族共同体意识，就是要引导各族人民牢固树立休戚与共、荣辱与共、生死与共、命运与共的共同体理念。”潘志荣学习会议精神后，就深入多个嘎查（村），对牧民们说：“各民族是一家人，咱们要相亲相爱。”

“脚上的泥土越多，离农牧民群众的心就越近。”

在达茂旗人民检察院里，潘志荣更像是一座灯塔，为同事指明了怎么与老百姓沟通、如何做检察工作的道路。

徐婧被调任达茂旗人民检察院以后，第一次和老潘外出办案，就是去红旗牧场。她一直在留心观察潘志荣如何办案。

“2014 年，我刚考入包头市昆都仑区人民检察院的时候，就听同事讲起达茂旗的潘志荣。初识老潘是在 2015 年，通过视频会议，我聆听了潘志荣的先进事迹报告会。”徐婧说，“几乎每个故事都让我潸然泪下，对待工作，潘志荣有百分之百的真诚，他能够俯下身子，去听老百姓的声音。”

潘志荣常和年轻干警说，他和检察工作有个约定——不回避群众诉求，能帮就帮，能解决的绝对不踢皮球，这一生要无愧于“检察官”这个称号。

“我心里对张荣这个事儿还是不放心，不能老让岁数这么大的人给我们打电话，咱们叫上保险公司的人去一趟，专门给老人讲清楚。”第二检察部主任王春霞曾经做过潘志荣的助理，她向记者说起了老潘化解的一起农业保险理赔纠纷。

家住西河乡的张荣反映，2019 年，他家种植的小麦遭受冰雹灾害，保险公司并没有赔付。因为不属于达茂旗人民检察院管辖，所以检察院将线索转交保险公司处理，并将转办情况告知当事人。但保险公司并没有给当事人解释清楚，当事人经常给检察服务中心打电话。潘志荣一直与保险公司沟通，最终，他和保险公司相关领导、经办人一起当面向张荣解释，在打消了疑虑和不满之后，当事人欣然接受了这个结果。

“一路走来，党和人民给了我不少荣誉，但是荣誉越多越高，我越是感觉责任重大。”对于检察工作，潘志荣富有深情，“我想再踏踏实实地做些事情。”

# 宝音德力格尔：
# 要用一生守护牧民群众

全国公安系统一级英雄模范、全国优秀人民警察、全国优秀共产党员、全国人民满意的公务员、北疆楷模、全区政法系统英雄模范……

这位获得诸多荣誉的片警，就是巴彦淖尔市乌拉特后旗潮格温都尔镇派出所教导员、四级高级警长宝音德力格尔。日复一日、年复一年，他在繁杂的基层工作中，以实际行动诠释着“人民警察为人民”的初心和使命。

“你安装‘国家反诈中心’App 了吗？”这不仅是当前风靡网络直播间的问候语，也是宝音德力格尔传达给辖区牧民的任务。“这个 App 具有诈骗预警功能，既能识别、阻断电信网络诈骗信息，又能第一时间连线报警，相当于给手机穿上‘金钟罩’。”宝音德力格尔苦口婆心。刚刚帮一位牧民安装完“国家反诈中心”App，宝音德力格尔立即拿起手机联系辖区男性牧民采集 DNA 血样。

2021 年 9 月 6 日，忙了一天的宝音德力格尔刚缓一口气，傍晚又接到了报警电话：宝日布嘎查有人打架，杜某的牧场网围栏被邻居陈某绞断了。他连忙赶赴现场了解情况、调解纠纷，回到派出所已经是凌晨了。

宝音德力格尔在下乡途中补摩托车轮胎

从警至今，宝音德力格尔已调解案件 583 起，查处治安案件 165 起，侦破刑事案件 6 起，抓捕网上逃犯 3 名，实现辖区可防性案件零发生。

宝音德力格尔的辖区地处祖国边疆，属于典型的半荒漠化草原地区，自然环境十分恶劣，交通、通信非常不便，常住人口少，经济落后，社会治安状况较为复杂。看过电影《片警宝音》的人，都说他是中国“管得最宽”的片警，辖区面积 1672 平方公里，5 个嘎查、2 个社区、917 户牧民。居民居住分散，最远的距派出所有几十公里。

为了让牧民读到报纸，了解国家政策，宝音德力格尔主动联系报社、邮局，为牧民免费订阅报刊，还在镇邮政部门申请了 48 号邮箱，专门为牧民代邮代购。连帮忙汇款、购买药品也成了他“分内”之事，每次下牧区，他的褡裢总是被装得满满的。

后来大部分地区有了信号，很多牧民都用上了手机。宝音德力格尔建了 30 多个微信群，方便牧民及时和他联系。

在牧民心中，宝音德力格尔是好警察，而牧民在他心中却是“救命恩人”。

宝音德力格尔出生在获各琦苏木乌宝力格嘎查一个蒙古族家庭，兄弟姐妹多，父亲早逝，母亲艰难地养活了 8 个孩子。“我是靠邻居的接济长大的，牧民们对我都有养育之恩。”宝音德力格尔动情地说。

1997 年，宝音德力格尔以第一名的成绩被派出所录取，成为一名民警。从穿上警服的第一天起，他就立下誓言：要一辈子为牧民办好事、办实事，豁出命来也要对得起这身警服。

参加公安工作的第二年秋天，宝音德力格尔骑摩托车去韩乌拉嘎查迷了路。天气突变，飞沙走石，他连人带车被大风掀翻在地，昏了过去。醒来后，天地更加昏暗，飘起了雪花，他赶紧扔下摩托车，背起褡裢往前走，终于找到一处夏营盘过了夜。“狼群嚎叫，狂风怒吼，虽然从小生长在牧区，但这时候我也害怕。”

第二天下午四五点，终于有人发现了艰难行走的宝音德力格尔，拽上他就往家走。那个人叫苗满林，以为救的是个羊倌，端出奶茶给他喝。当宝音德力格尔暖和了，脱下军大衣露出警服时，苗满林吃惊不已。

这段经历让宝音德力格尔意识到必须尽快熟悉辖区。于是，他开始绘制辖区联络“地图”：每到一家，他就掏出笔记本记下大致方位，以公路为主干绘制两侧牧民的居住图，标注出大敖包、小敖包、饲料集中存放点及河槽的位置。这样，只要找到一家牧户，就可以按图索骥，找到另一户。

经年累月，这些零碎的图纸不断联结完善，终于形成了涵盖辖区 1672 平方公里戈壁草原的“宝音图”，每一片草场、每一座荒山、每一段河槽，都饱含着他的心血。现在，这张地图已经被巴彦淖尔市公安局录入警务平台，不仅方便了群众，还在土地普查、人

宝音德力格尔（左）登记外来人口信息

口普查等工作中发挥了重要作用。

宝音德力格尔始终扎根戈壁草原，每年下辖区走访时间达 9 个多月，一年行程超过 6 万公里，先后骑坏了 8 辆摩托车。他走遍辖区每一个角落，累计走访牧民 23 万人次，写下民情日记 50 余本。

“是牧民给了我第二次生命，我要用一生去守护他们。”宝音德力格尔深情地说。

有一年，牧民梁茂祥放羊时遭遇沙尘暴，他和 300 多只羊被狂风裹挟到 15 公里以外。危急之时，他给宝音德力格尔打电话，宝音德力格尔立刻租了一辆 212 吉普车，凭着脑海里的地图定位，利用手电引导司机慢慢前行，经过近 3 个小时的摸索，终于在一堵断墙前找到了梁茂祥。此时，梁茂祥已被冻得说不出话，宝音德力格尔立即将他送到潮格温都尔镇医院，梁茂祥幸运得救。

从警 25 年来，宝音德力格尔帮助百余名困难群众申请低保，资助了 50 多位贫困牧民及孤寡老人，累计资助金额达 30 多万元。他有个干儿子名叫通通，其父亲患有腰椎间盘突出，干不了重活，母亲有精神疾病。几年前，宝音德力格尔在入户时发现了这一情况，便将通通领回自己家，为其联系了学校，支付了学习费用。

为了鼓励更多的人加入慈善行列，2017 年，宝音德力格尔自发组织成立了“乌拉特后旗宝音志愿者服务协会”。2018 年，乌拉特后旗草原大旱，牧区饲草料极度紧缺，部分困难群众家的牲畜死亡。宝音德力格尔通过协会寻求支援，联系到鄂尔多斯、乌兰察布的爱心人士捐赠了 80 吨饲草料，解决了 16 户牧民的燃眉之急。

2020 年，志愿者听说一位贫困母亲为家中滞销的苹果发愁时，立即通过爱心义卖的方式，将滞销苹果卖了 3500 元钱。

没有惊天动地的壮举和华丽的言语，宝音德力格尔用真诚与爱心，给予辖区群众实实在在的帮扶，帮助牧民过上了小康生活，体验到了更多获得感、幸福感、安全感。

在潮格温都尔镇，有记录他成长历程的宝音事迹馆，有印下他爱民足迹的“宝音英雄路”，还有以他名字命名的志愿者协会。2019 年国庆节，宝音德力格尔受邀到北京参加国庆观礼活动。2021 年 7 月 1 日，他又参加了庆祝中国共产党成立 100 周年大会。宝音德力格尔已经成为全区公安民警的标杆和各族人民的骄傲。

“草原上的牛羊有多少，宝音德力格尔做的好事就有多少。”这是草原牧民对他最高的褒奖。

# 程利翔：扶贫战场上的“排头兵”

在认识程利翔之前，请先看这样一组数据：

1994 年，包头市固阳县被确定为国家级贫困县；2011 年被调整为自治区级贫困县；2017 年，固阳县 25 个自治区级贫困村全部退出；2019 年，全县 4271 户贫困户实现脱贫，23 个自治区级贫困村实现脱贫，贫困发生率降至 0.01%，固阳县通过自治区级贫困县退出第三方评估验收，狠狠地甩掉了戴了 25 年的“贫困帽”……

2020 年 5 月，程利翔走上了新的工作岗位，担任固阳县金山镇党委书记，在这之前，他在固阳县扶贫办主任这个岗位工作了四年。在扶贫路上的 1400 多个日日夜夜里，程利翔见证了固阳县脱贫摘帽的历史性进程。

## 用脚步赢得百姓“大拇指”

“扶贫办身处脱贫攻坚战的最前沿，担负着全县脱贫攻坚推进落实的重任，各项扶贫政策的落地生根、各扶贫联系单位的统筹协调……一桩桩、一件件都直接关系到全县脱贫攻坚成果。”说起扶

程利翔（左二）调研产业发展情况

贫办在扶贫工作中的作用，程利翔有自己的解读。他认为，扶贫办是全县脱贫攻坚工作的“参谋部”，工作推进中的“排头兵”。作为这个部门的负责人，必须身先士卒、真正吃透弄懂“精准扶贫”的含义，在推动贫困人口持续稳定增收上下功夫。

脱贫攻坚战，“坚”在何处，程利翔心里很清楚，想脱贫必须做到精准扶贫，不能搞“大水漫灌”。为了掌握一线第一手的脱贫情况，程利翔每天奔波于各个乡镇，反复走访调研、进村入户、总结经验，在发展长效产业扶持、开拓生态补偿、动员社会扶贫等工作上下功夫，有针对性地为固阳县脱贫谋求长效发展。在固阳县的扶贫系统，程利翔的任劳任怨、责任心强是出了名的。在四年多的工作时间里，他通过不间断调研走访，大到全县扶贫工作近况、小到各村镇的建档立卡贫困户，程利翔对固阳县的扶贫工作了如指掌，提到他，大家都纷纷竖起“大拇指”。

## 用真心换来脱贫“成绩单”

年关将近，高大海一家沉浸在收获的喜悦中。

随着一年辛勤劳作的结束，金山镇协和义村高大海媳妇盘点着一年来的收获：“今年我家28亩地全部托管到了合作社，收入比过去翻了一番，再加上我在托管地里务工收入的5000元，日子过得比往年更红火。”

2020年，政府在协和义村委组织实施了600亩土地托管项目，带动农户37户138人，其中贫困户10户20人，户均增收5000元以上，让农民的生活更有了奔头。

“脱贫致富还是要靠产业振兴。通过发展农村产业，利用特色资源，通过深加工提高农产品品质和附加值，延伸农产品的产业链。”程利翔说。任金山镇党委书记后，他就着力在产业扶贫、村集体经济发展、基础设施建设等方面下足功夫，并结合自身特色，打造特色产业链，发展现代农牧业，通过产业带动贫困户脱贫增收，形成长效脱贫机制。

金山镇有良好的区位、地理优势，211国道和昆都仑河主干道穿镇而过，为农牧业发展提供了条件。在这样的基础上，程利翔通过招商引资，引进现代化种植业、养殖业企业，打造本地高标准发展模式，带动全镇的农牧业走上高标准现代化之路。

五分子村的固阳县瑞祥欣农民专业合作社就是走现代化农牧业之路的典型，该社发展的是高标准生猪繁育养殖项目。合作社负责人麻瑞斌说："1000 多头肉猪、200 多头母猪，自动化定量定时一次性饲喂。一个人一键操作就可以完成了。"

喂养，按年龄段每天定时定量；配种，按批次化科学生产；粪便，通过化粪池处理后还田。生产工艺、技术指标，各类猪群的喂料、供水、环境控制，卫生防疫制度……标准细致到了每一个数据。两年来，节能、环保，占地少、省人工、产量高、病损少，高标准的养殖效益已然显现。

麻瑞斌说："程书记的思路很正确，盈利可见，农民才认可你的发展思路。"从 2020 年到 2021 年，已经有本村和隔壁村的村民从这里购买了 320 多头仔猪发展养殖业，还卖出 100 多头种猪，开办了七八家小养殖场。

在发展高标准养殖业的同时，金山镇还与一些现代化种植业企业洽谈招商引资合作，4 万亩水浇地已在"高标准"规划中蓄势待发，金山镇正沿着高质量发展之路不断前进。

2021 年 2 月 25 日，全国脱贫攻坚总结表彰大会在北京人民大会堂隆重举行，大会对全国脱贫攻坚先进个人、先进集体进行表彰。程利翔作为全国脱贫攻坚先进个人，现场聆听了习近平总书记的重要讲话，这令他振奋不已。面对成绩，程利翔说："我只是众多扶贫干部中的普通一员，把党和国家的扶贫政策宣传下去、落实开来，为困难群众谋幸福、求发展，这是我应该做的。"

程利翔（中）走访贫困户

## 用汗水点亮乡村“振兴路”

2021 年 5 月，程利翔从基层乡镇调到组织部门工作，但是他的眼睛却没有离开“三农三牧”，始终关心着乡村振兴，关心着乡亲们的日子，他希望在新的岗位上能够继续为乡村振兴贡献自己的力量。

他说："近年来，包头市委、市政府坚决贯彻落实党中央、自治区关于脱贫攻坚的决策部署，全市脱贫攻坚工作取得了决定性成就。当前及今后一个时期，高质量全面实施乡村振兴战略，是准确把握新发展阶段、深入贯彻新发展理念、加快构建新发展格局的重中之重。"

乡村振兴是一盘大棋，涵盖了乡村的方方面面。程利翔说："乡村振兴是解决新时代'三农三牧'问题的总抓手，乡村振兴包括产业兴旺、生态宜居、乡风文明、治理有效、生活富裕。我们要壮大乡村产业，丰富经济业态，进一步提升农牧民收入水平，加强农村牧区基础设施建设，加强人居环境治理，提升乡村善治水平，让产业更强、乡村更美、村民更富。"

说起未来，程利翔信心满满，他表示，做好新发展阶段"三农"工作、巩固拓展脱贫攻坚成果、全面推进乡村振兴，责任重大、使命光荣、任务艰巨。下一步，我们会按照抓党建促乡村振兴的总体要求，在培养农村基层党组织带头人和基础人才队伍建设方面精准发力，争取在乡村振兴中发挥更好的作用。

# 马艾飞：用无悔行动践行铮铮誓言

从精骑善射的森林狩猎，到放下猎枪的农耕生产，勤劳勇敢的鄂伦春人全面禁猎二十几年，经历了艰难的转变和发展。由于气候条件恶劣、农村基础设施差、产业发展水平低等现实问题，2011年，呼伦贝尔市鄂伦春自治旗被纳入国家重点贫困县，2017年又被列入呼伦贝尔市唯一一个自治区级深度贫困旗县。为了让贫困群众尽快过上幸福生活，鄂伦春自治旗扶贫办党组书记、主任马艾飞带领脱贫攻坚队伍奋战三年，断穷根、摘穷帽，用无悔的行动践行

马艾飞（右）走访贫困户

着慎终如始的铮铮誓言。

2017年7月，40岁的马艾飞被任命为鄂伦春自治旗扶贫办主任。上任伊始，他便从全旗各行业部门抽调人员，组成了40人的“尖刀班”，持续深入全旗各乡镇村屯展开了三轮大规模摸底排查工作，他的足迹踏遍全旗74个有贫困人口的建制村，通过走访调研，对全旗贫困人口动态数据及家庭情况做到了心中有数。排查过程中，马艾飞敢于担当碰硬，要求工作人员杜绝说情打招呼，对那些不符合国家政策标准的贫困户坚决予以清退，对工作拖沓不作为的村干部进行批评教育，对漏评的贫困人口进行重新识别纳入，让国家扶贫政策真正精准落实到户到人。

接下来的几个月里，马艾飞带领扶贫办工作人员着手开展建档立卡“回头看”工作，坚持把精准识别作为精准扶贫的前提和基础，自下而上、由里到外，逐村逐户鉴明识别。

“要带着感情和责任抓准抓实，确保一个人都不能差、不能丢、不能少。”马艾飞经常这样讲。脱贫攻坚期间，他严格执行自治区识别、退出标准和程序，建立贫困人口动态管理常态化机制，亲自带领扶贫系统工作人员深入村屯，一家一户入户调查，一个一个数据录入。“每次一来村里，他总是问我们有没有困难、满不满意，身边有没有不公平的事，有没有该纳入却没纳入的。我们的事，不论大小，马主任都很上心。”提起马艾飞，村民们有说不完的感激。

马艾飞凭借坚定的理想信念和过硬的工作能力为全旗扶贫开发事业做出突出贡献，全旗贫困人口从2017年初的4270户9191人下降到2019年初的805户1626人，贫困发生率由14.6%下降到2.68%，为实现鄂伦春自治旗“人脱贫、村退出、县摘帽”打下了坚实基础。

马艾飞（左一）走访贫困户

马艾飞说："要想彻底'拔穷根'，就要大力发展产业。"他带领业务人员组成"课题组"，无数次深入乡镇、村屯、贫困户家中，调研适合当地发展的扶贫项目，吃透地情、摸透民情，确定扶贫项目发展思路。同时，他依托独特的地理环境和生态优势，抢抓京蒙扶贫协作、中央定点帮扶和自治区 22 个部门重点帮扶等多方支持的机遇，着力推动产业扶贫。在全旗大力推进食用菌和中草药种植"菜单式"产业扶贫，着力培养龙头企业，形成以肉牛、羊、鸡、滑子菇、中草药等"八种八养"为特色的产业发展模式，激发了广大贫困户自力更生、自主创业、自发脱贫的内生动力。截至目前，食用菌、生猪养殖、肉羊养殖、肥牛圈舍、中草药加工、光伏电站、流转耕地等各类扶贫项目已覆盖 74 个建制村，带动贫困人口 6896 人。已建设颇具规模的菌包厂 4 个，生产食用菌 1374 万袋，实现了特色产业发展与脱贫攻坚的互促共赢。如今，当地村民依靠各类产业走上了致富路，日子越过越红火。

马艾飞为科学有效制定全旗脱贫攻坚总体规划，积极与旗委、旗政府沟通，旗委常委会、政府常务会有关扶贫的议题，经常一议就是四五个小时。同时，马艾飞带领扶贫办工作人员多次深入各乡镇调研脱贫攻坚各项工作，与相关人员召开座谈会，共同商讨脱贫大计。结合自治区、呼伦贝尔市脱贫政策措施和旗情实际，在充分调研、反复论证的基础上，马艾飞组织指导制定了《鄂伦春自治旗打赢脱贫攻坚战三年行动实施方案》《鄂伦春自治旗京蒙帮扶三年行动实施方案（2018—2020 年）》等总体脱贫攻坚规划，统筹“脱贫摘帽”各项要求和组织推进各项措施，做到攻坚重点明确到位、攻坚任务细化到位。

三年来，马艾飞的心里永远装着贫困群众，却唯独没有自己和家人，妻子、女儿常常十天半月见不到他。马艾飞四十几岁正值壮年，头发却白了大半。2019 年夏天，马艾飞突觉心脏难受，肚子也拧着劲儿地疼，一向温和的妻子终于发火了，逼他去北京做了一次检查，检查结果是胃息肉、心绞痛。可是他在胃息肉术后 3 天便返回工作岗位。大夫严肃警告他要是再熬夜，没的可不单单是黑发。“身体是革命的本钱，我也想休息，可是时不我待啊！”马艾飞总是这样说。他就像上紧发条的陀螺，一工作就忘记一切，加班到天亮，盖上衣服在办公桌椅上眯一觉早已成为他的工作常态。在他办公室的衣架上，一年四季都挂着一件军绿色棉袄，那是通宵工作临时休息时盖的。铁皮立柜里摆着成摞的方便面，那是顾不上吃饭时最便捷的工作餐……

2020 年 2 月 24 日，自治区扶贫办对外发布《鄂伦春自治旗等 20 个贫困旗县退出贫困县序列的公示》，那一刻，马艾飞热泪盈眶，他和妻子、女儿紧紧相拥，他没有让党失望，没有让家人失望，更没有让 9191 名贫困人口失望。

脱贫不是终点，巩固提升才是根本。为确保扶贫产业可持续发展，马艾飞又开始积极谋划推进建立鄂伦春自治旗扶贫产业园，进行农副产品深加工。他协调用地、环评等手续，推动成立服务专班；引进8家龙头企业，落地食用菌、大豆、大鹅、牛羊肉、杂粮、有机肥等8个深加工项目，总投资2.2亿元。众多产业的健康发展，为当地乡村振兴事业奠定了坚实基础。

马艾飞常说，是鄂伦春这片美丽而神奇的土地赋予了他生命，是这片土地上朴实的情谊给了他不竭的动力，是贫困群众对幸福生活的渴望激发了他的责任。在脱贫攻坚的征途中，马艾飞与各族干部群众携手并进，坚守初心，他用无怨无悔的行动挑起脱贫攻坚的大梁，他用为党为民的忠诚赢得干部群众的称赞。

# 姚家义：用心中真情温暖民心

呼伦贝尔市阿荣旗三岔河镇，几十年前是出名的“穷乡僻壤”。如今，三岔河镇已跻身先进乡镇的行列，这离不开扎根乡镇10年的镇党委书记姚家义。

2021年2月25日，在全国脱贫攻坚总结表彰大会上，时任阿荣旗三岔河镇党委书记的姚家义被授予“全国脱贫攻坚先进个人”荣誉称号。“这份荣誉属于自己，更属于阿荣旗三岔河镇所有奋战在脱贫攻坚一线的干部群众。”姚家义如此说。

姚家义（右二）入户走访

从2012年到2021年，姚家义把10年的青春和汗水播散在三岔河镇。他踏遍三岔河镇的沟沟坎坎，引资金、上项目，改善基础设施；解难题、谋发展，引领百姓致富；扎根农村，苦干实干，誓与贫困奋战到底。

阿荣旗三岔河镇虽地处偏远，但全镇户籍人口却有2.23万人，下辖15个建制村1个社区，有110个村民小组。当年，有7个建制村是贫困村，占建制村总数的47%。建档立卡贫困户1541户4073人，占常住人口的30%。

一年四季没有“淡季”。不管是严寒酷暑还是顶风冒雪，姚家义都以身作则坚持遍访建档立卡贫困户。数不清多少个晨昏日暮，他有时蹲在田间地头，有时坐在百姓的炕沿上，一次次不厌其烦地帮助他们理清发展思路、制定发展规划，盘算着种什么能增加收入，养什么能赚钱。

几年来，姚家义先后带领村两委和包户干部入户走访2800余户次，实现遍访全覆盖；解决各类问题500余个，开展帮扶工作指导400余次；开展节日慰问、临时救济，为贫困村和建档立卡贫困群众解决电脑、打印机、米面油等物资折合人民币70余万元。

他还创新性地提出了制定“一图一表”方案，即精准识别和退出流程图，产业扶贫、健康扶贫、教育扶贫、易地搬迁、生态扶贫、兜底保障政策一览表。他逐户宣传，大大地提高了贫困群众对政策的熟知度和认可度，切实保证了“政策落实不落一户，脱贫攻坚不落一人”。

走访调研和反复论证最能说明问题，姚家义坚信“输血”不如“造血”，只有发展产业才是脱贫攻坚真正的突破口。

姚家义先后主持召开发展壮大村集体经济专题会议70余次，

与村两委干部、老党员、群众代表座谈100余次，按照“因地制宜、量力而行、依法依规、统筹推进”的工作思路，研究解决村集体经济发展“瓶颈”问题，为各村“量身定制”增收措施和项目，确定了将肉牛、肉羊繁育产业“做大”，中草药种植产业“做强”，滑子菇产业“做精”的带贫减贫产业发展思路，走出了一条符合镇情实际的脱贫攻坚产业发展之路。

在反复调研论证的基础上，姚家义通过创新工作方法，根据村情实际，创造性地提出“三分三合”工作方法。“三合”即人力整合、资金整合、资源整合。通过“党支部+合作社+基地+建档立卡贫困户”等一体化发展模式，将建档立卡户纳入产业链条，形成把支部建在产业链上、党员聚在产业链上、建档立卡户富在产业链上的党建促脱贫新格局。“三分”即将党支部领导权与合作社的经营管理权、监事会的监督权与理事会的经营权、合作社经营管理权与使用权分离，最大限度实现资金收益的同时，保证资金安全。并在全旗率先实现了建档立卡户产业全覆盖。

兴于产业，不困于穷。姚家义提出扎实落实“菜单式”庭院经济项目政策，在指导103户建档立卡户发展好中草药栽植，推进庭院经济的基础上，争取项目资金230余万元，组织实施了石井村母牛繁育和三岔河村肉羊养殖繁育项目。还整合5个村的“三到”项目资金885万元，在韭菜沟村建成三河农机产业扶贫发展有限公司，农机公司在三岔河镇、复兴镇实施耕作土地2万亩项目，确保年利润60万元以上，全镇各村集体经济均增收2万元以上，全镇614户受益。大力推进特色菌类养殖基地建设，争取项目资金150万元，在新胜、靠林、堆粮山3个村建设菌棚13个，养殖菌棒26万个，带动全镇200余户建档立卡户就业，户均增收6000元以上。

在因村施策的基础上，姚家义积极协调整合资金打造“村村联建”模式，实现“自主管理、抱团经营、资金托管”的方法培育特色产业项目。统筹全镇 6 个产业发展薄弱村发展集体经济资金 70 万元，采取“党支部＋合作社＋基地”模式，与阿荣旗鑫民中草药种植专业合作社合作，流转土地 234 亩，建成三岔河中草药集体产业创业园，确保村集体经济年收益 1.5 万元以上，实现产业引领与集体经济增收双赢。同时，产业园雇用有劳动能力的建档立卡户进行田间劳动，户均年增收达到 3000 元以上，进一步拓宽了贫困群众增收渠道。

同时，创业产业园采取“合作社＋基地＋建档立卡户”发展模式，为全镇 251 户无劳动能力和弱劳动能力的建档立卡户免费提供

姚家义（右）在农户家调研

15000棵苍术苗，并由合作社帮助提供技术指导，引导带动建档立卡户发展庭院经济。

通过几年的努力，村里有了稳定的产业项目，建档立卡贫困户家家都有了收入，村容村貌变好了，环境卫生改善了，回乡创业的人也越来越多了。

改善农村生活环境和条件，基础设施建设是重要方面。近年来，三岔河镇先后完成硬化街巷204.8公里。镇级领导干部、职工全部当起了“小工”，路边扛沙子的、和水泥的，干部职工起早贪黑，一个个灰头土脸。村民见状纷纷加入其中，出工出力，更有大爷大娘送来鸡蛋、干粮、蔬菜瓜果……

“晴天漏风，阴天漏雨。”这是人们过去对茅草屋、石头房的生动描述。如今，全镇再也找不到茅草屋了。脱贫攻坚开展以来，全镇累计改造C、D级危房3511栋，改造院墙32.3万延长米，一排排新建砖瓦房拔地而起，呈现出一片崭新的气象。

村级文化生活日益丰富。近年来，全镇新建、改扩建村级文化活动室14个，新建标准化卫生室15个，新建便民连锁超市23家，安装路灯456盏，安装垃圾箱2595个，改建厕所522户。群众饭后可以到村级小广场遛弯、跳舞，强健体魄，身体不适可随时就医问诊，便民连锁超市货物齐全，路灯、垃圾桶、卫生厕所，村村通电、通广播电视及通信覆盖率达到100%，物质和精神文化生活水平显著提升。

姚家义常说：“‘不忘初心、牢记使命’不是嘴上说说而已，要真真切切地付出实际行动。目的就是要带领全镇的百姓一步一个脚印地走出一片新天地，为的就是在脱贫的路上不落一人，为的就是让人民群众过上期盼的好日子！”

用心中真情温暖民心。姚家义靠着顽强的坚守、无畏的勇气、无私的奉献和勇于担当的使命感与责任感，在阿荣旗三岔河镇的每一寸土地上都留下了坚实而温暖的足迹。

# 陈延成：脱贫路上的老黄牛

2022 年 5 月 18 日一大早，“全国脱贫攻坚先进个人”陈延成驱车来到内蒙古兴安盟突泉县突泉镇兴隆村进行实地走访调研。这个只有 147 户的小村庄，曾经有建档立卡贫困户 49 户，陈延成说：“退休之前，再来看看老乡们的生活。”

陈延成（中）走访贫困户

陈延成，1962年6月出生，2022年6月他就正式退休了。“真怀念当年和老乡们为了脱贫一起奋斗的岁月。”陈延成笑着说，“党和国家给了我至高无上的荣誉，即使退休，我也会发挥余热，争取再为乡村振兴贡献绵薄之力。”

自2016年4月担任兴安盟扶贫办主任以来，陈延成的心里就只剩下一件事：要让村民早日过上和城里人一样幸福、一样体面的生活。“脚下没泥，心里没底。”他走遍了全盟6个贫困旗县、市602个贫困嘎查村，深入贫困村社和农户家中谈心摸底，帮助乡镇和困难群众理思路、出主意、解难题，从一个“门外汉”变成脱贫攻坚一线的“行家里手”。

兴安盟地处内蒙古东北部，是大兴安岭南麓集中连片特困地区，全盟有5个国家扶贫开发重点县、1个自治区级贫困市，截至2015年底，110万农牧民有10.5万建档立卡贫困人口，贫困程度深，脱贫难度大。

“当时真是吃不香、睡不着，压力空前。”陈延成迷离着双眼，任凭思绪飘向那段难忘的岁月……

2016年9月，陈延成来到突泉县突泉镇兴隆村村民侯树明的家中，看着破败不堪的房屋和体弱多病的老两口，陈延成的心头像压着一块大石。详细攀谈后得知侯树明靠着5亩薄田维持生计，人均年收入只有2700多元。

今天，陈延成的再次造访，让侯树明老两口开心得不得了，“过去家里是石头泥抹墙的危房，下起雨来屋里没法待。多亏了党的好政策，贫困户危房改造时，政府补贴了1/3的费用，我们也住上了亮堂堂的新屋子。”67岁的侯树明拉着陈延成的手舍不得松开，“当年‘两挂车、三张网’的扶贫政策让我家获得了人均1万元的产业扶持资金，我们也干不了啥重活，就用这 2 万元买了两头毛驴，每年卖驴驹就能挣 1 万多元，这要感谢陈主任啊！”侯树明激动不已。

上任伊始，陈延成就带队深入基层、到外省学习先进经验，经过半年多的调研学习，他针对兴安盟实际，向盟委提出扶贫政策方案。2017 年初，兴安盟委依据他的方案创新出台产业扶贫、住房保障“两挂车”和教育扶贫、健康扶贫、生活救助“三张网”的扶贫政策，为脱贫找到具体可行的有效抓手。在兴隆村隔壁的东城村，患心脏病 10 多年的贫困户王海，住院 20 多天花了不到 700 元，个人承担不到 10% 的医药费。村里还为他办理了家庭医生服务和慢病签约服务，每年还有 2400 元的生活救助金。47 岁的贫困户张海顺，女儿读高中每年能获得 3000 元的补助，考上大学后还将获得 1 万元的补贴……陈延成带领兴安盟扶贫办发挥脱贫攻坚“参谋部”和“作战室”作用，想全局、谋重点、抓关键。他注重产业精准，充分尊重贫困户意愿，推广实施“菜单式”产业扶贫模式，并在自治区得到推广；他加强工作创新，组织全盟 6 个旗县市探索开展扶贫资金资产管理工作，这项工作得到国务院扶贫办的认可，2019 年，兴安盟被确定为自治区试点地区；他抓党建促脱贫，围绕夯实基层干部力量，设立嘎查村扶贫专干，解决攻坚期后“有人干事”的问题；他建立长效机制，为防止出现返贫致贫现象，面向全盟农牧民建立了大病救助基金，有效增强贫困群众脱贫保障……一系列惠民政策令脱贫攻坚工作取得非凡成就，2020 年，突泉县荣获全国脱贫攻坚组织创新奖。

脱贫攻坚初期，许多贫困群众对政府宣传的扶贫政策充耳不闻，有的甚至和村干部动起了手，陈延成总是反复向同事们强调：

陈延成（左一）走访扶贫车间

“我们是全盟脱贫攻坚的牵头部门，我们不带头谁带头，我们不冲锋谁冲锋？”“如果我们对政策理解不透，不仅会让乡镇做无用功，更可能损害贫困群众的切身利益。”他带头熟读政策、钻业务，着力破解制约脱贫攻坚的瓶颈障碍。

为了提高贫困识别精准度，保证脱贫质量，陈延成动用全系统的业务骨干，扎实开展贫困人口精准识别和动态管理，随机抽取建档立卡贫困户进行核查核实，让兴安盟的脱贫数据质量经得起推敲。“任何‘短板’都会让我们的工作功亏一篑。”进入脱贫攻坚的决胜之年，陈延成带领业务骨干深入各乡镇扎实开展“大走访、大排查、大宣传、大落实”行动，全面梳理已脱贫人口、已脱贫村、预脱贫人口、预脱贫村和贫困人口较多、发展滞后的非贫困村问题短板，采取有力措施，补齐短板弱项，夯实高质量稳定脱贫基础。

产业是脱贫攻坚的支柱。连续三年获得全盟“年度优秀工作者”称号的陈延成东奔西跑，为贫困乡村谋划产业扶贫，推进特色产业与“一户一策”精准对接，打好产业扶贫“组合拳”。在他的推动下，兴安盟持续开展集体经济“提质增效”行动，2019 年底，全盟 850 个嘎查村集体经济年收入已全部达到 3 万元以上，其中，764 个嘎查村集体经济年收入达到 5 万元以上，占嘎查村总数的 89.88%；到 2020 年底，全盟嘎查村集体经济全部达到 5 万元以上，80% 达到 10 万元以上；2021 年全部达到 10 万元以上，实现“清零递增”目标。

“对于脱贫攻坚，最大的收获就是‘走下去’，只有亲自深入基层，才能发现脱贫优秀案例和突出问题。”陈延成说。在扎赉特旗好力保镇五道河子村，一场现场办公会正热火朝天地进行。村党委书记杜文义提出希望提高农业保险理赔额度等请求，相关企业代表则提出了地域品牌推广等问题。面对每一项请求与问题，陈延成都认真聆听，不时用笔记下，会后便协调相关部门研究解决。“陈主任经常走基层、搞调研，发现问题后，马上就上报盟委研究制定相关政策解决问题，再到基层督促落实。”杜文义说。

如今的陈延成虽已退居二线，但他依旧保持着昂扬向上、奋发有为的工作劲头。他开始思考如何将巩固拓展脱贫攻坚成果同乡村振兴有效衔接，如何全面提升兴安盟农村牧区的整体发展水平和质量等问题。陈延成说，他会用实际行动证明干事创业、为民服务永远在路上。

# 齐晓景：扎根乡村　绽放最美青春

接连两日的阴雨天气让内蒙古自治区兴安盟的夏天来得迟了一些，看着绵绵雨水，科尔沁右翼前旗科尔沁镇乡土人才孵化中心负责人齐晓景难掩欣喜之情，这场雨下得及时且透彻，雨过天晴之后，正是村民种植豆角的黄金时期。

齐晓景为西红柿吊秧

“去年在院子里种了 2 亩豆角，收入 4000 多块钱，这在以前哪敢想，订单种植劳动强度不大，合作社统一回收，可省心了！”科尔沁镇湖南村种植户齐玉霞说。

1984 年出生的齐晓景扎根农村十余年，致力于创业、带富、育人，先后获得“最美基层高校毕业生”“全国三八红旗手”“全国脱贫攻坚先进个人”等荣誉称号。她创办的科尔沁右翼前旗展翼种植专业合作社，从脱贫攻坚到乡村振兴，为村民增收致富发挥了强大的带动作用。农户们经常来找她取经，让她帮着选品销售。

然而，就在 18 年前，齐晓景却是一个连书都念不起的穷丫头。想起当时的情景，齐晓景眼眶泛红，“我上大学的学费，都是家里人从乡亲们那里东拼西凑借来的，没有乡亲们的帮助，我上大学的梦想就得破灭。”就这样，她带着全村人的希望考进内蒙古科技大学。

2009 年，齐晓景大学毕业，本来打算留在大城市闯一闯，但是一心惦记家乡的她，听闻科尔沁右翼前旗招考大学生村官，便毫不犹豫地报了名。顺利通过考试后，她被分配到科尔沁右翼前旗科尔沁镇平安村工作。

齐晓景这一“回”，村里炸了锅。“好不容易去了大城市，咋又回了穷窝窝！”“大学白念了，回农村有啥出息！”乡亲们不理解，父亲更是气得够呛。“父辈们那是穷怕了，但我不怕。”齐晓景语气坚定，“我上大学不是为了逃离贫困的乡村，而是为了学好知识回来帮乡亲们摆脱贫困！”

2013 年，四年工作期满，齐晓景开始实施自己的创业计划——租大棚种菜。她拿出全部身家，并向亲戚借钱、向银行贷款，总算凑够了 3 栋大棚的租赁费。同时，“一人干不如抱团干”！

2014 年 5 月，齐晓景拉着四个曾经的大学生村官一起创业，科尔沁右翼前旗展翼种植专业合作社由此诞生。她知道，老百姓最实际，“你干得好、能挣到钱，人家自然愿意跟你干。”

那时，食用菌栽培在当地刚刚兴起，齐晓景为了采用最先进的栽培技术，特意去辽宁朝阳食用菌研发中心考察学习。她采用液态菌接种技术，种植了第一批食用菌。

产品有了，但怎么卖出去？“二道贩子”压价收购让她不甘心，她便到菜市场摆地摊卖蘑菇。“那段时间就怕碰到熟人，人家嘴上不说，心里却在嘲笑。”齐晓景笑着说。

食用菌让齐晓景赚到了人生第一桶金，当年每个温室大棚的年收入达 4 万余元。那时，村里种植黄瓜、柿子、玉米的农户，一亩地只有几百元效益。此后，齐晓景又先后引进草莓西红柿、反季葡萄等新品种，不断开拓新市场。眼瞅着齐晓景挣了钱，当地农户也开始跟着种植新品种。

2014 年 12 月，齐晓景种植的草莓西红柿大获丰收，可是因为前期没有宣传，基本没什么人知道。她和合作伙伴寻思：“啥传播方式又快又广？互联网啊！”他们忙不迭地录制视频，在微信、QQ 上打起广告。但是生意还没来，非议先来了。有人将他们的朋友圈屏蔽，有人直接拉黑了他们。但是，酒香不怕巷子深，品尝过的人都说草莓西红柿口感独特，慢慢地，有些朋友开始帮着转发推荐，一个草莓季，客户攒下不少。“网上销售这条道没走错！”齐晓景正准备大展拳脚，现实却又使她“打了个寒战”——四个小伙伴有的要成家，有的孩子要上学，一个接一个离开。

“有点小失落，但我笃定自己的选择。”收拾好心情，齐晓景把小伙伴们的大棚流转过来，继续发展新的社员。几年下来，合作社

齐晓景（中）与农户在一起

已有社员 31 人，产品全部实现网上销售，年收入突破 300 万元。

随着合作社渐入佳境，齐晓景把更多精力投入精准扶贫。

“贫困户多是弱劳力，不适合入社，咋样扶贫才有效咧？”冥思苦想中，她忽然想起，很多顾客买菜时都爱问一嘴：“你这儿卖土鸡吗？”

“对啊！养鸡不耗啥体力，不正适合贫困户嘛！”说干就干，齐晓景大胆实验起“赠鸡还蛋”模式。

“啥叫‘赠鸡还蛋’？”听说了消息的贫困户们纷纷赶来打听。

“你们免费从我这里领母鸡，每只鸡相当于 25 枚鸡蛋，把 25 枚鸡蛋还给合作社后，鸡就归你们所有了。”

“有这好事？”乡亲们交头接耳，有的动心，也有的疑虑，“不咋懂技术的，能养吗？”

“放心！合作社免费提供饲养、疫病防治技术，鸡死了算我的。”齐晓景给大家打包票。

“那每只鸡还完 25 个蛋后，再下的蛋你还管吗？”心细的老乡问。

“管，我按 1 块钱 1 枚的底价回收，有多少要多少。”

“这么好？反正不花钱，养养试试。”人群中不知是谁喊了一嗓子。

“成！”一张张合同铺开，签字，领鸡！

没过多久，乡亲们陆续来还蛋了！还有大娘隔几天就跑来一趟，只为和齐晓景唠唠她养的鸡又长大了多少。

齐晓景接着又推出两种扶贫模式：“赠鸡还鸡”——贫困户每户免费领取 20 只鸡雏，年底返她 2 只大鸡，其余的鸡合作社每只以不低于 80 元的价格回收；“赠猪还肉”——给贫困户发放香猪，5 个月后按每斤不少于 18 元的价格回购。

随着越来越多的贫困户受益，齐晓景的干劲更足了，她接着又推出“订单进庭院”扶贫模式。这些年，她累计带动科尔沁右翼前旗 4 个苏木乡镇、15 个村、367 户村民致富。

2018 年，齐晓景有了新身份——科尔沁右翼前旗科尔沁镇乡土人才孵化中心主任。从带头创业到孵化人才，这正是她最想做的事情。中心设有 3 个培训基地，把分散在各村的 50 多名青年人才聚在一起，方便资源和信息共享。

“齐姐毫无保留，一门心思要把我们带出来。”孵化中心的年轻人敬她。

“这闺女敞亮、脑子活，跟着她干，省了心还挣钱多。”老乡夸她。

“一个女娃子改变了村民原来的种植思路，破解了选品难、销路难的问题。”镇上的干部赞她。

齐晓景自己呢？“当年，乡亲们帮了我，我要努力回馈他们。”

# 于艳春：巾帼何须让须眉

在群众心里，她是知心“于大姐”；

在种养殖户眼里，她是妙计频出的“百宝箱”；

在干部们面前，她是让人又敬又爱的“好班长”。

她就是荣获“全国脱贫攻坚先进个人”称号的通辽市科尔沁区庆和镇党委书记于艳春。

“庆和镇有什么产业？适合发展什么样的产业？老百姓需要什么产业？如何发展产业？”这是于艳春就任庆和镇党委书记后一直在思考的问题。

“带领群众致富增收，关键是得找到好产业。”于艳春说。

为发展壮大村级集体经济，于艳春列出奖惩细则，时时跟踪抓落实。

她把庆和镇蔬菜产业的发展定位为主城区的菜篮子，引导16个村集体“抱团取暖”建设内蒙古欣欣农业科技有限公司，发展设施农业，培植绿色有机蔬菜。截至2020年12月，全镇设施农业面积超过300亩，露地蔬菜超过8万亩，农民人均增收1200元，镇集体经济经营性收入超过10万元的村达到50%。

她结合各村各户实际条件，谋划发展庭院经济，如今，基础母

于艳春（右）深入田间察看作物长势

羊养殖、白鹅养殖、菊花种植、锦绣海棠栽植在庆和镇百花齐放。截至目前，全镇庭院白鹅养殖6000余羽，菊花种植397亩，锦绣海棠栽植360亩，惠及农户800余户，养殖基础母羊5万只，销售羔羊15万只，帮助农户增收1亿元。“清风碧波水清浅，果红鹅白菊花黄”的迷人景象遍布庆和镇各村的大小院落。

她充分挖掘中蒙药材等经济作物种植优势，加强与陕西海天制药有限公司合作，促进陕西海天制药有限公司沙棘和中蒙药材基地、中药饮片加工厂落户庆和镇，实现从中蒙药材种植加工到可有效替代抗生素的中药材饲用产品开发的全产业链发展。目前，庆和镇已建成中药饮片加工厂一处，种植沙棘、黄芪、桔梗等中蒙药材3万亩，带动村集体增收超过3000万元，为下一步打造中蒙药产业园及康养小镇综合体项目奠定基础。

遍访贫困户、抓政策培训、谋划产业……于艳春用实际行动践行誓言。在她的推动下，庆和镇鸽子产业订单不断，年均可销售肉鸽1.5万对，销售收入达90万元，白鹅孵化场75天见效益。

在脱贫攻坚战中，作为镇党委书记的于艳春始终以党建为统领，全力打造团结、务实、勤政的领导班子和服务优质高效的党员干部队伍，让抓党建促发展成果惠及大多数群众，增强党建的生命力、持久力，凝聚成建设和谐庆和、健康庆和、幸福庆和、宜居庆和、平安庆和的强大内生动力。

“和谐庆和”建设有广度。全面推进服务型党组织建设，以“党建+网格”模式，实行“镇领导干部包片、镇干部包村、网格员包户”的工作体系，健全网格党组织，以村“两委”为核心力量，网格员为骨干力量，各类群团社会组织、居民为基础力量，千余名治理力量全部下沉网格，实行多方协作、一网联动。全镇共建立村级网格21个，配备网格员153人，实现了网格化管理全覆盖。

“健康庆和”建设有力度。如今，庆和镇公共文化体育设施不断完善，实现草原书屋全覆盖。群众的精神文化生活不断丰富，各村党支部组建了农民演出队伍21个，累计举办镇村文艺汇演、趣味运动会等活动10余次，激发了村民参与健康娱乐生活的兴趣。新修建文体广场21个，提档升级村民健身广场3个。

“幸福庆和”建设有温度。在于艳春的带领下，庆和镇切实提高社会保障水平，养老保险参保人数已突破1万人，参保率达90%

以上，新型农村合作医疗、五保、低保实现了应保尽保。积极与广东惠州佳信劳务派遣公司交流合作，多次组织各村干部和有转移意向的劳动力与广东惠州的企业对接，有效地推动两地劳务合作。建设劳务输出合作社5个，培养劳务经纪人21人，有序引导转移农村剩余劳动力5000人，拓宽了农民增收渠道。

“宜居庆和”建设有态度。于艳春积极宣传动员广大群众参与环境整治行动，有效推动了“创城”工作成果的巩固。永合屯村、庆和村成功入选通辽市卫生村。庆和镇被自治区爱国卫生运动委员会命名为自治区级卫生乡镇。治理农村生活垃圾，管好用好生活垃圾收集、转运、处理设施，持续推进农村环境综合整治整村推进项目，将村庄清洁行动要求纳入“村规民约”，全镇实施户厕改革2132户。

“平安庆和”建设有速度。新冠肺炎疫情发生以来，于艳春第一时间带头“逆行”，靠前指挥，成立以镇党委书记为总指挥、镇党政领导班子为成员的新冠肺炎疫情防控指挥部，督导各村成立疫情防控工作小组，定期会商研判应对疫情发展趋势，研究确定疫情防控策略。建立“镇、村、户”三级联动工作机制、建立跟踪督查机制，秉持人民至上理念，慎终如始做好常态化疫情防控。

围绕“抓党建促脱贫攻坚”这一主线，庆和镇党员干部满怀信心、迎难而上，探索形成了“党支部+公司”“党支部+劳务输出”“党支部+合作社”“党支部+庭院经济”等集体经济发展和带贫减贫模式，消除了集体经济空壳村。2020年9月底，庆和镇原有贫困人口581户1580人全部脱贫。

巾帼何须让须眉，不负春光不负卿。在庆和镇，于艳春孜孜不倦、勤勉不怠的工作态度，雷厉风行、事必躬亲的工作作风，深深

于艳春（右一）入户走访

地感染着她身边的每一个人。

庆和镇扶贫办主任冷振军说："于艳春每天早出晚归，扎根乡村，心系贫困户，脚踏实地为贫困户寻找脱贫路子，在庆和镇每一位扶贫干部心里，她就是我们的榜样。"

庆和镇党群服务中心科员张磊说："于书记大部分时间都在乡镇，能在乡上住就在乡上住。早上四点多也能在村头看见她，晚上八点多也能在村头看见她，有这样的好书记，是庆和镇的荣幸。"

2021 年 2 月 25 日，在全国脱贫攻坚总结表彰大会上，于艳春被授予“全国脱贫攻坚先进个人”荣誉称号。

面对荣誉，于艳春低调谦虚，而又斗志满满。

“脱贫摘帽不是终点，而是新生活、新奋斗的起点。”2022 年 1 月，于艳春当选科尔沁区政协副主席，同时兼任庆和镇党委书记。于艳春说，她将乘势而上、再接再厉、接续奋斗，带领庆和镇村民奔赴乡村振兴新目标。

# 冯树鑫：把创新答卷书写在 9 万平方公里大地上

“时代是出卷人，我们是答卷人，人民是阅卷人。”荣获“全国脱贫攻坚先进个人”称号后，时任赤峰市扶贫办党组书记、主任冯树鑫在接受记者采访时如是说。

2014 年 12 月，冯树鑫从克什克腾旗委副书记调任赤峰市扶贫办主任。彼时的赤峰市不仅是内蒙古自治区人口最多的盟市，也是建档立卡贫困人口最多的盟市。全市 12 个旗县区中有 8 个国家级贫困县、2 个自治区级贫困县，贫困人口 46.86 万，占自治区贫困人口总数的 1/3，是自治区脱贫攻坚主战场……这张脱贫攻坚“国考卷”，难度不言而喻。

面对难啃的“硬骨头”，冯树鑫意志如铁、勇毅前行，在脱贫攻坚道路上一干就是六年，成为自治区 12 个盟市中任职时间最长的扶贫办主任。

脱贫靠什么？在冯树鑫看来，靠的是脚踏实地，靠的是创新进取，靠的更是干群一心，凝聚成脱贫攻坚的强大合力。

作为全市脱贫攻坚指挥部的“总参谋长”，六年里，冯树鑫走遍了全市 9 万多平方公里的土地，遍访了 871 个建档立卡贫困嘎查村，用双脚丈量出脱贫攻坚的前进之路。

冯树鑫（右）走访贫困户

六年里，冯树鑫坚决贯彻落实上级决策部署，亲临一线调研指导，研读学习政策，全面分析各旗县区情况，谋划扶贫实施方案，亲自备课、做课件，给全市扶贫干部讲授脱贫攻坚政策知识。

六年里，冯树鑫率团先后到四川、贵州、甘肃、山东等地学习先进经验，深入基层进行调研，为市委、市政府决策提供了大量有价值的意见建议，探索形成了独具特色的赤峰减贫模式。

六年里，冯树鑫以初心使命为墨，以为民实干为笔，把创新的答卷书写在 9 万平方公里的大地上。

创新产业扶贫模式，促进持续稳定增收。冯树鑫深知，产业扶贫是实现贫困人口稳定脱贫的主要途径和长久之策。凭借多年的扶贫实践，冯树鑫总结推广出“三带一减”产业扶贫模式。自 2016 年开始，按照“布局集中、资源集聚、规模集约”的原则，赤峰市大力培育壮大扶贫产业园区，建成基础设施完备、带贫减贫示范力强的扶贫产业园区203个，带动贫困人口18.8万人，人均增收3000元以上，有效破解了产业规模小、效益低、辐射带动能力弱的瓶颈。

创新消费扶贫机制，有效解决扶贫产品“销售难”问题。冯树鑫坚持把消费扶贫作为带动贫困群众持续稳定增收、防止返贫致贫的重要抓手，在全区率先创建赤峰市扶贫产品集采中心、扶贫产品追溯中心、扶贫产品爱心消费品鉴中心三大消费扶贫平台，集中打造“赤峰牛羊肉、赤峰杂粮、赤峰果蔬”三大消费扶贫品牌，扶贫产品“销售难”问题得到有效解决。2020年，赤峰销往北京等地的农畜产品、手工艺品等特色产品金额达28亿元，带动贫困人口16703人，有力克服了新冠肺炎疫情影响，使广大贫困群众得到实惠。

创新金融扶贫模式，聚力扶贫资金引活水。在管好用好财政资金的基础上，冯树鑫创新金融扶贫体制机制，使金融资金成为扶贫产业发展的助推器。打造自治区首家市级扶贫投融资平台和政策性担保平台；设立全区扶贫领域首支基金——赤峰市生猪产业发展基金，支持全市生猪产业发展，为贫困户承担上下游市场风险；设立赤峰市国家扶贫改革试验区农牧业产业扶贫贷款风险补偿基金和肉牛产业发展风险补偿基金，为全市肉牛产业化发展融通银信资金，带动贫困户发展肉牛产业。

为探索稳定脱贫长效机制，冯树鑫主动先行先试，积极申报建设赤峰市国家扶贫改革试验区，2019年5月6日，改革试验区成功获批。近两年，改革试验区围绕建立稳定脱贫长效机制、贫困预防机制、统筹解决城乡贫困机制、扶贫治理长效机制等积极探索试验，致力于总结形成可复制可推广的扶贫改革试验赤峰样板和赤峰经验。截至目前，赤峰市在积极推进国家扶贫改革试验区建设方面，已累计投入各类资金 1.1 亿元，启动实施试验项目 21 个。其中防贫保障基金、“乡招村用”扶贫队伍建设改革、农村综合信用体系建设、农村牧区互助融合养老模式、城乡统筹相对贫困试点和产业联合发展等一批试点项目改革成效明显，得到了原国务院扶贫办与其委托第三方评估组的充分认可。

冯树鑫奋战在脱贫攻坚一线的六年里，一系列创新做法成果显著，成为自治区扶贫工作的创新样板。在自治区开展的脱贫攻坚实绩考核中，赤峰市连续六年位居突出行列。

赤峰市连续三次成功承办国际减贫研修班，把赤峰减贫经验传播到世界，受到中国国际扶贫中心通报表扬。林西县“易地搬迁＋”扶贫模式案例、巴林左旗笤帚苗特色产业“五链统筹”减贫模式案例入选全球最佳减贫案例，翁牛特旗、林西县大营子乡老君沟村安置区，敖汉旗新惠镇北城安置区入选全国“十三五”时期易地扶贫搬迁典型案例……随着一幅幅脱贫攻坚的生动画卷在红山大地上徐徐铺展，宏伟的小康梦逐步从愿景变为现实。

2020 年，赤峰市脱贫攻坚战圆满收官。全市 8 个国家级贫困县、2 个自治区级贫困县全部摘帽退出，871 个贫困嘎查村全部出列，46.86 万贫困人口全部脱贫，贫困发生率由 12.12% 降至 0%，贫困人口人均纯收入由 2015 年的 2621 元增加到 2020 年的 11595 元。赤峰市也因此成为自治区减贫人口最多、摘帽退出旗县区最多、获得脱贫攻坚国家级荣誉最多的盟市，向党和人民上交了一份高质量的脱贫攻坚时代答卷。

作为答卷人之一，冯树鑫面对这份来之不易的成绩单感慨良

冯树鑫（左二）了解牛产业发展情况

多。他说：“成绩的取得离不开每一位扶贫干部和社会各界的付出，是全市各族干部群众团结一心、顽强奋斗的成果。”

创新模式“战贫困”，勇做扶贫“追梦人”。在松州大地，在潢水之滨，在玉龙故里，在 9 万余平方公里的大地上，冯树鑫用孜孜不倦的奋斗书写出最动人的扶贫故事，所到之处，人们都亲切地叫他一声“冯书记”。

“先把基础工作做实，再把创新工作做精。”

“贫困户零打碎敲发展脱贫项目，很难形成规模效益，也不可持续，更难抵御来自市场和自然灾害带来的风险。”

句句铿锵有力，字字掷地有声。

这正是冯树鑫的扶贫理念。六年来，正是凭着这份脚踏实地和创新进取，冯树鑫带领着赤峰市 460 万人民群众打赢了脱贫攻坚战，托举起更加幸福美好的明天！

# 张启航：让百姓新生活起航

在赤峰市敖汉旗，提起张启航，可谓无人不知。他的“名气”不仅仅因为“全国脱贫攻坚先进个人”的荣誉称号，更是因为他带领当地百姓脱贫致富。

“老百姓就认死理儿，谁能让我们过上好日子，我们就记着谁。”敖汉旗萨力巴乡萨力巴村大石棚子组种粮大户张晓东喜滋滋地说，“我们这里的大部分耕地是山坡地，老百姓都是靠天吃饭，有的偏远山区更是‘种一坡打一车，收一簸箕煮一锅’，要不是张书记为我们张罗坡耕地改造，我哪能年收入 30 万元！”

2015 年 12 月，敖汉旗委办公室副主任张启航被派往萨力巴乡，出任乡党委副书记、乡长。上任伊始，他就向全乡人民郑重表态：团结带领全乡各级干部群众，坚决打赢脱贫攻坚战，确保人民群众脱贫致富，不让一个人在全面建成小康社会的路上掉队。

“态是表了，可当时我心里真没底。”张启航表情凝重，“萨力巴乡下辖 8 个建制村，常住人口不到 2 万人，年降水量不足 400 毫米，人均水浇地面积不足 1 亩，全乡有 3300 多名未脱贫人口，占全旗未脱贫人口总数的 1/10，贫困村占 50%，贫困人口人均可支配收入仅有 2600 元。全乡嘎查村‘两委’班子战斗能力薄弱，大

张启航（中）在萨力巴乡设施农业扶贫产业园察看西红柿长势

部分村集体经济收入空白，村级债务较多。信访矛盾突出，干群关系紧张。乡村经济如何发展、群众怎样脱贫致富、乡村社会如何治理，成为摆在面前的现实问题。”

问题已然看清，工作就有抓手。张启航深刻认识到，不解决社会矛盾问题，脱贫攻坚就无法顺利开展。他决定一竿子插到底，逐村逐户开展地毯式“大走访”，理清致贫原因，了解群众意愿，摸清矛盾底数。在第一次“大走访”动员部署会上，有的干部直言不讳地诉说疑虑：这样摸排，会把所有矛盾集中到乡党委、政府上。“矛盾表现在下面，根子在上面。群众有怨气，什么工作也开展不好，与其被动应付，不如主动出击，直面问题。”他给同志们吃了一颗定心丸。

第一轮“大走访”就这样开始了。乡村两级干部利用一个多月的时间，白天入户排查，晚上逐一研判，理清群众的所思所想所盼，把矛盾和问题彻底兜上来。找到问题根源后，逐人逐案化解。对诉求类问题，制定措施、因人施策；对政策类问题，入户宣讲、取得理解；对邻里纠纷，沟通左右、上门调停。在“大走访”中，群众反映最强烈的是低保评定、优亲厚友、徇私舞弊等问题，这也是干群关系紧张、上访问题突出的主要原因。张启航采取“宽严相济、主动整改”的办法，谁出的问题谁负责，谁引发的矛盾谁化解。对于拒不整改的，该提醒的提醒，该问责的问责，解开了群众心中的疙瘩。

“大走访”收到良好成效，群众信任政府了，干部威望提高了，大伙儿心气顺畅了，干事创业热情了。之后，张启航把“大走访”固化为制度，先后开展了九批次“大走访”活动，及时解决政策咨询类问题 5165 个、邻里家庭矛盾 173 件、群众诉求 949 件、信访问题 46 件、脱贫攻坚领域疑似存在问题 523 个、社会矛盾隐患问题 372 个、“微腐败”问题线索 9 件，为打赢脱贫攻坚战奠定了良好的群众基础和工作基础。连续三年，全乡实现“零信访”，萨力巴乡成为全旗唯一一个信访“三无”乡镇，2020 年被自治区信访局称为“枫桥经验在内蒙古的再实践”。

在一次“大走访”时，张启航来到老牛槽沟村贫困户张琢家中，破败不堪的房屋和唯一的家用电器——电饭煲，深深地刺痛了他的心。他和班子成员深入思考：萨力巴乡虽然自然条件不好，但区位优势明显、交通条件便利、土地资源丰富，发展外向型经济大有可为。思路确定了，剩下的就是如何干了！

2017 年，张启航带领乡村干部先后四次到山东、辽宁等地进行考察，广泛听取旗直有关部门、各村以及群众的意见，最终确定把设施农业和养殖业作为脱贫攻坚主导产业，自此，萨力巴乡插上了腾飞的翅膀——发展设施农业 10000 亩，年产值 2.5 亿元；引进多个养殖业重点项目，为贫困群众发放肉羊 1.3 万只、肉驴 458 头，覆盖率达 78%。到 2020 年末，全乡人均可支配收入达 1.8 万元，

张启航（中）在萨力巴乡设施农业扶贫产业园察看火龙果长势

建档立卡贫困户人均可支配收入达 1.2 万元。

张启航着力拓宽群众增收渠道，带头组建劳务输出办公室，先后打造设施农业扶贫产业园、牧原生猪养殖基地等，提供就业岗位 1800 余个；安置 149 名贫困人口，开展公共区域环境卫生整治工作，累计发放扶助资金 5.6 万元；为 84 名收入较低的贫困人口设置扶贫公益性岗位，人均年增收 7200 元。在基础设施建设领域，张启航累计协调资金 4.6 亿元，实施坡改梯 4.5 万亩、节水改造 2.8 万亩，建设人饮工程 36 处、农网改造 98 个台区，实施危房改造 546 户、移民搬迁 11 个自然村 222 户、建设幸福大院 4 处，修建通村组路 118 公里、街巷硬化 188 公里，建设文化广场 37 处，全乡 4G 网络实现全覆盖……人们收入有保障，生活更便利，群众获得感、幸福感大幅提升。

乡村治理是打赢脱贫攻坚战、实现全面小康的重要保障，没有文明的乡风，小康社会就不够全面。张启航创新推行“三治融合”基层治理模式，以提升群众内生动力为抓手，培树包括脱贫致富在内的各类先进典型 959 户（名），乡风民风得到有效改善。

所谓“三治”，即设立“德治红黑榜”，解决乡风文明弱化问题；守好“法治硬规矩”，解决公序良俗缺失问题；建好“自治督导团”，解决农村治理主体问题。“三治融合”让萨力巴乡获得了“全国乡村治理示范乡镇”荣誉称号，萨力巴乡也被列入“全国农业产业建设强镇”。

“农历六月十三是我们这里传统的大雨节，既有祈雨之意，也有庆祝风调雨顺的意思，全村老少欢聚一堂可热闹了，到时候你们一定要来。”走访入户中，村民热情地邀请张启航和乡干部参加大雨节。

这种传统的民间节日在乡村中很常见，可不常见的是将乡村治理融入其中。“街坊邻居平时难免有个磕磕碰碰，赶到大雨节这天，老老少少聚在一起，在一酒一饭中，有什么不痛快，说一说、乐一乐就全化解了，这是典型的以村民自治推动矛盾化解。”张启航解释道。

如今，张启航已经回到原来的岗位，担任敖汉旗委办公室主任。回想当年那段波澜壮阔的脱贫攻坚历程时，他感慨万千：“共产党人的宗旨就是为人民服务，我很荣幸参加了脱贫攻坚战，这一段经历让我更加明白，只有百姓幸福了，伟大的中国梦才能早日实现。”

# 史芳：扶贫政策在乌兰察布结出“幸福果”

当看到全市 99.9% 的贫困户在“国家脱贫攻坚普查结果表”上选择了“建档立卡以来，贫困户生产生活情况有明显改善”，并且都按下了满意的“红手印”，乌兰察布市扶贫办主任史芳不由得泪流满面，这泪水为这些年来日夜奔波在乌兰察布脱贫攻坚一线的扶贫干部而流，也为贫困户们终于摘掉“贫困帽”过上好日子而流。

2020 年，乌兰察布脱贫攻坚任务如期完成，10 个贫困旗县、750 个贫困嘎查村、29.1 万贫困人口全部摘帽脱贫，贫困地区公共服务设施显著改善，贫困群众自主脱贫能力明显提升，全市农牧民人均可支配收入达到 12928 元，基础设施、公共服务水平明显改善，“两不愁三保障”问题得到彻底解决……

乌兰察布系蒙古语，意为“红山口”，乌兰察布市位于内蒙古中部，这里“地近京畿、东进西出、南联北通”，区位优势明显。然而由于各方面原因，多年来这里一直是一个典型的深度贫困地区，被称为内蒙古脱贫攻坚的“主战场”。全市 11 个旗县中 8 个是国家级贫困旗县，贫困人口近 30 万。2017 年全区脱贫攻坚成效考核，乌兰察布市位次居末，市委、市政府立下“军令状”，誓打“翻身仗”。 2018 年 4 月，时任乌兰察布市委组织部副部长的史芳

史芳（中）走访贫困户了解政策落实情况

临危受命，兼任乌兰察布市扶贫办主任。

“在当时的情况下接任市扶贫办主任对我而言确实是一个巨大的考验，但是从参加工作以来，面对困难我就没有过惧怕心理，我相信只要脚踏实地地干，就一定能把工作干成！”史芳说。

在自治区扶贫领域，史芳是唯一一位身兼双职的女扶贫办主任。为了尽快适应新的工作岗位，史芳一到任就立即组织召开党组会议，认真听取扶贫办各科室、中心汇报，对当前脱贫工作中存在的问题及困难进行了深入了解、仔细研究。同时，对机关干部进行充实调整，从凝聚全体机关干部人心做起，为打好脱贫攻坚翻身仗

史芳（左二）赴察哈尔右翼前旗小淖尔村贫困户家中调研政策兑现落实情况

发出了动员令。

政策是“纲”，工作是“目”。在史芳的组织带领下，在充分征求各个旗县市区、乡镇和驻村工作队的意见基础上，通过深入实际调查研究，乌兰察布市出台了《乌兰察布市扎实推进脱贫攻坚工作方案》《乌兰察布市打好打赢脱贫攻坚战三年行动方案》《关于建立乌兰察布市脱贫攻坚工作联席会议制度的通知》等多个政策性文件，为全市总体的脱贫设计“布好了阵、排好了兵”。

在工作中，史芳坚持问题导向，从国家、自治区反馈和历次检查考评中发现的问题着手，全面加强与各单位、部门的沟通衔接，推动形成全市上下共抓脱贫工作的强大合力。先后组织召开两次全市扶贫办主任会议、五次业务培训会议，对脱贫攻坚需要做好的各项重点工作进行了全面安排部署，让全市扶贫工作按照既定节奏，“步步为营，扎实推进”。

作为市委组织部副部长，她创造性地将“管干部”与“抓扶贫”结合起来，把最合适的干部推荐选配到脱贫攻坚领导体系。2016 年以来，乌兰察布市 18 名脱贫攻坚业绩突出的乡镇党委书记进入旗县市区党政班子，171 名苏木乡镇扶贫干部被提拔进入苏木乡镇领导班子，5792 名驻村工作队员被选派到基层一线，打造起了有思路、敢担当、善作为的脱贫攻坚“一线指挥部”。

针对有些扶贫干部到了基层存在“不会干、怎么干、干什么”的问题，史芳创新开展了干部培训“强”“学”“考”模式，推动实施抓党建促脱贫“一清二白”互促提升专项行动，以驻村工作队驻村后“干什么、怎么干”作为方法技能培训的切入点和落脚点，通过“面对面、手把手”与驻村干部深入交流，向他们传授如何适应从城市到农村的角色转变、如何尽快熟悉农村工作、如何做好群众工作、如何破解驻村工作难点等方法技能，为全市驻村干部在落实扶贫政策、理清工作思路、提高发展能力、拓宽致富路子上找病根、开药方、抓方向。

“在走基层中，我们发现有些地方存在扶贫政策掌握不够深入、政策落实不够到位的情况，有些群众家庭情况特别困难，但是没有被识别为建档立卡的贫困户，无法享受到扶贫政策。”精准扶贫就是要扶到“点”上、扶到“根”上。为了做好这个工作，史芳推动建立由扶贫、财政、公安、民政、社保等部门组成的扶贫数据比对领导小组，常态化组织各行业部门开展数据比对工作，推行扶贫数据精细化管理，核实整改疑点数据 76.14 万条次，实现了建档立卡疑点数据动态清零。规范贫困户“一卡一册一档”（一张明白卡、一本国家扶贫手册、一本户档案）档案建设工作，扣好了精准扶贫的“第一颗纽扣”。

担任乌兰察布市扶贫办主任以来，史芳的足迹遍布全市 92 个苏木乡镇，因工作压力、工作强度大，她三次病倒在脱贫攻坚一线。脚韧带撕裂，她拄着拐杖继续上班；心脏难受，吃着中药超负荷工作；眼底出血，冒着失明的风险继续坚守岗位。900 多个日日夜夜，见证了这位“60 后”女干部从扶贫“新手”到扶贫“行家”的成长与蜕变！全市“人脱贫、村退出、县摘帽”的任务圆满完成！

如今，乌兰察布乡村旧貌换了新颜：村民住上了新盖的砖瓦房，教育扶贫圆了娃娃上学梦，村集体经济有了可观收入……一条条宽敞的水泥路像绸缎般穿过村庄，一盏盏崭新的路灯照亮着村民回家的路。

还是那片土地，还是那方人。从“土坯垒墙”到“小楼寻常”、从“土豆当家”到“种养兴旺”、从“男儿愁娶”到“凤凰来兮”，曾经穷得出了名的乌兰察布，如今告别贫困，迎来富足，扶贫政策在乌兰察布开花结果，到处都是幸福味儿。

三年的扶贫工作，是留给史芳一生难以忘怀的记忆，三年中，史芳数次热泪盈眶，这其中有感动的、激动的泪水，也有委屈的、伤心的泪水。“扶贫工作开展以来，我们全市有 9 位扶贫干部倒在了扶贫一线！这些扶贫干部，下到基层就忘记了时间，忘记了家庭，忘记了自己，是他们让扶贫政策在乌兰察布开了花结了果。我感触特别深的是，通过精准扶贫工作，我们的干群关系更亲了！现在，乌兰察布已经实现脱贫摘帽，但是底子薄基础差是现实，接下来我们还将继续努力，通过产业振兴、人才引进等举措，巩固脱贫攻坚成果，擘画乡村振兴蓝图！”史芳说。

# 松布尔：脱贫攻坚战场上的“钢铁战士”

在锡林郭勒盟苏尼特左旗乡村振兴局副局长松布尔的办公室里，有两样很特别的“办公用品”，一个是站着办公的电脑架，一个是助行器。

在苏尼特左旗脱贫攻坚推进正酣时，也是松布尔腰椎间盘突出病情最严重的时候。当时，根本弯不下腰的松布尔用钢铁般的意志，靠着这两个钢架完成了难以想象的工作量。为此，同事和朋友

松布尔（左）与同事一起探讨脱贫政策

们一半认真一半开玩笑地说，松布尔是不知后退的“钢铁战士”。

如今，接受了腰椎手术的松布尔虽然不再特别依赖这两件工具，但依然需要戴着护具上班。

2001 年，苏尼特左旗被确定为自治区级重点贫困旗，该旗牧区居住分散、生态环境脆弱、自然灾害频发、贫困户自身发展动力不足。如何增加贫困牧民收入、让他们摆脱贫困是松布尔任职以来扛起的艰巨政治使命，也成为他做好本职工作的不息动力。

在脱贫攻坚这个没有硝烟的战场上，松布尔和同事们紧紧围绕“六个精准、五个一批”基本方略，在认真分析苏尼特左旗 412 户建档立卡贫困户致贫原因的基础上，按照旗委、旗政府工作部署，采取“因地制宜、因户施策”原则，全面实施精准扶贫、精准脱贫。

在脱贫攻坚战的推进中，松布尔始终坚持“把脉就诊”“对症下药”的扶贫思路，结合牧区实际，创新制定“5 大类 12 项”扶贫项目“菜单”，根据贫困人口的需求，推出了“点菜式”产业扶贫项目，确保扶到点上、扶到根上。松布尔带领扶贫干部们结合贫困群众致贫原因和生产生活实际需求，主动问需于民，倾听发展意愿，采取“政府备菜、贫困户点菜、部门端菜”方式，累计扶持建设棚圈 315 处，购置基础母羊 1.9 万只、基础母牛 520 头，实现了产业扶贫因户施策、精准到户，有劳动能力的贫困户产业扶贫项目全覆盖。

同时，立足牧业旗的实际，创新制定“苏尼特左旗扶贫畜‘铁畜’管理办法”，把扶贫项目购置的基础母畜作为“铁畜”管理，让苏木镇和嘎查负责监督，由嘎查和贫困户定期签订承包经营合同，一般三年为一个扶持周期，贫困户承包到期且达到脱贫标准后，嘎查收回“铁畜”，流动扶持其他贫困户养殖经营，全面激发贫困户自我发展内生动力，实现全旗有劳动力的贫困户产业扶贫项目全覆盖、全受益、全脱贫。

为解决“扶持谁、怎么扶、谁来扶、如何退”的问题，松布尔和同事们创新建立了412户贫困人口精准扶贫“一卡一册”档案，详细记载贫困户从申请到脱贫退出的全过程，确保贫困户识别有依据、帮扶有措施、脱贫有印证。同时，严格按照脱贫攻坚“四不摘”政策要求，起草编制《苏尼特左旗巩固脱贫成果防止返贫致贫预警工作方案》，探索建立“预警、监测、防贫”工作体系，围绕“两不愁三保障”标准，建立健全防贫监测和帮扶机制，扎实做好防止返贫和致贫工作，全面提升脱贫攻坚的质量和成效。

通过全旗上下奋力攻坚、松布尔的苦干实干，苏尼特左旗到2018年实现了全旗10个贫困嘎查全部脱贫出列，在全旗412户1212人全部脱贫的基础上，全旗以自治区脱贫退出复查验收“三个100%”的优异成绩率先退出了“自治区级贫困旗”序列。2019年苏尼特左旗扶贫办被评为全区脱贫攻坚先进集体，2020年全旗在全区扶贫开发信息系统数据质量连续三次全区排名第一，与全国一道高质量如期完成了新时期脱贫攻坚目标任务，给党和人民交出了一份满意的答卷。

2013年，松布尔被任命为苏尼特左旗扶贫办副主任。从2014年全国开展精准扶贫精准脱贫，到2018年全旗高质量完成“人脱贫、旗摘帽”政治任务，再到2020年如期完成脱贫攻坚目标任务，在每个重要任务、每个关键环节、每个时间节点，他始终发扬滴水穿石的精神，脚踏实地推进脱贫攻坚工作，用自己辛苦指数给贫困人口换取幸福指数，让全旗贫困人口摆脱贫困，过上了好日子。

在举国上下奋力推进脱贫攻坚，攻克一个个贫困堡垒的时刻，在办公室人员少、任务重、时间紧的情况下，他始终保持“5 + 2”“白加黑”的工作强度，克服病痛，全力以赴，高质量完成了脱贫攻坚目标任务。由于常年加班加点、熬夜工作，2016 年他患上了严重的腰椎间盘突出压迫神经症，几年来由于一直坚守岗位没有得到正规治疗，他的症状不断加重，已经影响到了正常的生活工作，但他还只是坚持吃药、保守治疗，从不耽误上班。他觉得脱贫攻坚是头号政治任务和民生工程，时间紧、任务重，一分钟都不能耽误。

2020 年 11 月底，松布尔的病情突然加重，他才到呼和浩特市和北京市做进一步诊断。而在做了腰椎间盘髓核切除手术、术后身体还未完全康复的情况下，他又戴上铁护具回到了工作岗位，成为一名脱贫攻坚路上的“钢铁战士”。

松布尔为脱贫攻坚付出的辛勤汗水不仅得到了广大人民群众的认可，也得到了组织的充分肯定。2016 年，他被评为全旗优秀共产党员，2018 年被评为全旗先锋党员，2019 年被评为全盟最美扶贫干部，2015—2019 年连续五年在责任目标实绩考核中被评为实绩突出领导干部，2020 年被中共苏尼特左旗委员会记三等功一次，2021 年 2 月获得了“全国脱贫攻坚先进个人”崇高荣誉。

当多年的艰辛化成这份金灿灿的荣誉，松布尔并没有沾沾自喜。回到他熟悉的办公室，他又拿出纸笔，做起下一步工作打算：“巩固拓展脱贫攻坚成果，全面推进乡村振兴，只要我还在这个岗位上一天，就要尽全力把工作做好。”

# 丁瑞锋：易地搬迁户最信赖的“丁大姐”

锃亮的地砖、崭新的家具、雪白的墙面……告别了穷山沟，住上了新楼房，武利平终于开启了梦寐以求的新生活。

“以前在村里住土房，透风漏雨，上厕所不便，更别说洗澡了。门口土路，每逢雨雪，一踩一脚泥。现在住楼房，冬暖夏凉，想吃啥下楼就能买，门外就是公交站和高铁站。经过培训，我在社区物业上了班，收入稳定，日子越来越好了！感谢党和政府的好政策！感谢落实政策的好干部、大家最信赖的丁大姐！”卓资县易地搬迁安置点福安社区居民武利平激动地说。

他口中的丁大姐名叫丁瑞锋，是卓资县易地扶贫搬迁服务中心的副主任。从搬迁动员、入户宣讲、安置楼建设、分房入住、小区管理到后续扶持，都能见到她忙碌的身影。

卓资县位于内蒙古自治区乌兰察布市，曾经是国家级贫困县，卓资县地处大青山前后山交接地带，全县 51 个重点贫困村主要分布在山地、丘陵区，这里山大沟深、土地贫瘠、生态脆弱，贫困人口多、致贫因素复杂、扶贫任务重。从 2016 年开始，全县上下将脱贫攻坚工作作为首要任务，进行推进落实。

为早日摘掉国家级贫困县帽子，卓资县多方发力、全面施策，

丁瑞锋介绍梨花绣纯手工刺绣鞋垫

启动易地扶贫搬迁工程就是其中之一。在卓资县贫困人口中，有相当一部分生活在自然条件极为恶劣的地方，传统的帮扶式的资金支持难以解决这部分群众的脱贫和发展问题。通过实施易地扶贫搬迁政策，把这部分贫困人口搬迁出来，通过改善迁入地的生产条件，创造发展环境，不仅可以帮助他们脱贫致富，还可以缓解迁出地的人口压力。扶贫工作开展以来，卓资县共确定易地搬迁人口 5998 户 11125 人，其中依托城镇安置 3142 户 7444 人，由卓资县易地扶贫搬迁服务中心统一管理。

易地扶贫搬迁，不仅要“搬得出”，还要“稳得住”“能致富”。为了让搬迁群众实现就业，安置小区内建设了“巧手手”扶贫车间，由县易地扶贫搬迁服务中心负责具体管理，让近千名弱劳力从田间走到车间，由农民变为工人。易地扶贫搬迁服务中心先后组织搬迁群众开展手工、机轧培训58次，蒙古族酒囊缝制、指套卷制、吨袋轧制、毛绒玩具制作等17个项目在车间落地生根，让搬迁群众在家门口实现就业增收。

“在这里，只要有意愿、肯劳动，就不愁脱不了贫！”丁瑞锋说。

“我们刚搬来没多久，丁大姐就不断奔走在项目落实、车间管理及招工就业的路上，为我们寻求致富路子。”搬迁群众纷纷说道。在丁瑞锋看来，易地搬迁不仅仅要让贫困户“告别苦日子、住上新房子”，还要让他们“过上好日子、活得有面子”。

在工作中，丁瑞锋思索总结出易地搬迁就业“七步法”，通过产业覆盖就业、社会推荐就业、励志岗位就业、自主创业就业、劳务输出就业等途径为搬迁群众提供多样化的就业岗位。采取国企投资建厂、民企租赁使用、贫困户享受收益的模式，借助金鸡扶贫项目、冷凉蔬菜加工基地项目和光伏扶贫项目，并结合项目收益情况设置县扶贫励志岗位，帮助2000余名搬迁群众实现稳定收益。同时，积极联系县外区内建筑、家政、餐饮、汽修等行业及县内华伊卓资热电有限公司、内蒙古中西矿业有限公司、兴丰锂电池有限公司等大型用工企业，组织搬迁群众开展技能培训，一大批保洁员、水电暖维修工、信息员、网格员顺利上岗。

“搬迁群众住进了楼房，也有了稳定的收入来源，他们家中老人和孩子的医疗教育问题也要一并解决。”丁瑞锋说。

多年来，丁瑞锋坚持将服务宗旨贯彻到底，为易地搬迁户排忧解难，积极与教育部门沟通协调，逐户逐人采集信息，确保搬迁户适龄子女按时入学；及时联系各乡镇，将搬迁户健康状况全部录入信息平台，确保搬迁户各项社会保险及时接续，并主动承担帮助群众代缴社会保险、核检低保等工作。

从事扶贫工作多年，丁瑞锋收获了数面锦旗，每一面锦旗背后，都是她与搬迁群众的温暖故事。搬迁群众刘太平，因照顾身患

北京市朝阳区挂职卓资县委常委、副县长邢净，《中国非遗》杂志主编丁吉林一行到梨花绣乡土车间调研，丁瑞锋（右二）向他们介绍梨花绣纯手工刺绣鞋垫

小儿麻痹症的妻子和上学的女儿，不能外出打工，丁瑞锋及时伸出援手，除个人捐款捐物外，还为刘太平家庭安置了励志岗位，招收夫妻俩到扶贫车间做工人，让他们再无后顾之忧。

几年来，丁瑞锋穿梭在山路上、奔走在楼宇间，用自己的力量，为数千家庭的幸福生活保驾护航，她成为易地搬迁户最信赖的“丁大姐”，她让搬迁社区真正成为搬迁群众的安乐家园。

2020 年，卓资县搬迁安置点福祥社区、福康社区、福安社区被批准成立联合党委，统筹管理和服务 9 个整体搬迁村。作为易地扶贫搬迁安置点社区联合党委副书记，丁瑞锋积极组织辖区内搬迁村党支部和党员干部联合开展组织生活，结合网格化治理，扎实推进社区自治和群众服务，使搬迁群众积极融入社区建设，形成了“人在网中走，事在格中办”的服务模式，为群众提供了快捷高效的“一站式”服务。

数据显示，“十三五”期间，卓资县 323 个自然村实现整村搬迁，易地搬迁 11125 人，其中建档立卡贫困人口 6546 人。为了彻底改变“一方水土养不起一方人”的局面，卓资县在高铁车站附近建起了福安、福康、福祥、福源、福佳“五福”易地移民扶贫搬迁安置小区，共搬迁 3133 户 7397 人，其中建档立卡贫困户 2258 户 5320 人，同迁户 875 户 2077 人，配套建设了党群服务中心、卫生服务中心、便民服务中心、公安派出所、物业公司、图书阅览文体活动中心等服务管理机构。目前，易地搬迁群众住房已经全部建成，搬迁群众已经全部入住。

“脱贫攻坚是一场伟大的战役，能够作为一名扶贫干部参与脱贫攻坚战役，为卓资县脱贫攻坚事业添砖加瓦，我感到非常荣幸，也非常自豪。成绩的取得，是所有人一起努力的结果。脱贫摘帽不是终点，而是新生活、新奋斗的起点。在今后的工作中，我会加倍努力，为易地扶贫搬迁群众搞好后续扶持，坚决守住脱贫攻坚成果！”2021 年，获评“全国脱贫攻坚先进个人”的丁瑞锋说。

# 王光荣：这一天是我们的光荣时刻

2021 年 2 月 25 日，全国脱贫攻坚总结表彰大会在北京人民大会堂隆重举行。现场掌声雷动，鲜花簇拥。作为“全国脱贫攻坚先进个人”，坐在人民大会堂接受表彰的王光荣心潮澎湃，这一天，是王光荣的光荣时刻！

就在这一天，习近平总书记向全世界庄严宣告：我国脱贫攻坚战取得全面胜利，现行标准下 9899 万农村贫困人口全部脱贫，832 个贫困县全部摘帽，12.8 万个贫困村全部出列，区域性整体贫困得到解决，完成了消除绝对贫困的艰巨任务，创造了又一个彪炳史册的人间奇迹。这是中国人民的伟大光荣！是中国共产党的伟大光荣！是中华民族的伟大光荣！

这光荣的背后，是千千万万个如王光荣这样的扶贫干部，在倾力奉献，在苦干实干，他们同贫困群众想在一起、过在一起、干在一起，将最美的年华无私奉献给了脱贫事业！

王光荣是杭锦旗扶贫办主任。杭锦旗位于内蒙古鄂尔多斯高原西北部。中国第七大沙漠库布其沙漠横贯杭锦旗东西，与毛乌素沙漠形成合围之势，在三十年前，这里曾是一片不毛之地，饱受风霜的当地人，把这里称作“死亡之海”。杭锦旗 1.89 万平方公里的

王光荣（左二）在锡尼镇新井渠村调研防返监测工作

土地承载着11.1万人口，其中，国家级贫困人口1219户3058人，占全市国家级贫困人口的23.4%，自治区级贫困嘎查村17个，占全市自治区级贫困嘎查村的81%。

2011年，杭锦旗被认定为自治区级贫困旗。相对鄂尔多斯市其他8个旗区而言，这里贫困人口比重最大、贫困程度最深、贫困面最广、脱贫攻坚任务最重。面对重大的政治责任，面对贫困人口的殷切期盼，王光荣深知肩上担子有多重，从事扶贫工作的12年来，他不敢稍有松懈。

## “我现在真没那个时间”

2015年，王光荣右眼视力急剧下降，去医院检查是长期熬夜加班加点造成的眼底出血。

“你得赶快进行手术，手术后静养一段时间。”医生对王光荣说。

“那我多久才能返回工作岗位？”王光荣问。

“怎么也得一周的康复期。”医生回答。

“我现在真没那个时间！”听到术后康复要花一周的时间，王光荣拒绝了这次的手术安排。

对自己，他确实没有时间，因为他的时间都用在了扶贫工作上。打赢脱贫攻坚战的号角已经吹响，他一刻都放不下旗里的脱贫工作，“5 + 2”“白 + 黑”已经成了他的工作常态。在单位，这位扶贫办主任，每天早上6点到单位，研究和分析工作当中存在的问题，梳理工作思路，8点半到苏木和嘎查一线指导推进工作，傍晚再回单位写材料，每天最早来、最晚归，工作时长都在十七八个小时。正因为长期处于超负荷工作，才造成了他眼底出血，右眼视力急剧下降。

2020年，王光荣的右眼已经成为超高度近视，接近失明，在家人和同事的极力劝说下，他终于到眼科医院做了拖了整整五年的手术。医生对他说：“从来没见过对自己身体这么不负责任的人！”

## 扶贫工作的“活字典”

“丁零零……”清脆的电话铃声再次响起。“王主任，我帮扶的这家扶贫户是这样的情况……您看这种情况能享受咱们旗里哪些扶贫政策？”像这样的咨询电话，王光荣每天平均要接50多个，最多的时候，他一天接了200多个电话，之所以“业务”如此繁忙，就是因为他是旗里出了名的扶贫工作的“活字典”。

在扶贫战线工作的12年来，他从分管领导成为主要领导，变的是岗位，不变的是他始终坚持钻研学习的精神，与扶贫有关的任何一个政策性文件，他都要花大量的时间研究解读，并且注重从基

王光荣（右一）在锡尼镇锡尼补拉嘎查调研村集体经济

层了解实情、征求基层干部和贫困户的意见，客观准确地分析致贫的环境及其原因。

2016 年以来，他牵头制定了《杭锦旗脱贫攻坚配套实施细则》等 10 余个政策性文件，形成了“1 + 13”配套政策，为杭锦旗脱贫攻坚工作明确了重点任务和工作要求，各苏木镇、行业部门遇到任何疑难问题、政策标准难以把握的情况，都要向他咨询。

有了坚实的政策支撑体系，杭锦旗又克服旗本级财政困难，累计投入专项扶贫资金 5.6 亿元，实施了易地扶贫搬迁、产业扶贫、健康扶贫、教育资助、兜底保障扶贫等12大类40项政策补贴项目。2016 年底，全旗 17 个自治区贫困嘎查村全部退出，2018 年 7 月 27 日，经自治区人民政府公告，杭锦旗退出自治区级贫困旗序列！2019 年底，实现绝对贫困人口动态清零！

## “让他们也过上好生活”

2019 年，针对部分边缘户致贫和已脱贫户返贫风险居高不下的难题，王光荣通过考察学习、深入走访贫困户了解实情，亲自起草了《杭锦旗应急救助防贫保障实施意见》，实现了关口前移，从源头阻断贫困的发生，在全区范围内较早地形成了防致贫返贫的工作机制。

精准扶贫实施以来，杭锦旗协调 21 个市直帮扶部门和 90 家驻地企业，组织动员 135 个旗直部门、76 个驻嘎查工作队、288 名驻村干部、3965 名结对帮扶干部深入基层，精准帮扶，精准施策。面对部分帮扶干部存在“不会扶”的情况，王光荣通过深入走访调研1000余户贫困户，提出了帮扶干部入户后要做到“十四看、十四问”，全面规范明确了入户帮扶的目标和具体工作要求及方式。

有了“十四看、十四问”，帮扶干部进村入户，能在最短的时间内精准、有效落实帮扶工作，打通脱贫攻坚最后1公里。帮扶干部们把贫困户的事儿作为自己家里的事儿，放弃了节假日和家人团聚的机会，到田间地头与贫困户交心交情，帮助贫困户制订脱贫计划，协调落实帮扶措施，成为脱贫攻坚的主力军。

2020年末，杭锦旗巩固扶持脱贫建档立卡贫困人口1464户3583人，决战决胜脱贫攻坚取得了决定性成效，脱贫攻坚圆满收官。

“从小家里穷，是党和国家的好政策让我过上了好日子，现在我长大了，作为扶贫人，我一定想办法让贫困户脱贫，让他们也过上好生活。”谈起扶贫的“初心”和“使命”，王光荣这样说。

时代造就英雄，伟大来自平凡。像王光荣这样的扶贫干部还有很多，在脱贫攻坚斗争中，1800多名同志将生命定格在了脱贫攻坚征程上，生动诠释了共产党人的初心使命。脱贫攻坚殉职人员的付出和贡献彪炳史册，党和人民不会忘记！共和国不会忘记！

“胜非其难也，持之者其难也。”脱贫攻坚战的全面胜利，标志着我们党在团结带领人民创造美好生活、实现共同富裕的道路上迈出了坚实的一大步。同时，脱贫摘帽不是终点，而是新生活、新奋斗的起点。当前，推进乡村振兴战略、解决相对贫困问题的新征程已然开启。“征途漫漫，惟有奋斗，我将继续以永不懈怠的精神状态、一往无前的奋斗姿态，向着下一个目标奋勇前进！”王光荣说。

# 张栋梁："米粮川"上的领路人

在林原村，一栋栋智能大棚内绿意盎然，各种蔬菜经过包装、入箱、装车，被运往北上广；在东海心村，一方方鱼塘碧波荡漾、水欢鱼跃，大树湾黄河鱼游出致富路；在田家营子村，一群群白鹅曲项欢歌，特色养殖带来好"钱景"……虽已入冬，走在鄂尔多斯市达拉特旗树林召镇的沃野乡间，处处蕴藏着勃勃生机。

如今的树林召镇，充满生机与活力。大胆探索，在率先以改革突围的旅程中，离不开先后担任树林召镇镇长、党委书记的张栋梁。

树林召镇是一个中心镇，是内蒙古西部的人口大镇，总面积1391 平方公里，辖 23 个建制村 276 个合作社，总人口 7.56 万。2014—2019 年全镇共识别贫困户 628 户 1452 人。

2016 年以来，张栋梁走访了全镇所有贫困户，五本厚厚的入户手册密密麻麻写满了社情民意。他在遍访过程中特别注重解决问题，边访边帮，边走边研究。

但张栋梁觉得这还远远不够。"精准扶贫是一项系统性工作，涉及方方面面的知识。又是一项政策性很强的工作，必须坚持用政策办事，把纪律和规矩挺在前面。"张栋梁如饥似渴地搜集和学习相关的政策、文件，将与扶贫相关的知识弄懂、吃透。

在反复调研的基础上，张栋梁创新实施“扶贫专员”制度，率先在全市构建了一套“领导小组+扶贫办+扶贫专管员+村级扶贫助理员”的组织构架，通过组建专职专管的工作队伍，保证了镇、村扶贫工作高效运行。还创新了“议贫会”制度，组织社员以社为单位召开议贫会，由会议认定，从而统一群众思想，扩大宣传范围，有效杜绝了错评、漏评现象的发生。

张栋梁（右）在田间地头

然而，成长的路上难免遇到“拦路虎”。村级组织机构不完整，仅有村党支部、村委会、监委会，集体经济组织基本瓦解；农村金融体系支撑乏力，大量资源躺着“睡觉”，产业发展资金匮乏；农村人才大量进城，50岁以下的农民比例不到10%……

肩上的担子越来越重，但是张栋梁工作的劲头儿却越来越足。他创新实施产业发展新模式，构建起“一个扶贫产业园+特色专业合作社+多个扶贫产业项目”的产业发展模式，变“输血兜底”

为“造血攻坚”。2016 年以来共实施扶贫项目 30 个，投入资金 2861.9774 万元，仅鲜农扶贫产业园年均创收 166 万元，项目收益惠及全镇所有贫困户，为贫困户稳定脱贫奠定扎实的产业保障。

抓住产业就是抓住发展的“牛鼻子”。张栋梁创新实施“抓社带户”产业扶贫模式，亲自研究部署，领导全镇注册成立共赢土地合作社 57 家，资金互助合作社 8 家，入社农户 2140 户，整合土地近 4 万亩，合作社以低利息优先向贫困户发放贷款，以土地入股合作社分红等形式，让贫困户的资源变资产、农民变股东、资金变股金，保证收入稳定。全镇所有贫困户都加入合作社，让合作社和所有成员共同带领贫困户实现稳定脱贫，从制度上保证贫困户不再返贫。

同时，创新设立镇级扶贫基金库，建立镇级扶贫基金 270 万元，通过免费提供产业发展贷款、发放鸡苗和生猪补贴等形式，激发内生动力。为了保证扶贫基金能够长期产生效益，发动村社干部、乡贤、能人组建了扶贫互助小组，确保每户贫困户都有一个互助小组。如果贫困户或其他低收入户出现大病或意外导致家庭收入减少时，互助小组和社员都要帮助他们。

张栋梁敢闯敢干，在他的带领下，全镇上下呈现出团结奋进、风清气正的干事创业氛围。

大刀阔斧改革创新，建立“一社四部”及联合社体系，资金互助合作、土地合作、房宅合作、消费合作业务蓬勃发展，其中消费合作社累计采购饲料、化肥等农资 8 批次 266 吨，为农民节省成本 4 万多元。禾原、家禾原、乡禾原、农禾原、景旭公司等乡村建设投资开发平台不断壮大。

“民生微实事”工程坚持以基层民生需求为导向，通过“群众自筹＋政府补贴"方式，在解决民生难题的同时，全面推动镇村两级服务与农民自治的有效衔接和良性互动。

"一组两会"协商自治模式，突出群众主体地位，形成治理为了群众、治理依靠群众、治理成果群众共享的乡村治理良好局面。

直面矛盾化解纠纷，深化基层"三治"融合。建立社会矛盾纠纷多元预防调处的"四级调解机制"，矛盾调处率达到95%，一批信访积案得到全面化解。通过财政拨款、资产处置、清欠税费、煤调基金等方式化解债务3.3亿元。

创新推进"党支部领办合作社"发展模式，23个建制村经营性收入551.37万元。村集体经济超50万元的村3个。23个村共设

张栋梁（右）入户走访

置集体产权 89113 股，其中集体股 17824 股，个人股 71289 股。房宅合作社交易房产 6 套，远期储备房源 500 多套，树林召镇获批“农村产权交易改革试验区”。

业以才兴，功以才成。逐步构建起龙头企业、农民合作社、家庭农场和种植大户分工明确的“雁阵”体系。启动农村“归雁计划”，出台《树林召镇鼓励农业创新创业 15 条意见》，设立 300 万元农村创投基金、200 万元农业“双创”股权投资基金，为辖区内农业企业提供 3 万～ 30 万元贷款，支持龙头企业发展，对被评为国家级、自治区级、市级的农业产业化龙头企业、专业合作社、示范性家庭农场，分别给予 2 万～ 15 万元奖励。

“始终以百姓心为心，把实现好、维护好、发展好农民群众的根本利益作为一切工作的出发点和落脚点，尽心竭力地解决好人民群众最关心、最直接、最现实的利益问题。”张栋梁说。如今，在这片被誉为“米粮川”的热土上，乡亲们的“金饭碗”越端越牢，走上了更广阔的致富路。

# 徐创军：继续在乡村振兴新征程上贡献力量

“要引导贫困群众选择本地优势特色产业，通过提供扶贫贷款、技术指导，推行农业保险等政策措施，来提高贫困群众的参与度和抵御风险能力，授人以鱼不如授人以渔，贫困户才是脱贫的主角。”

徐创军到花卉果蔬产业园了解情况

这是巴彦淖尔市临河区乡村振兴局局长徐创军2018年4月10日在自己的扶贫日志中写的一段感悟。在担任临河区扶贫办主任的三年间，他走遍了临河区151个建制村和22个分场，撰写出15万字的工作日志。这本满含思考与建议的脱贫攻坚“百科全书”，不仅是临河区脱贫攻坚的“脱贫志”，更成为区委、区政府科学决策的“参考书”。

“造血式”产业扶贫是脱贫攻坚的不二选择。针对临河区实际，徐创军创新性提出了“1233”产业扶贫机制，让有劳动能力的1170名贫困人口嵌入产业链、富在产业园，人均增收5150元。建成的“10园1市8车间”19个产业扶贫项目，两年实现收益1331万元，全部用于贫困人口产业发展和公益岗位工资发放等方面。在他的争取和带动下，越来越多的企业参与产业扶贫项目，共同捐资建成光彩事业社会扶贫产业园，带动贫困群众脱贫致富。“1233”产业扶贫典型案例成功入选国务院扶贫办《全国产业扶贫优秀案例选编》，为全国产业扶贫提供了可行性经验。

面对临河区占比高达68%的因病因残致贫人口，徐创军想到了企业带贫。但这部分贫困人口既没有劳动力，也没有经营能力，分红收益又高，想找到一家合作企业并不容易，通过多方协调，终于与草原宏宝、鲜农公司达成协议，实施奶山羊“托管代养”“带资入股”分红项目。企业谈妥了，群众却担心资金打了“水漂”。他又组织企业与群众签订协议，解除了群众的后顾之忧。当年，这些贫困群众就实现人均增收1026元。

在脱贫攻坚期间，徐创军既是指挥员，又是战斗员，率先垂范、苦干实干。临河区累计减贫409人，8个贫困村全部出列，并代表自治区高质量通过了国家脱贫攻坚普查验收，为全面完成脱贫

徐创军（右一）在花菇产业园考察调研

攻坚任务作出了贡献。2021 年 2 月，徐创军被授予“全国脱贫攻坚先进个人”荣誉称号。

现在，徐创军担任临河区乡村振兴局局长。在巩固拓展脱贫攻坚成果同乡村振兴有效衔接的新征程上，他以执着的追求和信念，继续贡献着自己的力量。

为切实做好巩固拓展脱贫攻坚成果同乡村振兴有效衔接各项工作，他认真学习研究新政策，立足工作实际，牵头起草了《临河区关于实现巩固拓展脱贫攻坚成果同乡村振兴有效衔接的实施意见》，提出了“突出一个重点、建立一个机制、做好五项工作”的新思路，全面推进巩固拓展脱贫攻坚成果，建立农村低收入人口常态化帮扶机制，发展壮大特色产业，落实与乡村振兴有效衔接各项工作。在他的带领下，区、镇、村三级协同发力，巩固拓展脱贫攻坚成果同乡村振兴有效衔接各项工作全面展开，脱贫基础更加稳固、成效更可持续。

徐创军把建立健全防止返贫动态监测和帮扶机制作为巩固脱贫攻坚成果的重中之重，坚决守住不发生规模性返贫底线。2022 年 4 月中下旬，临河区乡村振兴局全体机关干部对全区 756 户 1563 名享受政策的脱贫人口，开展了巩固拓展脱贫攻坚成果排查走访活动，对发现的 4 类 24 个问题，“点对点”向有关乡镇、农场和部门进行了反馈整改。5 月中下旬，在临河区开展了防致贫返贫监测和帮扶全面摸底排查工作。

在排查过程中，为了将农户的收支情况核实准确，徐创军自主设计了“收入计算明白卡”，能够让农户说得清、算得准，并认可签字。在摸底排查过程中，他严格把握政策，既没有人为控制规模、搞“体外循环”，也没有把不符合条件的农户识别进来。那段时间，徐创军每天都是晚上10点以后才能回到家中，就连母亲住院都顾不上去看望一次。

徐创军在每次深入乡镇、农场调研过程中，都要随机走访脱贫户，了解掌握“两不愁三保障”巩固情况。在他的积极建议下，区委、区政府建立了联席会议制度，不定期召开会议，落实教育、卫健、医疗保障、住建、水利等行业主管部门工作责任，形成巩固脱贫成果合力。

# 邢洪圣：做贫困户的知心人

“邢书记真是我们的知心人，不管什么时候，反正有空就来我们家看看，每次来了还拿点东西，我心里面挺高兴、挺感激的。”现如今，一提起巴彦淖尔市杭锦后旗蛮会镇党委书记邢洪圣，曾经的贫困户、新堂村四组的村民淡小锁话语中充满了感激之情。

邢洪圣出生在蛮会镇，成长在蛮会镇，参加工作以后一直心系家乡。2016 年，他主动请缨，从杭锦后旗征收局调任蛮会镇党委书记，把脱贫攻坚作为上任后的最大政治任务和民生工程。他带领全镇 558 户 1077 人贫困人口全部脱贫，诠释了对党忠诚、心系群众、忘我工作的优秀品质，彰显了共产党人不忘初心、牢记使命的崇高精神。2021 年，邢洪圣荣获“全国脱贫攻坚先进个人”称号。

## 脱贫攻坚“战场”上冲锋在前

当年，邢洪圣一到任，就马不停蹄地走遍了全镇 15 个建制村、130 个村民小组，走遍了全镇所有建档立卡贫困户，掌握贫困户家庭成员信息、致贫原因等基本情况，耐心听取贫困群众的意见建议

邢洪圣（右）察看西红柿长势

和合理诉求，帮着想对策、谋出路、渡难关。几年间，邢洪圣走访了多少贫困群众、进行了多少次调查研究，自己数不清，身边的同事也数不清。但是，群众能数清。

通过深入调查研究，详细掌握第一手资料，分析掌握贫困户致贫的主要原因后，邢洪圣带领镇、村、组干部们分析归类、研究制定解决贫困的发展思路和对策，“特色产业立镇、龙头企业带动、一村一品推动、专业合作社引领”的整体脱贫思路被确定下来。

开展挂图作战、逐级压实责任、逐项挂牌督办……通过特色产业帮扶、基础设施帮扶、教育医疗帮扶、社会兜底帮扶等到村到户到人的详细帮扶措施，充分发挥了资金效益和资产收益的功能。在邢洪圣的带领下，2019 年，全镇贫困人口全部脱贫。

为了能够引导大批走出去、富起来的乡贤能人把先进理念、技术及资金带回家乡，投资兴业，邢洪圣多次召开座谈会，或者上门拜访。在打听到金百富餐饮有限公司的负责人是土生土长的蛮会镇人时，邢洪圣更是“三顾茅庐”邀请其回乡投资创业。

2020 年 3 月，金百富餐饮有限公司在蛮会镇和丰村开工建设 30 万只蛋鸡自动化养殖项目。“邢书记为我们办了许多实事，他不仅亲自帮我们跑手续，还上门帮助我们协调解决水、路、电等各种

邢洪圣（左一）看望贫困户并详细了解其生活中存在的困难

问题，最终，我们实现了当年投资、当年生产、当年投放市场的目标。”金百富餐饮有限公司总经理杨锐说。如今，金百富餐饮有限公司的 30 万蛋鸡也已经全部开始产蛋，养殖项目也为当地村民提供了 40 多个就业岗位。

邢洪圣任职五年来，蛮会镇共引进金百富蛋鸡养殖、海龙马产业、民生村蔬菜大棚、胡桐羊养殖专业合作社等 12 个乡贤能人返乡创业项目，使当地农民紧紧吸附在产业链上，实现了增收致富，同时还吸引 200 多人就近务工，年务工收入总计达 700 万元。

## 一个“民”字重于泰山

邢洪圣认为，为人民谋福祉是他最根本的职责。从便民生活到民居环境打造，再到支持返乡创业大学生成就精彩人生，蛮会镇的百姓们时时刻刻都能感受到惠民工程带来的获得感和幸福感。

“晴天时尘土飞扬、遮天蔽日，仿佛置身‘古战场’。下雨天更是坑洼不平，泥泞难行，苦不堪言。”以前，一提起村里的路，村民们就会纷纷吐槽。

要想富，先修路。邢洪圣下决心，一定要先破解这个制约全村发展的大“瓶颈”。但那时，村集体经济薄弱，资金难有保障，他便跑前跑后申请项目和资金，并倡导各村把闲置的旧校舍、土地等固定资产充分利用起来，作价入股与社会资本合作，按入股比例取得收益，进一步发展壮大集体经济，带动村民走向致富之路。

解决了路的问题，邢洪圣又把目光投向了路灯。以前一到晚上，街上就黑咕隆咚，行人稀少。他号召村里成立家乡建设委员会，组建起微信群，捐款助力家乡建设。上百村民和外地游子纷纷响应这次公益活动，邢洪圣更是率先捐款，为蛮会街道安装路灯捐款3000元，为华西村捐款5000元，为红旗村捐款1000元。现在，村里的夜晚亮堂了，村民出行方便了，村里也热闹了。

2016年以来，在邢洪圣的带领下，全镇共完成130个村民小组的环境综合整治工程，新修通村小油路、水泥路90.2公里，完成了48个村民小组巷道硬化；新建村委会活动室10个、卫生室4个、便民超市4个、文化活动广场55个、公共厕所25个、绿化活动广场31个，安装路灯441盏，实施危房改造478户，建设新村4个，133户农户喜迁新居。全镇6400多户常住户全部享受到了以立面改造、院落改造、圈舍改造为主要内容的扩面工程带来的优惠政策。蛮会镇整体面貌也由此发生了天翻地覆的变化。

如今的蛮会镇，胡桐羊、老根西瓜、钙果、五黑一绿鸡、糖稀、纯天然葵花蜜等特色产业逐渐成型；现代竞技马示范区成为全镇金字招牌；乡村旅游蒸蒸日上，打造了万亩葵园核心区—宝莲寺—赛马场—民生新村—胡杨林的“蛮会一日游”旅游路线，这些新兴特色产业蓬勃兴起，展示着令人耳目一新的新农村风采，也为增加农民收入、助力精准脱贫、促进乡村振兴注入不竭动力。

# 党占富：让群众满意是我的工作信条

翻开巴彦淖尔市乌拉特中旗乡村振兴局副局长党占富曾经的一本扶贫日志，里面记载的都是全旗的产业、就业、健康、教育、易地搬迁、危房改造、饮水安全、社会保障兜底等扶贫政策落实情况

党占富（左）到贫困户家中了解情况

和贫困群众生产生活情况。作为一名扶贫干部，“着眼大事、抓好小事、让群众满意”是他的工作信条。在脱贫攻坚伟大征程中，他在平凡中坚守岗位，在汗水中挥洒青春，任劳任怨，无怨无悔。

“脱贫攻坚是一项神圣的使命，当我得知自己将要参与这场伟大的工作中，我做了充分的准备。”时至今日，提起脱贫攻坚战，党占富依然心潮澎湃、激动不已。2011 年，党占富被调到乌拉特中旗扶贫办工作，刚到任时，他就认真学习了党中央关于扶贫工作部署，用党的创新理论武装头脑、指导实践、推动工作。他积极主动向张富清、黄文秀、武汉鼎等先进榜样学习，从榜样身上汲取精神力量，决战脱贫攻坚、决胜全面小康的决心意志更加坚定。

2019 年，党占富担任乌拉特中旗扶贫办副主任，分管建档立卡、资金使用、问题整改和易地扶贫搬迁、教育扶贫、健康扶贫、

党占富（右一）给贫困户讲解国家的扶贫政策

民政扶贫等方面工作。他深知扶贫政策要取得实效必须符合当地实际，于是积极开展调查研究，全旗 12 个苏木镇场、58 个有贫困人口嘎查村、581 户正常脱贫户和 18 个脱贫攻坚专项组牵头单位，几乎都留下了他的足迹。

通过调研，党占富把全旗产业、就业、健康、教育、易地搬迁、危房改造、饮水安全、社会保障兜底等扶贫政策落实情况和贫困群众生产生活情况装进了脑袋、记在了一本本笔记里，成为全旗公认的“扶贫专家”。他的调查研究为旗委、旗政府决策部署提供了第一手可靠资料，促进了扶贫政策的精准落地。

为了使当地扶贫干部尽快熟悉建档立卡、资金管理、项目建管、问题排查、问题整改等扶贫工作，他把每一项工作都做成流程图、路线表，每月利用 10 天时间深入各苏木镇场、嘎查村，一线指导、核查、答疑解惑，使每项工作都能有条不紊地开展，达到预期目标。

党占富还善于协调帮助群众解决困难和问题。2019 年，他在一次调研时，得知石哈河镇、温更镇有 3 户偏远贫困户新建住房没有通生活用电，就第一时间协调落实帮扶资金 9.5 万元，实施了风光互补单户供电项目。2020 年，他又为 2 户边缘户、1 户监测户落实救助资金 1.82 万元，帮扶项目 2 个；为温更镇、石哈河镇、新忽热苏木等苏木镇争取、落实“流动畜群”项目资金 705 万元，落实壮大嘎查村集体经济项目资金 900 万元，落实肉牛养殖产业园区建设项目资金 300 万元，助力各苏木镇场做强乡村脱贫产业，实现了从产业扶贫到产业兴旺的转变。

党占富善于发现问题、解决问题，还经常与各级扶贫干部交心谈心、拉家常、谈工作、听想法。他善抓扶贫资金管理，工作中严把项目绩效目标申报关，严控资金使用投向，定期开展跟踪问效、督查检查，保证了每一笔扶贫资金都能精准用在刀刃上，做到了精准滴灌、靶向治疗，切实保证了脱贫成果的质量和成色。2018年、2019年、2020年连续三年，乌拉特中旗财政专项扶贫资金绩效评价被自治区评为“优秀”等级。

党占富善与行业部门协同作战，乌拉特中旗协调组建了决战决胜脱贫攻坚联合作战办公室，组成联合作战队，进村入户用“放大镜”找问题，以“显微镜”查实情，以“钉钉子”精神抓整改，与各行业各部门协同推进脱贫攻坚工作，全面打通政策落地“最后一公里”。

经过多年努力，乌拉特中旗脱贫攻坚战取得了重大阶段性成果，由减贫阶段跨入巩固提升阶段。2016年，20个贫困嘎查村全部退出；2018年7月，区贫旗“摘帽”；2018年底全旗脱贫2042户4688人，贫困发生率动态归零；2020年底脱贫攻坚取得了全面胜利。党占富以一名扶贫干部的责任与担当，把这张精准扶贫、精准脱贫答卷全面精准地镌刻在乌拉特中旗大地上。2021年2月25日，在全国脱贫攻坚总结表彰大会上，他获得“全国脱贫攻坚先进个人”荣誉称号。

# 么永波：交出党和人民满意的脱贫攻坚答卷

2022 年 2 月 22 日，春寒料峭，锡林郭勒盟委书记么永波来到锡林浩特市宝力根苏木哈那乌拉嘎查两名牧户家中，详细了解生产生活、集体经济发展、基础设施建设等方面情况，并围绕乡村振兴进行了深入交流。

巩固拓展脱贫攻坚成果同乡村振兴有效衔接，是么永波心头一直挂念的事。

2017 年 11 月至 2021 年 3 月，么永波担任内蒙古自治区扶贫办主任。在历时三年多的脱贫攻坚战中，么永波以不获全胜绝不收兵的坚定意志，勇挑重担、主动作为，积极发挥参谋助手和综合协调作用，全面落实内蒙古自治区党委、政府各项决策部署，为内蒙古脱贫攻坚取得全面胜利作出了贡献。

在 2019 年、2020 年省级党委、政府脱贫攻坚成效考核中，内蒙古连续两年综合评价等次为“好”；在 2021 年省级党委、政府巩固脱贫攻坚成果同乡村振兴有效衔接考核评估中，内蒙古综合评价等次为“好”。2021 年 2 月，么永波被党中央、国务院授予“全国脱贫攻坚先进个人”荣誉称号。获得这一殊荣，么永波实至名归。

到扶贫办上任，他做的第一件事，就是认真研判分析全区脱贫

2019 年 3 月 14 日，么永波（左三）在科尔沁左翼中旗调研

攻坚工作形势，制定形成了一系列行之有效的工作体系，推动形成各负其责、各司其职的责任体系，上下联动、统一协调的政策体系，保障资金、强化能力的投入机制，广泛参与、合力攻坚的社会动员体系，较真碰硬、严格规范的考核评估体系。推动脱贫攻坚责任落实、政策落实、工作落实，层层签订责任书、立下军令状，全区上下形成全体动员、党政同责、尽锐出战的决战态势。

为民服务、善作善成，切实把以人民为中心的发展思想落地落实。针对当时自治区脱贫攻坚工作政策体系不完善，基层渴求上级予以政策落实细化指导的工作实际，在么永波牵头组织下，起草了《内蒙古自治区打赢脱贫攻坚战三年行动实施意见》并印发实施，配套出台了《扶贫资金使用管理办法》《促进产业精准扶贫工作的政策措施》《京蒙扶贫协作三年行动计划》《解决“两不愁三保障”突出问题工作方案》，打出了政策“组合拳”。着力解决贫困群众吃饭、穿衣等基本民生需求，着力解决贫困群众住房、出行、上学、就医、安全饮水、就业等切身利益问题。

在实际工作中，么永波坚持把习近平总书记关于“精准扶贫”“精准脱贫”重要指示精神贯穿到脱贫攻坚工作全过程，精准施策、开拓创新，推进精准扶贫精准脱贫基本方略全面落实。

“脱贫攻坚贵在精准、成在精细，工作全过程都必须下足绣花功夫。要因村因户因人施策，因贫困类型施策，因致贫原因施策。”么永波侃侃而谈。

在么永波的带领下，自治区扶贫办坚持把发展作为解决贫困的根本途径，着力提升贫困地区基础设施、产业培育和群众就业水平，积极发展牛羊等畜禽养殖和玉米、马铃薯等优势特色农作物种植，大力发展光伏、电商、旅游、庭院经济等特色产业，推动由“输血式”扶贫向“造血式”帮扶转变。注重统筹各类资源、汇聚各方力量，协调发挥各级党委、政府的主导作用，建立起跨地区、跨部门、跨行业的脱贫攻坚参与机制，构建起专项扶贫、行业扶贫、社会扶贫互为补充、共同发力的大扶贫格局。

作为脱贫攻坚中枢工作机构的领导人，“5 + 2”挑灯夜战、“白+黑”奋起直追是么永波的工作常态。三年间，他走遍了全区 57 个贫困旗县，带领干部职工把问题解决在田间地头，把政策送到帮扶对象心坎上，把严格规范的管理落实到脱贫攻坚全过程。

么永波既是党委、政府脱贫攻坚的参谋助手，又是冲锋陷阵的一线战斗员。他对脱贫攻坚政策熟、业务精，根据脱贫攻坚工作不同阶段的形势变化，调整确定工作重点，精准落实解决问题的各项措施，带动扶贫系统成为自治区党委、政府推动脱贫攻坚工作的“先锋队”。

么永波推动组织创新产业扶贫模式，通过“菜单式”扶贫、托管经营、保底订单、联合经营、务工就业、技术服务、股份合作、土地流转、资产租赁等多种方式，促使全区 80% 以上的贫困人口都有产业项目覆盖。牵头在全国率先开展扶贫资金投入形成的资产清查和管理工作，建立扶贫资金管理三本账。其间，兴安盟突泉县

么永波（左二）在多伦县指导工作

因创新扶贫资产管理，荣获全国脱贫攻坚组织创新奖。

与此同时，在么永波的推动下，全区扶贫系统将提高贫困群众自我脱贫意识和自身发展能力作为根本之策，开展贫困户信用星级评定试点，推进志智双扶，采取以工代赈、生产奖补、劳务补助等方式，组织动员贫困群众参与帮扶项目实施。这些措施的实施，极大地激发了贫困群众的积极性和内生动力。

脱贫攻坚在内蒙古实施力度之大、规模之广、影响之深，前所未有。经过八年精准扶贫、五年脱贫攻坚，2020 年底，内蒙古 57 个贫困旗县全部摘帽，3681 个贫困嘎查村全部退出，157 万贫困人口到 2020 年底全部脱贫，历史性解决了绝对贫困问题。“内蒙古如期兑现了向党中央立下的‘军令状’和向全区各族人民作出的庄严承诺，交出了一份高质量的脱贫攻坚内蒙古答卷。”回顾在脱贫攻坚战场上的“战斗”经历，么永波感触良多。

如今，虽然变换了工作岗位，但是么永波为人民服务的初心不改。在工作中，他高度重视加快推动“三农”工作重心转移，注重用制度创新巩固脱贫成果。么永波说，“我们要着力在产业振兴、人才振兴、文化振兴、生态振兴、组织振兴各方面抓出成效、创出经验，更好地推动乡村振兴工作，促进锡林郭勒盟农村牧区实现全面振兴。”

# 张忠兵：脱贫路上一个都不能少

今年 50 岁的张忠兵，是内蒙古自治区综合疾病预防控制中心传染病预防控制研究一所所长。2018 年，他被派驻赤峰市巴林左旗担任脱贫攻坚工作总队副总队长。

巴林左旗是赤峰市唯一的深度贫困旗县，大部分地区为低山丘陵，生态环境差，土地沙化、水土流失严重，水资源比较匮乏，2011 年被列入国家级贫困旗，2017 年被列入自治区级深度贫困地区。

张忠兵获评“全国脱贫攻坚先进个人”

初到农村时，张忠兵的基层工作经验和扶贫工作经验几乎为零。该如何开展工作，是摆在他面前的一大难题。为了弥补自己经验和知识上的不足，他认真学习相关扶贫政策；为了尽快进入工作角色，他开始走村入户，调查走访。

“要做好扶贫工作，光熟知各项政策是远远不够的，没有深入调查就没有发言权，只有踏踏实实走村入户，与贫困户面对面交流才能了解贫困户心中所想，了解他们的致贫原因和家庭情况，才能做到精准施策。”2018 年，张忠兵用七个月的时间，深入 400 多个建制村，走访贫困户 900 多户。在走访中，为了让更多贫困户了解扶贫政策、用好扶贫政策，他每次入户时都要对村民关心的慢性病用药、住院报销等问题进行细致讲解，通过他的耐心讲解，很多贫困户对党的扶贫政策有了清晰的了解。

张忠兵认为，在脱贫攻坚中，健康扶贫是实现全旗人口顺利脱贫的重要一环，是精准扶贫、精准脱贫的重要保障。

在一次入户调研过程中，张忠兵了解到有一名贫困户是精神障碍患者，由于种种原因无法落实相应的扶贫政策，如期脱贫十分困难。此类人群无法正常表达自身诉求，基本丧失劳动能力，是真正意义上的“贫中之贫”“坚中之坚”。为了将扶贫政策精准有效地落实到这些特殊群体中，总队居中调度指挥，他和其他扶贫干部与医保、民政、卫健、残联等部门多方多次协调，并向苏木乡镇、嘎查村发出攻坚指令。

经过一年多的共同努力，2019 年底，巴林左旗所有贫困精神障碍患者均合规享受慢性病上门诊疗服务、门诊报销政策，以及医疗救助和落实残疾人两项补贴，绝大部分人生活状态、劳动能力明显改善，让精神障碍患者重新燃起了对生活的希望。与此同时，总队还积极协调卫生健康部门政策倾斜，投入专项经费 740 万元，增强了医疗和公共卫生服务管理水平，为当地打赢脱贫攻坚战提供强大助力。

张忠兵（左三）与巴林左旗脱贫攻坚工作总队到扶贫车间调研笤帚苗产业发展情况

作为副总队长，张忠兵主动当好总队长的参谋助手，全面参与督导巴林左旗脱贫攻坚各项政策的落实工作。扎根基层近三年，他始终心系贫困群众，注重到基层一线调研督导，与同事们一道行程 15 万公里，1401 次深入嘎查村，走访贫困群众 3827 户。在宣传政策的同时，他全面掌握了第一手资料，根据巴林左旗脱贫攻坚战不同阶段，分步推进重点工作，对饮水安全、危房改造、健康扶贫等 20 项工作调度 145 次，共下发 22 次督导通报，提出 42 条工作建议，有力推动了脱贫攻坚工作深入健康发展。

巴林左旗不但是严重缺水地区，而且一些地区水质不达标。张忠兵带领扶贫队员协调水利、疾控两部门组成联合工作组，对全旗 584 个自然村集中和分散的供水点进行了全覆盖摸底调查，将不符合饮水标准的嘎查村（自然村）名单报至旗扶贫开发领导小组，会商研判解决方案。最终，对全旗 26 个集中供水点进行改水改造，为 19800 户居民安置了终端净水设备；组织驻嘎查村工作队逐户逐人上门强化宣传，讲解使用方法，解决了当地百姓对净水设备“有而不会、有而不用”的问题。

“在脱贫攻坚中，巴林左旗始终将健康扶贫工作摆在优先位置，充分发挥医疗保障的关键作用，确保贫困人口患病有人治、治病能报销、大病有救助，降低了‘因病致贫、因病返贫’风险。不能让‘病根’变成‘穷根’，我们要确保脱贫路上一个人都不能少。”对于帮扶工作，张忠兵有着明确的理念与目标。

只有开对“药方”，才能拔掉穷根。在脱贫攻坚的进程中，帮扶干部与巴林左旗各行各业干部群众一起，凝聚起强大的攻坚力量，高擎发展的火炬，让这个原本深度贫困的地区实现了亮丽转身。当地 92 个贫困村如期摘帽，全旗 23367 户贫困户全部脱贫，贫困发生率从 8.3% 降至零。2020 年 4 月，巴林左旗如期退出贫困旗县序列。

“脱贫攻坚是一项艰巨而光荣的任务。我能够心无旁骛、专注战斗，离不开家人的支持、社会的帮助和领导的关心。”张忠兵的母亲年近九旬，长期生活不能自理，家人主动担负起照顾老人的重担，使他能够安心在脱贫攻坚前线全身心投入工作。“为了不让我分心走神，老母亲在病榻上还时刻宽慰我、勉励我，后来，硬是坚持到我胜利归来，老人才安详地闭上双眼……”张忠兵对背后默默支持他的家人心怀无限愧疚与感激。

2021 年，张忠兵获得“全国脱贫攻坚先进个人”荣誉称号，在北京人民大会堂接受了表彰。

“这份荣誉，有一大半来自我被派驻旗县的广大干部群众付出的艰辛和努力。脱贫攻坚不是任何一个人、一个部门或者一个群体能够独自完成的，全社会各行各业的人们齐心协力、众志成城，才能取得脱贫攻坚的伟大胜利。”张忠兵说。与巴林左旗奋战在脱贫攻坚一线的干部群众日夜相处中，张忠兵和他们结下了深厚的友谊，也让他真切感受到了基层锻炼的价值和意义。

# 吉日嘎拉：用生命守护草原

西乌珠穆沁草原，劲风吹打着枯草，阳光抚摸着牛羊，眼看一场春雨就会把原野淋得嫩绿鲜香。

吉日嘎拉

然而，2015 年一场突如其来的大火，烧毁了 6.8 万亩草场，也让这片草原失去了一位深爱着她的好儿子，让牧民失去了一位勤勉宽厚、情同手足的好兄弟。

高日罕河水清波荡漾，美丽的草原又现芬芳。吉日嘎拉用 42 岁的生命守护生养他的故乡，把无尽的追思留在牧人的心上。

## 在烈火中永生

2015 年 4 月 22 日 11 时 10 分，一场草原大火袭来，内蒙古锡林郭勒盟西乌珠穆沁旗高日罕镇图拉嘎嘎查、呼德淖尔嘎查告急。

“各单位五人一小组，扑火！”接到防火指挥部的命令，吉日嘎拉请命亲自带队上前线，起火那片草原上的一草一木、一家一户，都深深地印在他的心里。他曾在高日罕镇当过四年镇长，22天前才到新岗位履职。

每年春秋两季，是草原火灾高发期，由于森林警察力量不足，干部群众一起打火已成惯例。召集令发出不到半小时，600多名干部群众、官兵手持灭火器、铁锹、皮带，从旗里、镇上、牧场纷纷赶赴火线。

铺设防火道，掩埋牛粪垛，扑灭一个山头，打掉一个火点……被浓烟和热浪蒸烤了两个多小时的队员们，渐渐体力不支。此时，一处已经被扑灭的山头明火，借助风势死灰复燃，到处跳窜的火苗很快形成了一条几十米的火线。要命的是，不远处公路侧面是一片千亩杨树林，林下还住着70多户牧民，情况十分危急。

熟悉地形的吉日嘎拉召集队友们集中“攻坚”，他冲在前面拿着灭火器一边打两侧的火，一边跟着火头的方向前进。15时40分，风力瞬间加大，风向也急速转变，眼看着几米高的巨大旋风，夹带着火苗、浓烟、草灰、尘土，向山坡上扑火的人群猛烈袭来。

“赶快撤退！”吉日嘎拉急切地向大伙儿喊话，他突然发现一米高的网围栏拦在眼前，大火马上烧到身上，他和战友包曙光默契地一起压住了网子。他命令包曙光：“我压着，你先撤！我打火经验比你丰富。”

18时左右，在600多名干部群众和森林警察、消防救援人员的共同奋战下，大火终于被扑灭了。然而，队伍里却不见了吉日嘎拉的身影，手机也无法接通。就在无数个电话不停拨打吉日嘎拉的手机时，搜寻人员发现，在帮助大家撤离的网围栏不远处，就在距离公路仅仅几十米的地方，吉日嘎拉永远倒在了那片草原上。

## 专心干事的好干部

“吉日嘎拉即将去高日罕镇担任镇长的前一天，他来到我家，兴冲冲拿出一个笔记本。我翻开一看，是他父母写给他的一段话：越是艰苦的地方越能锻炼人，希望你在新的工作岗位上继承和发扬老一代革命前辈的优良作风，做一个合格的党的干部。”

每当回忆起吉日嘎拉，西乌珠穆沁旗干部崔福强还是几度哽咽。

高日罕镇原为国有农牧场，2005 年由部队转制建镇，历史欠账较多，人员构成复杂，经济发展滞后。吉日嘎拉在不到半年时间里，遍访全镇 1348 户，并把每一户的详细情况一一记录在厚达 70 页的工作日记上。对重点户，他还用彩笔进行了标注。

当时，全镇有近千户居民和牧户仍然住在挡不了雨、堵不住风、顶不住雪的低矮土坯房里。吉日嘎拉就从改善群众生活条件入手，立项目、跑资金，陆续为 937 户人家完成了危房改造，建设标准化棚圈 62 处，打机井 129 眼。

高日罕镇面积有 1473 平方公里，公路建设一直滞后，牧民们牲畜出栏、调运饲草、购买生活用品极为不便。工作中，吉日嘎拉把很大一部分精力放在改善牧区的道路交通上。在吉日嘎拉任职的四年里，高日罕镇累计新修砂石路、改建水泥路等总里程 110 多公里，修建过河漫水桥 4 座，投资额超过 3000 万元。

草原深处的无电牧户是吉日嘎拉心头的一份牵挂。他三天两头去找旗电力建设有限责任公司经理陆金章，争取到了风光互补项目，让 690 户牧民用上了电。就在调任旗农牧业局的第二天，吉日嘎拉还找到陆金章，嘱咐他要抓紧落实 2015 年 50 户牧民通网电的事情。

陆金章很不解，“你都被调走了，这事就不要管了。”吉日嘎拉却说：“老百姓的事是天大的事，我们承诺的事情就得兑现啊！”陆金章被他的一席话深深地感动了。

吉日嘎拉为家乡和人民做了多少好事和实事，谁也数不清。高日罕镇巴彦海拉斯台嘎查牧民宝音巴图掰着手指头一遍遍地诉说……

国有农牧场的老职工再也不上访了，是吉镇长把他们丢失多年的身份和档案找回来了；

几个嘎查里沼泽一样难行的泥路，铺上砂石水泥了。屈指可数的泥土棚圈都成老皇历了，如今每个嘎查都有了二三十个标准棚圈；

690 户牧民黑夜里不再点蜡烛了，风光互补发电，让牧民可以看上电视、用上冰箱了；

每个嘎查都建起了标准化卫生室，牧民有了小病再也不用犯愁了；

…………

与吉日嘎拉共事多年的同事、高日罕镇党委副书记哈斯图雅说：“全镇牧民的生活发生了翻天覆地的变化，可是那个把草原看得比生命还重要、实实在在谋事为民的好干部，却再也见不到了。”

旗农牧业局办公室主任苏米亚与这位新来的局长接触的时间只有 26 天，却给他留下了认真严谨的深刻印象：这些天陪他下乡七次，回来就直奔办公室，仔细整理一天的笔记，安排布置第二天要办的事情。

吉日嘎拉在新岗位的短短数日，已写下整整29页密密麻麻的工作日记。牺牲的前一天，工作日记上写下了近期待办事项10条：邀请农业大学专家对两户牧民的牲畜特殊病例进行研究、项目招投标、舍饲养殖、标准化棚圈建设……

乌珠穆沁草原低头，高日罕河呜咽。吉日嘎拉牺牲的消息和他的英雄事迹很快就传遍了锡林郭勒大草原，人们无不为他的崇高精神动容。

# 阿迪雅：半生戍北疆　寂寞守繁华

阿迪雅被评为“最美拥军人物”

距达茂草原哈赤山760号中蒙界碑5公里边境线处，一户飘扬着五星红旗的院落格外醒目，这是包头市达尔罕茂明安联合旗满都拉镇巴音哈拉嘎查牧民阿迪雅的家。38年来，阿迪雅和妻子不畏艰辛、义务守边，将忠诚镌刻在祖国北疆的边防线上。阿迪雅先后获得“第七届全国诚实守信道德模范”“全国民族团结进步模范个人”“自治区最美退役军人”“自治区劳动模范”等荣誉称号，他是人们心目中的“北疆草原卫士”。

60岁的阿迪雅是位老兵。1981年，19岁的阿迪雅响应国家号召参军入伍，当了三年边防兵，还立过三等功。1984年从部队退伍后，他选择回到家乡，自愿当起了中蒙边境上的义务护边员，许下了要“守护边疆一辈子”的诺言，他说：“我生长在这片草原，守边卫家是我应该肩负的责任。”

阿迪雅家以北 4 公里左右就是中蒙边界，他家 9000 亩草场一直延伸到边境线上。这里人烟稀少，夏季高温，寒冬漫长，饮水、吃菜困难，看病、购物极为不便。由于持续干旱，草原沙化依然严重，春秋季节，风夹裹着沙尘，在草原上形成移动的土墙，在外面待一天，人就变成了“兵马俑”，头发里、鼻孔里、嘴巴里全是沙土。即便是夏天，覆盖在沙土上的浅草也只是远远看去有点绿色，成群的蚊子把牛羊咬得都烦躁不安。草原的冬天格外漫长，零下三四十度的气温，人一走出有炉火的屋子，风像冰碴子一样割在脸上，感觉连空气都被冻住了，使人感到呼吸困难。随着城镇化进程的推进，大多数牧民都已经搬离草原，到条件便捷舒适的城镇生活。方圆 20 多平方公里的巴音哈拉草原上，仅仅剩下四五户人家，每家之间的距离即使骑马也得走很久。

“家乡要有人居住，国土需要人守护。”曾担任过 12 年嘎查党支部书记的阿迪雅说。尽管两年前政府也帮他家在 20 公里外的镇里建了新房，但他和老伴还是喜欢住在牧区。除了放牧，每天防范牲畜越境、观察边境动向是他的日常工作。

在一次巡边中，阿迪雅突然发现远处山丘上有三个黑影在移动，借助望远镜他发现那是三名外籍人员，身上还背着枪。阿迪雅第一时间做出反应，“一定不能让他们进入我国境内。”阿迪雅在密切观察非法入境者行动的同时，迅速联系了边防派出所，最后将那三人遣送出境。多年来，阿迪雅和妻子娜仁其其格先后义务巡边累计近 11 万公里，相当于绕地球赤道两圈还多，上报各种信息 300 多条，参加军警民联合巡防 110 多次，协助边境派出所破获涉边案件数十起。

尽管气候恶劣、条件艰苦、生活单调，但阿迪雅在这里并不孤单，因为有五星红旗陪伴他。

2005年春，一位过路者指着尚未返青的草场和灰蒙蒙的天对他说，这里没有任何标识，都不知走到了什么地方。阿迪雅突然想到，要在家里升起五星红旗。

阿迪雅（右）和儿子在升国旗

说干就干。不久阿迪雅带领妻子和两个年幼的儿子，在院子里将五星红旗升起。当时虽然仪式简单，没有音乐，但他要告诉人们，这里是中国！

夏季来临，边防派出所民警帮他把木旗杆换成了铁旗杆。自此，每逢节庆日，阿迪雅家的小院里都要举行升国旗仪式。有时候，派出所民警和数公里外的党员也前来参加。由于风沙大、日头毒，红旗经常因破损或褪色需要更换，至今更换过多少面国旗，阿迪雅自己也记不清了。

如今，当人们来到这片广阔的草原时，远远看到的除一面高高飘扬的五星红旗外，还有阿迪雅家西侧缓坡上大大的“中国”二字。这是2008年他用捡来的红砖“写”成的。他说：“这个地方好，第一缕阳光就能照到字上。”

2019年中华人民共和国成立70周年之际，阿迪雅特意用红油漆将“中国”二字描刷一新，并在后面用石头摆出“70”字样。

“我要让所有人知道，这里是中国。另外，草原太大，很少有标志性的标记，万一有人迷失了方向会很危险，所以我高高地悬挂起国旗，迷路的人会知道这里住着人家，可以向着国旗找到我们。”阿迪雅说。

由于常年义务巡边和劳动，阿迪雅的腿已经变形，还患有胰腺炎、脑梗等疾病。他的妻子身患重病，并且腰疼腿疼近20年。然而，面对困难，夫妻俩从未后悔，阿迪雅在家建起了“红色蒙古包”，定期组织附近的党员进行学习，讲解党的惠民惠牧政策，在牧民群众中树立了较高的信誉度。阿迪雅将放牧守边的理念普及到了这片草原的每一户牧民。这片草原上的每一个牧民在他的引导下都练就了一双“火眼金睛”，他们在放牧的时候总是能第一时间观察到“异象”，及时报告边境派出所，确保了祖国边疆的安定。

阿迪雅38年来不畏艰险、甘于奉献的精神，深深地影响了他的孩子们。在父母的感召下，在国外留学六年的大儿子和在上海工作多年的小儿子都回到草原做了牧民，当起父母的“巡边拐杖”，一边照顾父母一边守护祖国的北疆。一家两代人克服了种种困难，在祖国北疆，在达尔罕茂明安联合旗，在满都拉镇，在四公里长的边境线上践行着重如泰山的诺言。

2020年，新冠肺炎疫情发生后，阿迪雅父子毫不犹豫地加入疫情防控工作队伍。为了让全体牧民增强防控保护意识，他挨家挨户发放宣传单、讲解疫情防控相关知识；为了预防疫情，他们自愿到疫情卡点盘查人员车辆，阿迪雅还时常让儿子为疫情卡点的值班人员送餐和一些日用品。他用行动诠释着作为党员迎难而上、甘于奉献、勇于担当的精神，也用“身教胜于言传”践行着传承的真谛。一家两代人，用不同的方式守护着北疆草原的安宁，因为他深知只有边疆安宁，才能社会稳定、人民幸福。

在阿迪雅家的墙上，挂着习近平总书记到内蒙古调研时的殷殷嘱托："守，就是守好家门，守好祖国边疆，守好内蒙古少数民族美好的精神家园。"阿迪雅说："这也是我一直的信念和追求。我会一如既往地坚守在这里放牧巡边，跟我的儿子们一起，在达茂草原边境上筑起一道安全网。"

# 米德格玛：草原上绚丽的萨日朗

她，一个平凡的蒙古族女子，善良、果敢、朴实。她和丈夫孕育了三个孩子，组成了一个不是很富裕，却很温馨的家庭。然而，面对那些求助，她无法做到置之不理，无法硬着心肠去拒绝，几十年来，她收养、照顾了 25 个残疾人、智力障碍者、老人和孩子，被亲切地称为“草原母亲”。她就是内蒙古自治区呼伦贝尔市新巴尔虎右旗克尔伦苏木乃日莫德勒嘎查牧民米德格玛。

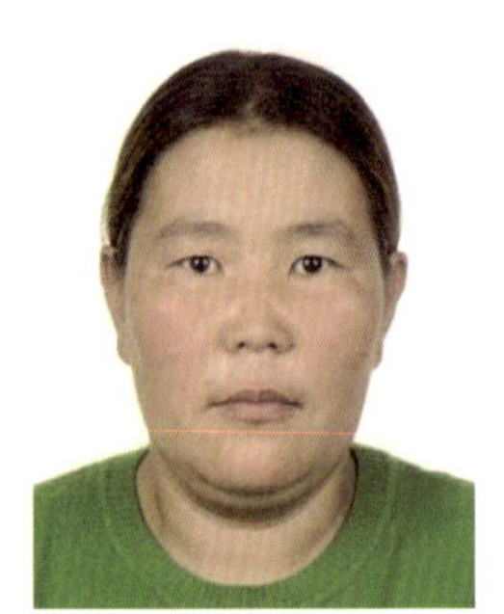

米德格玛

1989 年，米德格玛结婚成家，当时小两口只有 60 多只羊，收入微薄。米德格玛的大姐耳朵听不见，眼睛高度近视，生活十分窘迫，无力同时抚养四个孩子，大姐的两个孩子一直由米德格玛的父母抚养。1994 年，米德格玛的父母相继去世，看着大姐家无助的孩子，已经有三个孩子的米德格玛与丈夫商量后，决定收养大姐的一儿一女。当时仅 25 岁的米德格玛就成了五个孩子的母亲，最小的孩子刚满一岁。

家里一下子增添两口人，生活的担子更重了，米德格玛的生活更加拮据了。夫妻俩开始当羊倌放羊，一年的收入只有几千元，他们省吃俭用，勉强让七口人不受饥寒。

1995 年 4 月，邻居乌云其木格的三个孩子拿着母亲的遗书找到了米德格玛。满满三页纸，写满了乌云其木格对自己有轻微智力障碍的丈夫布德和三个未成年孩子的担忧，同时表达了想将他们托付给米德格玛的愿望。“好心的妹妹，我的病越来越重，我最担心的是你姐夫布德有智力障碍，大女儿患有严重的淋巴结核，儿子和小女儿患有严重的肺结核，我走后他们可怎么活下去呀！我想了很久，只能把他们托付给你和妹夫……”

米德格玛来到乌云其木格家，看到一贫如洗的毡包、目光呆滞的布德、穿着破衣的孩子，她的心再次软了下来。和丈夫呼日勒商量后，她决定把布德和孩子们带回家照顾。

家里一下多了这么多人，而且都是老弱病残，让这个本来就不太富裕的家增添了许多困难。从此，米德格玛的丈夫带着布德在外面放牧，米德格玛一个人在家拉扯八个孩子，劳作之余以制作奶制品和搓毛绳维持生计。

米德格玛帮助布德一家的事迹很快在巴尔虎草原传开了。2002 年，嘎查牧民巴图苏和因放羊时冻掉双手和一只脚而丧失劳动能力，走投无路之下，他带着 68 岁的老母亲和两个孩子找到米德格玛。米德格玛一家热情地接纳了他们，并和他们一起生活到现在。

米德格玛的家仿佛是辽阔草原上一个温馨的港湾，牧民们不论遇到什么难题，总能在这里找到温暖。十几年来，她收养、照顾的人越来越多。这个特殊的大家庭，从一个家、三个家再到五个家，最多时共有 25 口人。米德格玛的爱，由小家向大家蔓延。

“全国孝老爱亲模范”“全国劳动模范”——一个个沉甸甸的荣

誉，记载了米德格玛在巴尔虎草原上的大爱。

米德格玛熟知大家庭中每个人的生活习惯和身体状况。最让她操心的是布德的两个女儿阿杰扎木和布和高勒，两人都患有结核病，布和高勒还有软骨病，经常生病发烧，一发烧，米德格玛就要把她送到医院，几年来在医院治疗10多次，花费6万多元。还有一个孩子前些年出了严重的车祸，辗转多家医院治疗，花费10多万元……

米德格玛的女儿回忆说，布和高勒的病怎么治疗都不见好转。有一次，矮小的她摔倒在地上，浑身疼痛，绝望地痛哭。米德格玛把她抱在怀里，一边轻轻地抚摸着，一边泪流满面。女儿说："我妈有委屈，从来不跟别人说，我几乎没见她哭过。"米德格玛笑着淡淡地说："没有灰心过，哭着也要做这些事。"

姐姐家的两个孩子年龄大一些，米德格玛的孩子总是穿他们穿旧的衣服，很少穿过新的。一次，8岁的小儿子说："妈妈不疼自家的孩子，就疼别人家的孩子。"米德格玛问他："为什么这么说呢？"孩子说："我从来就没有穿过新衣服，穿的都是姐姐哥哥的旧衣服。"米德格玛很难过地把孩子揽在怀里，心里像针扎一样。

日复一日，年复一年，20多年来，米德格玛把对乌云其木格的承诺，融入对她的家人点点滴滴的悉心照料和热情帮助中。

2008年，生活负担减轻、日子逐渐好转的米德格玛，在旗里开了一家蒙古族服饰加工店。米德格玛生活日渐宽裕，便去帮助更多的人。她资助了嘎查五个贫困户的孩子，一直到小学毕业。她帮助贫困户养羊，所产羔羊的70%归贫困户。2010年米德格玛被评为全国劳动模范，她把奖金的一半送到当地扶贫点，给50户每户100元。身为嘎查妇联主任，她还带领妇女养羊，并用所得收入给全嘎查151人每人缴纳了养老保险。

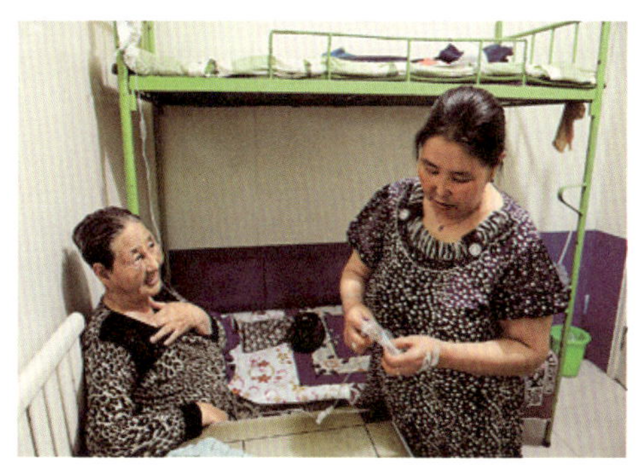
米德格玛（右）帮助邻居大姐买药

如今，布德一家已经搬出牧区，住进了政府分的楼房。每隔几天，米德格玛就要去他家看看，在生活上一直帮助着他。“阿姨帮助别人这么多年，把每件事都当成自己的事，从来没主动跟人说起过。”了解米德格玛的乌日汗说。

米德格玛的勤劳善良和乐于助人，让孩子们尊敬她、依赖她，牧民们敬佩她、学习她。“这么多年做好事，付出这么多，累吗？”米德格玛淡淡地说：“是很辛苦，但面对困难总要想出解决办法。”

一位诗人这样说：如果说，呼伦贝尔大草原是世界上少有的美景，那么，更值得骄傲的是，她还孕育了一颗最美的心灵；如果说，呼伦贝尔大草原曾经孕育了无数马背上的英雄，那么，她还孕育了一位母亲的大爱深情！这就是草原母亲米德格玛。

# 三、一线尖兵篇

回望脱贫攻坚这场没有硝烟的战争，驻村书记、帮扶干部们舍小家为大家，长年驻扎在贫困村屯、奔走在田间地头、往来于千家万户，用脚步丈量民意民情，用双手托起群众期待，用自己的“辛苦指数”换来贫困群众的“幸福指数”。不少基层科技工作者“卷起裤腿”深入群众，把科研的根扎在泥土里，把论文写在大地上，把科研成果真正转化为现实的生产力，让农牧业科技之花开满小康之路。

以担当赴使命，他们把汗水挥洒在扶贫一线，倾心聚力、冲锋在前、精准出击；以创新拓新路，他们风雨兼程、对症施策，向一个个横亘在小康路上的“拦路虎”发起总攻……一个个真实生动的故事，诠释着矢志奉献的精气神，成为激励干部群众接续奋斗的强大精神动力。

# 云鹏：让台格斗村村民换种活法

走进呼和浩特市和林格尔县台格斗村，映入眼帘的是一条条宽阔平整的水泥马路连接着家家户户，一排排红瓦白墙的房屋与2000多棵古杏树遥相辉映，百年杏花树在微风的吹拂下尽情摇摆着，仿佛在欢迎着远道而来的客人。

台格斗村是和林格尔县盛乐经济园区的一个建制村，辖3个自然村，辖地面积2600公顷，耕地面积427公顷，常住人口467人。

云鹏

几年前，这里曾是远近闻名的贫困村，不通柏油路，没有自来水，村民住的全部是破旧的土坯房。由于交通不便，村民要想出门都需要赶着驴车，下雨天道路泥泞不堪，更是难行。

2015 年，云鹏担任台格斗村驻村第一书记。多年来，他扎根基层，通过七年如一日地苦干实干，彻底改变了台格斗村的整体面貌。用村民的话说：“云书记作为脱贫致富的领路人，用实际行动带着我们一起向致富的路上走。”

“当年刚驻村时，眼前这个闭塞小村让我感到非常困惑，自然条件不好，地理位置偏僻，这个穷困落后的村庄要想走上小康路，不搞基建是不行的。当时，吃水难、行路难、房屋破旧三大难题，我看在眼里，急在心里……”云鹏说。从村民所急入手，着力为群众解决难事，多办实事，当了解到该村多少年来唯一的一口泉井因年久失修几乎难以使用时，他便开始带领村民修复水井，为彻底解决吃水问题，积极协调引进京能热电厂，为村里打了一眼深井，从此以后，村里家家户户都通上了自来水。

在新农村建设工作中，面对迁改难题，云鹏带领党员干部群众白天干活儿，夜里上门做思想工作，并且推行了党员包片包户负责制，让党支部在新农村建设中树立“主角意识”，带动村民树立大局意识，通过 100 多天的日夜奋战，改造了村民土坯危房，硬化了通村公路与小街小巷，彻底解决了长期困扰村民的行路难、吃水难两大问题。

台格斗村走过的每一步路，都凝聚着云鹏的不懈追求和辛勤汗水。如今，台格斗村已成为每到杏花绽放时就会人流如织的旅游地，平坦畅通的道路直通台格斗，有线电视、互联网通到每一户村民家……

云鹏（左）与脱贫户在一起

每年春暖花开之际，都是台格斗村最热闹的时候。在这个与杏花结缘的村庄，农家乐得到空前发展，村民们拓宽了收入渠道，腰包鼓了起来，发展劲头也更足了。

云鹏充分发挥共产党员的先锋模范作用，依靠当地独特的杏花村资源，开办了第一届“杏花节”。截至去年，台格斗村成功举办了五届杏花节、三届采摘节，全村共开办 9 家农家乐，累计接待游客 40 多万人次，使村民人均收入由 6 年前的不足 1000 元增长到现在的 1.6 万元。

云鹏真干、实干的决心与实践，感动了村民，也吸引了一批致富能手、经济能人积极主动参与新农村建设。

村民王页拉着云鹏的手说：“云书记，您是一心想着村民的好书记，在您的带领下，我们才有今天幸福美好的生活。”王页说，多年来，云书记持续帮扶他们全家，如今王页在村里有了工作，一年近两万元的收入让他们日子越过越好。

云鹏还引领村民因地制宜发展特色产业，壮大集体经济，依托山丘区草业丰富的优势，引导村民积极发展养羊业，目前全建制村羊饲养量达到6000多只，户均达到40只。将村民自养羊全部放到养殖区域进行统一饲养管理，实现了人畜分离，科学饲养，并进一步改善了村容村貌。

种植经济林成为台格斗村又一项增收致富的产业。近几年，成立牡丹种植专业合作社，将村内360亩土地承包出去种植牡丹，村集体及村民每年获得土地承包费4.8万元；引领村民种植以杏树、海红果为主的经济林1000亩；与宇航人公司合作，建设沙棘种植基地500亩；在县政府扶持下二次栽种经济林11000多亩。

村里富裕了，让一些外出务工人员羡慕不已。台格斗村先后有12名外出务工人员自愿返乡创业，按照村总体规划，他们积极养羊、养鸡，大力发展养殖业。在村民及社会各界的合力支撑下，村里建成了村广场、卫生室、文化室，彻底改变了村容村貌。

在发展经济带动村民率先全部脱贫的同时，云鹏还引领村民向上向善、孝老爱亲、重义守信、勤俭持家。建立了道德激励约束机制，新修订了“村规民约”，成立了红白理事会、道德评议会、村民议事会、禁毒禁赌会等群众自发性组织，并建立章程，合理划定红白事宴随礼消费标准和办事规模，倡导“婚事新办、丧事简办、余事不办”，破除大操大办、厚葬薄养、人情攀比、赌博、酗酒等不良习气与陈规陋习。引领村民积极开展文明家庭、文明户评选活动。广泛开展好媳妇、好儿女、好公婆等评选表彰活动，开展好家风、好家训、好家庭评选活动。深入宣传道德模范、身边好人的典型事迹，弘扬真善美，传播正能量。

打开云鹏的手机通讯录，多数村民的电话都在上面。不管村民什么时候给他打电话，他都会接听，如果没有接到，事后也会及时回复。

“其实我们能为村民做的事并不多，顺路去帮忙交电费，为年迈老人买箱牛奶，为孩子们上学提供帮助，就是这些力所能及的小事，让我们和村民的心更近了。”云鹏说。

70 多岁的贫困户徐在娃，2014 年开始养鸡，由于没有经验，赔了 10 多万元。云鹏主动为徐大爷做担保，从银行贷款 3 万元，让徐大爷重新开始养鸡事业。现在徐大爷不光稳定脱贫，还散养着 1300 多只鸡，鸡蛋和鸡的销路都很不错。

胶泥沟村村民李粉盘说：“云书记平易近人，没有官架子，对我们都很尊重。我们喜欢这样的领导，我们想让云书记一直留在台格斗村，不想让他走。”

云鹏带领台格斗村脱贫攻坚的事迹不仅得到了当地老百姓的好评，也得到社会各界的认可。台格斗村党支部曾被评为内蒙古自治区先进基层党组织、呼和浩特市先进基层党组织；台格斗村被评为全国五十佳美丽乡村、全国生态文明示范村、国家森林乡村、全国乡村治理示范村、中国美丽休闲乡村及内蒙古自治区卫生村、内蒙古自治区文明村镇、呼和浩特市乡村旅游示范村等。

谈到台格斗村接下来的发展，云鹏打算继续发挥党建引领作用，为村民做好服务，挖掘特色资源，打造绿色生态养殖区、休闲采摘区、村民居住区、窑洞体验区，不断提升村民幸福指数，让全村人整整齐齐奔小康。

# 巴雅尔：奋蹄脱贫攻坚路的“蒙古马”

“千里疾风万里霞，追不上百岔的铁蹄马。”

蒙古马是世界上最古老的马品种之一，它不畏寒冷，生命力极强，能够在艰苦恶劣的条件下生存。

而巴雅尔就如同这草原上昂首疾驰的蒙古马，七年如一日，始终奋蹄在脱贫攻坚路上，吃苦耐劳、勇往直前……

2014年春，时任呼和浩特市民族事务委员会牌匾管理中心副主任的巴雅尔，积极响应号召，主动报名投身脱贫攻坚战，被选派到呼和浩特土默特左旗兵州亥村担任驻村第一书记。

从进村的第一天起，巴雅尔就卷起裤腿深入田间地头听民声、访民意，了解当地实际情况，想方设法为村民解决最忧最盼的问题。

“群众的事，就要亲力亲为！”巴雅尔说。

他是这样说的，也是这样做的。

驻村不久，在一次走访中，巴雅尔了解到出行难是长期困扰兵州亥村村民的一大难题。兵州亥村距离呼和浩特市区10多公里，村民出行只能乘坐长途客运车，来回一趟得30元，这对收入不高的村民们来说是一笔不小的支出。巴雅尔决定彻底解决这个难题。

巴雅尔（右）深入田间察看庄稼长势

他经过一年多时间的奔走，最终，呼和浩特市 64 路公交车终点站向西迁移 5 公里，在兵州亥村口设立站点，真正解决了土默特左旗沿线 2 乡 5 村近万人的出行问题。

2016 年，兵州亥村出现了严重旱情，村南铁道旁的土地基本面临绝收，村民苦不堪言。巴雅尔看在眼里，急在心上。

巴雅尔想："要想帮助村民脱贫致富，必须马上解决用水问题，这是当务之急。"

想法一出，他就立即行动，经与上级多个部门联系沟通，最终为这个村申请到了 50 万元的发展资金，全部用于兵州亥村水利设施建设。当年，全村 10500 亩耕地基本实现了节水灌溉，村民年人均收入达到 12000 多元。

这之后，巴雅尔又带领群众与政府配合完成了环境、道路、文化及危房改造的建设。全村旧貌换新颜，村民们喜上眉梢。

2017 年 12 月，两届第一书记任期结束，巴雅尔本可以回城工作，但考虑再三，他决定继续驻守在脱贫攻坚一线。

"现在正是脱贫攻坚的关键时期，还有贫困户未脱贫，我不能提前收兵撤退！"巴雅尔意志如铁。

2018 年 4 月，巴雅尔主动向组织申请，前往呼和浩特市土默特左旗善岱镇北淖村担任驻村第一书记、扶贫工作队队长，开始了驻村第一书记的第三个任期。

北淖村土壤盐碱化严重，地下水资源匮乏，主要依靠黄河水灌溉，由于多年来没有产业项目，村民一直以传统种植为生，2017 年该村被列为市级贫困村，全村贫困户共计 30 户 74 人。

扶贫新的村子就要有新的思路，在深入调研后，巴雅尔因地制宜，制定了"公益组织＋工作队＋贫困户"三位一体的帮扶模式，建设"爱心扶贫养殖场"工程，引导村民发展养殖猪、羊、鹅、鸡等庭院经济。

北淖村村民崔银凤的丈夫与婆婆患病，她是家里的顶梁柱，一家的生活来源主要靠八九亩地和她在砖厂搬砖的收入，生活极度拮据。

考虑到村里一部分像崔银凤这样的贫困户无经济能力、无规模化养殖经验，巴雅尔提出：“引入社会资本、镇政府补贴的养殖模式，以此来降低贫困户的养殖成本和风险。”

在巴雅尔的带领下，一些社会公益组织走进北淖村助力脱贫，帮助村民发展起了养殖业。北淖村 18 户贫困户参与其中，每户

正在喂羊的巴雅尔

当年平均增收5600元，崔银凤当年的收益更是达到了1.5万元。2018年底，全村30户建档立卡贫困户全部实现脱贫。

“三年的时间，我家现在光羊就90多只了，一只羊羔可以卖1000元，家里的生活一下好了起来。”2021年，崔银凤接受记者采访时说。

为加快实施乡村振兴战略步伐，发展壮大村集体经济，实现推进整村脱贫，巴雅尔利用村里养殖业优势，通过“合作社+党支部”的方式，把党在农村的政治优势和专业合作社经济优势结合起来，成为帮扶到户、精准脱贫的强大牵引。

2019年2月，巴雅尔自筹4万元，申请扶贫资金9万元，组织6户精准贫困户12人，租用废弃砖厂空闲土地成立了北淖村云栗种扶贫互助养殖场，饲养基础母羊80只、红公鸡1000只，带动无劳动能力的贫困户共谋发展。此外，利用专业合作社经济优势带动贫困户发展，采取家庭订单合作、电商等销售模式，形成“你家有鸡、他家有羊”的多元化养殖模式，让北淖村无劳动能力的贫困户不投一分钱，每年又多了一份合作社分红，从根源上杜绝了返贫现象。

2019年7月，巴雅尔以“因地制宜、因户施策、村有产业、人能增收”为总体目标，积极向旗扶贫办申请村产业扶贫资金100万元，其中50万元用于发展村集体产业西门塔尔牛育肥项目，50万元用于发展蘑菇大棚种植项目，实现村集体经济利益共享共赢的长效机制。

2020年初，巴雅尔又为北淖村争取到自治区扶贫资金90余万元，用于解决北淖村内涝排水和光伏小型公益项目。

“只有近距离触摸到贫困的角落，才会对基层有更真切的了解，也只有真切地了解基层，才会更想回到农村，扛起年轻人该有的责任，拉着乡亲们的手一起脱贫致富奔小康！”巴雅尔这样说。

七年来，巴雅尔一心扑在村里的脱贫工作上，几乎没有多少时间回自己的家，家庭的重担全都落在了他爱人的身上。

刚驻村时，巴雅尔的孩子才上一年级，转眼已上初中了。有一段时间，孩子总是带着哭腔打来电话问巴雅尔：“爸爸，你是不是和妈妈离婚了？”后来，巴雅尔把孩子领到工作的地方。孩子回来后在日记中写道：“我的爸爸是一名共产党员，他在基层工作很多年了，为那里的村民做了很多好事。我常常见不到他，但他总说，群众利益无小事，共产党员就要为群众着想，为群众办实事。”

七年里，巴雅尔躬耕脱贫攻坚一线，兢兢业业、爱岗尽责、舍小家为大家，用实际行动诠释了一名共产党员的责任与担当。

2021 年 2 月 25 日，在北京举行的全国脱贫攻坚总结表彰大会上，巴雅尔获得“全国脱贫攻坚先进个人”称号。

同年 6 月，巴雅尔再次主动申请回到家乡工作，到了新的工作岗位，干的还是基层工作。他深爱这个地方，想把更多的光和热传递给更多的人。

“在基层，不要总想自己能飞多高，而要看自己扎得有多深，路走得有多远。”巴雅尔说。

# 郭彭飞："跑腿书记"跑出致富路

郭彭飞（右）与搬入新居的群众沟通入住感受

武大城尧村的村民们都喊郭彭飞为"跑腿书记"。

"我们这个村，留守老人多，他们腿脚不方便，办事很麻烦，为此，我们专门设立了'跑腿服务站'，可以为老人们办理残疾证、医疗报销、一卡通等身边小事。村里每家每户墙上都贴了我们驻村帮扶队的通讯表，方便村民有需要随时联系我们。平时和大家跑得熟，大家都爱喊我'跑腿书记'。"郭彭飞笑着说。

"80后"的郭彭飞是村里的"外来户"，他之前是内蒙古包头市林草局办公室主任。2017年初，他主动请缨到内蒙古包头市土默特右旗将军尧镇武大城尧村，担任驻村第一书记。"我生在农村、长在农村，对农村和农民有着深厚的感情。我父亲是村里的老支书，我也想像父亲一样为农村奉献自己的力量。"郭彭飞说。

怀揣着带领大家脱贫致富的心愿和激情，郭彭飞来到武大城尧村，可这个村庄的贫困程度远超出他的想象。武大城尧村坐落在黄河边上，虽然耕地面积充足，但土地盐碱化严重，种植传统农作物的收成并不理想。全村常住村民 251 户，贫困户就占了 205 户。

严峻的现实并没有吓退郭彭飞。每天天刚蒙蒙亮，他就早早起床，下田间、入住户，为的是尽快了解情况，让村民过上好日子。近两个月的时间，他对全村 251 户常住户进行走访调查，听取村民意见，摸清了全村农户的底数，解决了一些群众反映强烈的问题。乡亲们开始议论："这个书记不是来做样子的，是个踏实书记，是来帮我们办事的。"

在郭彭飞逐户走访时，他遇到了 66 岁的王永青老人。王永青是土生土长的武大城尧村村民，由于家境贫困，没能娶妻生子，借住在一间小土坯房里，体弱多病，生活很是艰难。看到老人生活窘境，郭彭飞暗下决心，一定要帮王大爷脱贫。

凭借曾在包头市林草局工作的经历，郭彭飞开始带领大家摸索全新的发展之路。2018 年，郭彭飞联系北京的经济林专家来村里指导种植技术，专家建议可以在盐碱地试着种枸杞。

和村"两委"班子商议后，郭彭飞一行又"跑"到宁夏进行实地考察，订购了 5 万多株枸杞苗。村"两委"班子动员贫困群众，以每亩 300 元的价格承包贫困户的土地，通过农民提供土地、政府投资苗木、引进专业绿化公司栽植养护的方式，将 1000 亩盐碱地打造成枸杞经济林示范基地。

2020 年 7 月，第一批栽植的枸杞结了果，在村里奔波四年的郭彭飞终于收到了"跑腿费"。枸杞颗粒大、果实甜，受到了市场的高度认可。"我们的枸杞产业每年为困难群众增加土地流转费 4 万元；贫困村民通过劳动实现年收入 10 万元，人均增收 3000 元。"

郭彭飞高兴地说。

枸杞种植林的收获让郭彭飞看到了武大城尧村的发展希望，又一个新的发展计划在他的脑海中开始成形。

“我们根据村里的土地情况，为160多户贫困群众发放了苹果梨、海红子、金杏、红枣等苗木2000株，带领老百姓在房前屋后、庭院内外种植经济林。针对有养殖意愿的贫困户，发放基础母猪、母羊和鸡苗，通过发展庭院经济增加收入。”郭彭飞说。

农作物种植增收后，一部分贫困户的生活条件改善了，但距离完全脱贫的目标还差得很远。郭彭飞组织召开党员及村民代表大会，和大家一起探讨寻找村经济发展的“造血”项目。

根据实际情况，武大城尧村争取到了近1000万元的投资，先后实施了规模化养牛场、秸秆储运站、鱼塘和煊赫杂粮加工厂四个项目。

贫困村留不住年轻人，项目建设过程中技能人才缺失怎么办？“火车跑得快、全靠车头带”，郭彭飞和村“两委”发挥党员的带动作用，先后培养了返乡大学生党员和入党积极分子，并重点培养了7名党员致富带头人，从事杂粮加工、规模种植、牛羊养殖、药材经营等产业。组织了6名积极参与培训的中青年村民群众接受了病人陪护、新媒体、烹饪等就业培训，提升了他们的务工技能和收入水平。村委会对选树的村脱贫示范户进行大力宣传和表彰，贫困群众内生动力不断增强，思想逐渐由“要我脱贫”转变为“我要脱贫”，要脱贫、要发展、要致富的心愿越发强烈。

在脱贫工作中，郭彭飞发现很多贫困户的问题特殊又棘手，在村集体经济发展的大环境下，他紧盯贫困户实际情况，开展了一些针对性的帮扶。对43户90名有住房问题的贫困户实施了住房安全保障工程；对12户30名因病致贫的贫困户，建立起健康档案，办理医疗报销，联系包头市第四医院等专家开展义诊活动；对4户14名因学致贫的贫困户，彻底落实教育扶贫政策；对6户11名因残致贫的贫困户，严格落实低保、五保等社会兜底政策；对10户17名年老体弱、无劳力贫困户，落实产业分红政策……

郭彭飞（左三）和村民们聊"致富经"

如今的武大城尧村集体年经济收入达40万元以上，项目带动集体经济增收的同时，也解决了村里部分剩余劳动力的务工就业问题，52名村民通过参与项目建设，共收入150万元。

2019年年底，武大城尧村村民全部摘掉了"贫困帽"。曾经的贫困村实现了"两季有花、三季有果、四季有景"。

集体有钱了，能办的事就更多了。如今的武大城尧村在郭彭飞的带领下，拓宽了柏油路，修建了广场，铺设了排水管道，安装了路灯，建成了村民文化活动室，实现了活动场所无线网络全覆盖。全村在实现整体脱贫的同时，走出了一条生态与富民双赢的绿色发展之路。

"每当看到因为我的工作，能直接改变老百姓贫困落后的生活面貌，我就体会到精准扶贫工作的伟大，感受到扶贫工作的快乐。

现在我已经深深融入并爱上了武大城尧这个集体，爱上了这里的每一位乡亲，为大家当‘跑腿人’，值！”郭彭飞说。

又是一年春好处，武大城尧村北的枸杞林吐着嫩芽，村屯道路两旁和群众庭院里的杨、柳、杏、李等各种树木焕发出勃勃生机，85 盏路灯整齐地排列着，村民站在路灯下，看着柔光下的身影，很舒心踏实，幸福洋溢在脸上。如今，王永青老人已经住上了新房，享受上了五保补贴，看病也有了医疗保障。傍晚用过饭，老人又坐在门口开始唱起了自编的快板：“党的政策进农村，发家致富就是好；脱贫致富办实事，驻村干部做得好……”表达过上好日子的喜悦。

# 玲丽：扶贫路上书写美丽青春

2017年10月，时任呼伦贝尔市鄂温克族自治旗巴彦托海镇党委委员、组织委员的玲丽，被组织选派到巴彦托海镇团结嘎查担任党支部第一书记、驻村工作队队长。

32岁的玲丽第一次踏上团结嘎查的土地时，便全情投入到脱贫攻坚的主战场，用坚实的步伐走出了人生中最美的青春。

团结嘎查是块难啃的“硬骨头”，当时鄂温克旗还戴着自治区级贫困旗的“帽子”。团结嘎查位于鄂温克旗巴彦托海镇东部，是一个典型的纯牧业嘎查。2014年，团结嘎查总户数317户，人口884人，其中，建档立卡户60户157人，贫困发生率17.8%。

刚驻村时，团结嘎查刚刚完成三类嘎查转化。她第一时间走进牧民家中，把脉民俗民风，遍访村情民意，宣讲扶贫政策；她利用节假日和休息时间，走访村支部委员、老党员、致富能手和建档立卡贫困户，与他们面对面交流，推心置腹，征求他们对嘎查脱贫攻坚工作的意见和建议，探寻嘎查经济社会的发展思路。

起初，走访并不像玲丽想象中那么顺利。群众的不信任、交流上的障碍，使得玲丽入户走访时经常会遇到冷言冷语甚至闭门不见的情况。在玲丽的驻村日志上，记录着村民们给出的答案：嘎查工

玲丽在整理资料

作存在着不公开、不透明、优亲厚友的现象，政策在落实过程中走了样、变了形，这些都让牧民们对嘎查干部失去了信任。

对症下药，精准施策。玲丽在帮扶上走出的第一步就是建章立制，把抓班子、带队伍作为驻村工作的有力抓手。她确立了党建与扶贫融合发展的总体工作思路，以“支部建在产业链、党员聚在产业链、群众富在产业链”为核心，将党的组织嵌入到产业扶贫之中。

在规范各类组织制度的同时，玲丽开展“七一”建党日，建立“红色七月”党日活动月，与市级包联单位呼伦贝尔市总工会、产业实践基地合作单位呼伦贝尔学院联合开展主题党日活动，切实加强理论武装，锤炼坚强党性意志。在各项工作中，她始终坚持以身作则，带头维护班子团结，严格执行各项规章制度，全面推开“三务公开”，接受群众评议并提出意见。

在玲丽的带动下，各类规章制度得到严格把关，党员群众的信任度也在逐渐提高。2018年，团结嘎查“两委”班子换届，选举出了有能力、有作为、无私敬业的新一届“两委”班子。

安美英是玲丽最早接触的贫困户，她想申请危房改造，却“不知道找谁，不知道怎么做”。玲丽主动联系业务部门，帮助没有劳动能力、家庭极度困难的安美英一家进行了危房改造。

安美英如愿住上了改造后的新房，她激动地说：“找了那么长时间，以为没有希望了，真的感谢党的好政策和玲丽书记的帮忙。”

“把贫困户当成自己的亲人，付出真感情；把贫困户的事情当成自己的事情，努力去改变，就没有脱不了的贫。”玲丽说。

牧民吴连成前几年一直在外地打工，父亲因脑梗常年卧病在床。贫病交加的日子，让生活无望的吴连成破罐子破摔，终日酗酒。

一进屋，玲丽的心就揪紧了。新盖的扶贫项目房，家徒四壁，吴连成的父亲蜷缩在床上，地上、床上、灶台边一片狼藉。吴连成的身体也因酗酒频亮“红灯”，肢体麻木。玲丽当即与旗人民医院协商，建议医院收治吴连成父子两人。

经过半个多月的治疗，吴连成父子出院了。将他们接回家后，玲丽与吴连成进行了一番语重心长的谈话：“日子是自己的，谁也不能替你过。懒是一种病，等靠要是要不得的……”

为帮助吴连成尽快走出贫困，玲丽为他申请了公益环卫工人的工作。每每入户，玲丽都会叮嘱吴连成：“好好养身体，好好干活，身体养好了就能去做更多的事了。”

她还先后为30户贫困家庭和53户建档立卡贫困户争取了米面油等物资，为25户建档立卡贫困户落实危房改造和危房重建的项目，为18户建档立卡贫困户发放水处理设备，为20户家庭落实生活困难和饲草料补助资金16000元，成立嘎查建档立卡贫困户环卫队，组织开展妇女创业就业培训……

经过玲丽不懈的努力，牧民们也在改变，他们开始热情地叫玲丽一声“书记”，会问她渴不渴，累不累。这些简单的问候虽不起眼，却暖人心脾。

取得群众的信任只是“第一步”，带领群众找到增收路子才是长久之计。然而，产业转型发展之路并不平坦。由于牧民缺乏种养业的经验和技术，想要在牧区发展庭院种养业难上加难。

于是，玲丽和驻村工作队员成天“泡”在蔬菜大棚里。盛夏时节，大棚内温度达到40℃，他们脸上流下的汗水像雨水一样，打湿了脚下的土地。“都是从城里来的孩子，谁又吃过这样的苦。”每每看到玲丽等人的辛劳和付出，村民们心疼地感叹。

终于，庭院特色经济在草原深处的团结嘎查悄然起步，牧民种养业专业合作社发展到3家，建立起4个蔬菜大棚，82户牧民养起了猪、鸡、鹅，通过产业效益分红和吸纳劳动力就业，辐射带动了建档立卡贫困户。

玲丽（右）入户调研

产业引领致富路。通过“党支部＋合作社＋产业基地＋贫困户”的模式，实现了经济结构的调整和牧区经济的转型，引导更多的牧民从效益低下、经营粗放的传统产业中解放出来，转变发展方式，投身于城郊型农业生产中，实现增收。同时以特色培训为载体，激发贫困户内生动力。通过举办果蔬种植、草莓种植以及太阳花、皮雕、蒙餐、手工包制作培训班等专项培训，使得贫困户有了“一技之长”。

一系列精准的扶贫措施，加快了团结嘎查脱贫的步伐。2018年底，团结嘎查贫困发生率“归零”；2019 年 4 月，团结嘎查成功退出自治区贫困嘎查村序列。2021 年 2 月，玲丽被授予“全国脱贫攻坚先进个人”荣誉称号。

作为驻村第一书记，工作、生活中要经历很多困难，而玲丽作为在城镇里长大的第一书记，则要克服比别人更多的困难。

玲丽担任第一书记时，玲丽的女儿才刚满 4 岁。因投身于脱贫攻坚战，玲丽只能把孩子交给年迈的父母照料。让玲丽欣慰的是，如今的团结嘎查，特色产业壮大发展，人居环境明显改善，老百姓看在眼里，甜在心头，纷纷撸起袖子为了幸福的生活加油努力。

# 王树庆：让“第一书记”名副其实

“王书记又入户啦，怎么又晒黑了？”这是同事和村民们对王树庆最亲切的问候。作为兴安盟阿尔山市明水河镇党委副书记、镇长，前西口驻村第一书记、工作队队长，王树庆扎根明水河镇十年，用真心换真情、凭实干出实绩、以担当聚民心，为全镇百姓的脱贫增收致富贡献着青春力量。

## “长”在村里的“第一书记”

阿尔山市明水河镇西口村土地贫瘠、产业单一，基础设施落后，是远近闻名的深度贫困村。贫困发生率一度达到 29.4%，建档立卡贫困户 196 户 539 人。能够脱贫致富、过上幸福的好日子，是当地老百姓最大的心愿。

2015 年，在全国脱贫攻坚工作进入啃硬骨头、攻坚拔寨的冲刺阶段，王树庆主动向组织申请，到西口村驻村扶贫。

恶劣的环境、较差的乡村基础、冬天零下 30℃的寒冷天气一度动摇了王树庆驻村的决心，但是一想到自己作为一名共产党员的

王树庆（左三）与贫困户一起劳作

初心和使命，王树庆便坚定了信心，把“一定要带领乡亲们彻底摘掉贫困帽子”的念头种在了心中。

“要想改变西口村贫穷落后的面貌，就要先从全面了解村里情况入手。”天一亮，他就与村、社两委人员挨家挨户走访调研，逐个摸清建档立卡户的人口、住房、劳动力、健康、就学、致富技能等基本情况及贫困群众的所思所盼，深入分析致贫原因。

经过摸底，西口村最缺的无疑是稳定的、有竞争力的产业，没有产业，脱贫致富只能是空谈。经过王树庆的争取，“慢种慢养”生态农牧业产业园扶贫项目落户西口村，为这里的脱贫攻坚打开了一条路。

作为项目管理人，王树庆没少操心费力。2018年，企业中标并驻场施工后，王树庆每天都到现场督促检查，对施工方提出的问题进行现场解决。村里人都说：“王队长都要‘长’在工地上了。”2019年，产业园区一期项目建设完成。2020年，养羊企业——内蒙古杜美牧业生物科技有限公司、养牛企业——内蒙古天牧臻牧业科技有限公司先后入驻，产业园区在租金收益、就业带动、品种培育、技术指导、订单收购等方面的效益逐步显现，为西口村产业结构调整奠定了基础，老百姓的日子也随着产业园区的建成，在渐渐发生着变化。

“产业发展是脱贫的长久之计，也是乡村振兴的关键。”王树庆郑重地说。在王树庆和驻村工作队队员的带动下，西口村将“种养结合”作为主导产业的发展模式，村集体经济稳步发展，西口村百姓稳定增收。

## “挂”在村民嘴边的“贴心人”

“为老百姓办实事，老百姓才能把你当成贴心人。”王树庆是这么说的，也是这么做的。西口村村民王俊华两口子勤劳肯干，王俊华的丈夫是村里有名的养羊能手。可祸从天降，丈夫得了脑出血，并落下了严重的后遗症，这彻底改变了王俊华一家的生活。为了给丈夫看病，王俊华背上了 30 多万元的债务。王树庆了解到王俊华家的情况后，他带领驻村工作队帮助王俊华翻建了房屋，盖起了豆腐坊和猪舍，还搞起了庭院玉米种植，并为其申请了 3 万元的产业贷款，使王俊华的生活有了转机，让她看到了生活的希望。王俊华回忆：“当时感觉天都塌了，羊卖了，土地颗粒无收，所有债务全堆在我身上，如果不是王队长帮忙，我对生活都失去信心了。”

在西口村，哪里需要帮助，哪里就有王树庆的身影。入户宣传，把政策措施及时、准确地讲解给贫困群众，与各部门保持密切联系，把差异性问题和具体情况实时反馈给各单位，努力让好政策真正发挥作用，这都是王树庆的日常工作。除此之外，帮村民家扛水泥、疏通下水道等这样的小事，他也会亲力亲为。“有事找王队长”已经成为西口村老百姓的口头禅。

村民对王树庆越来越信任，村里的大事小情都找王树庆商量解决，王树庆每天要接打 200 多个电话，他还因此患上了暂时性失聪。王树庆开玩笑说："这病是'荣誉'，是老百姓对他工作的肯定，一般人还得不了呢。"

王树庆对困难群众真心实意的付出换来了老百姓的真情回报，谁家做了好吃的、谁家的家禽下了蛋、谁家的瓜果蔬菜成熟了，都会想着给王树庆送去些，老百姓用这样淳朴的方式与王树庆分享收获的喜悦，分享脱贫的幸福。

## "树"在家人心中的"编外人"

一颗扎根农村的心，一份扶贫助困的情，是王树庆为老百姓办实事解难题的初心和使命。有舍才有得，王树庆虽然舍弃了与家人团聚的时光，却得到了西口村老百姓的认可，得到了老百姓增收致富的笑脸。

为贫困群众落实基本医疗保险、大病保险、医疗救助、兜底保障等救助政策；促进教育扶贫政策全面落实，使义务教育阶段子女无因贫失学辍学；为村民打深水井、安装净水器……纷繁复杂的基层工作，让王树庆没有假期和休息日。

王树庆的孩子在兴安盟乌兰浩特市上小学，爱人在阿尔山市区工作，一家三口分居三地，聚少离多。驻村工作的五年多时间里，王树庆经常连续一两个月回不了一次家。一年元旦假期，王树庆忙于工作，又不能回家团聚了，爱人怕打扰他工作，没跟他联系就带着孩子来看他。当王树庆入户走访回来，看见站在办公楼前的爱人和孩子，又惊又喜。“爸爸，我想你了。”孩子像欢快的小鸟扑进王树庆怀里时的一句话，让他泪流不止。王树庆知道他对这个家亏欠太多了，他也想多陪陪孩子，也想全家团聚，但每当有工作任务布置下来，每当老百姓打电话寻求帮助时，他只能把家里的事抛在了脑后。

王树庆总说，老百姓的期盼就是他的责任。他用担当和汗水解决贫困群众的操心事、烦心事、揪心事，帮助贫困群众发展产业，让贫困群众摘掉了“贫困帽”，过上了新生活。

在他的不懈努力下，西口村人均收入从2015年的2817元增长到2020年的11548元，全村的建档立卡贫困户全部脱贫摘帽，绝对贫困成为历史。王树庆也先后获得“全国脱贫攻坚先进个人”“全国向上向善好青年”“兴安盟十大基层清风干部标兵”“兴安盟劳动模范”“兴安盟优秀共产党员”等荣誉称号。

一个人，做一件好事并不难，难的是一直坚持做好事；一名驻村干部，扶贫一阵子也不难，难的是多年始终如一的坚守。王树庆，一位来自基层的普通扶贫干部，在人生最年富力强的岁月中，在偏远山村平凡的工作岗位上，勤勤恳恳，默默书写了不平凡的人生篇章。

# 付永久：互利村走出“互利”路

他是致富路上的领路人，敢想敢闯敢试，发展壮大产业，把一个山区小村打造成甘薯专业村，让小甘薯成为富民大产业。

他是群众脱贫的贴心人，关心群众疾苦，想方设法解忧，对待群众如家人，暖心的故事一件接着一件。

他就是时任通辽市奈曼旗青龙山镇互利村党支部书记付永久。

夏日，燕山余脉之下，阡陌纵横、沟壑蜿蜒，一畦畦的绿意煞是惹眼。此时，红薯已进入生长旺盛期，不仅茎叶生长茂盛，块根也在快速膨大，美味正在悄悄酝酿着。

青龙山镇是典型的浅山丘陵地貌，土壤以褐土为主，含有丰富的矿物质和微量元素，驰名中外的中华麦饭石矿山就坐落在青龙山境内。这里的土壤非常适合种植红薯，且降水少而集中、四季变化明显，对红薯的生长发育极为有利。

手工制作粉条在我国至少已有 1400 多年的历史，青龙山镇互利村手工漏红薯粉条也有上百年的历史。手工漏红薯粉条的工艺非常复杂，一般是在冬季制作，要经过洗净、粉碎、淀粉晾晒、和面制浆、漏粉、打粉等大大小小几十道工序。任何一个环节没有做好，粉条的柔韧软硬、长短粗细都会受到影响。

相比于机器制作的粉条，传统手工制作能更好地保存红薯本身的碳水化合物、膳食纤维、蛋白质、烟酸等营养元素和人体所需要的铁、钾、锌等微量元素，手工制作出的粉条因筋道滑爽而远近闻

付永久在田间察看庄稼长势

名，每年都是市场上的紧俏货。

虽然互利村因甘薯和甘薯粉条的品质远近闻名，但村民一直各自耕种、制作、销售，并没有形成规模效益。

2012 年 6 月，付永久当选为互利村党支部书记。为了做强做大甘薯产业，他“磨破了嘴，跑断了腿”。

有部分农户因缺乏甘薯种植经验而担心效益，付永久就和这些农户以每斤 1 元的价格签订 14 万斤的甘薯回收合同，并全程提供技术指导。到了秋天，甘薯喜获丰收，但市场价格却出现大幅度下滑，由 1 元／斤降到了 0.7 元／斤。付永久从亲戚、朋友处借来钱，按照 1 元／斤的价格履行了收购合同，那年他损失 5 万多元。

有人劝他不要那么傻，即使按 0.7 元／斤计算，每亩地除了成本，纯收入也有 1500 元左右，也比种玉米要好很多。付永久却说，既然当初这么答应的，就要做到。

虽然在经济上受到了损失，但他却用诚信换来了群众对他的信任。

2012 年，在付永久的带领下，村子成立了甘薯种植合作社，购买了甘薯加工设备，并注册了孙家湾粉条商标。他还在互利村小三家子自然屯建设 1000 亩甘薯种植基地，建成了占地 3500 多平方米的甘薯加工厂，现全村年生产粉条达 30 多万斤。

当时，村民们仍各家种植各家的甘薯，处于单打独斗的状态中。由于风险性及获利的不确定性，当村子决定成立甘薯种植合作社时，最初只有 5 个人加入。

几年过去了，合作社通过种植甘薯逐步发展起来，通过统一提供种子、统一传授种植技术以及统一品牌销售，实现了生产线的深加工。同时，合作社也统一对贫困户的土地进行管理，并给予每个贫困人口一年 4000 元的分红，这保证了村民们的经济收入。

“得让好东西卖出好价钱，大家拧成一股绳互助，才能真正互利。”付永久说。2018 年，互利村在此前合作社的基础上，成立了通辽市光照农产品种植加工有限公司，整合入股土地，统一种植甘薯，建厂房、买设备，统一加工粉条，最后统一品牌进行销售。统一购买农资，把成本压得更低。统一科学种植管理，让亩产上了一个台阶。入股公司的土地最多时达 5100 多亩，规模效益逐步显现。

但事情发展并没有想象中顺利，许多村民对股份制产生了怀疑，这种“利益均沾，风险共担”的制度无法使村民们完全安心。

为了打消村民的顾虑，公司实行“保底＋分红”模式，并且将每亩地的收入从 200 元提高到了 400 元。这样一来，村民们的入股积极性提高。同时，随着公司获利越来越高，越来越多的村民将土地入股到了公司。

走进通辽市光照农产品种植加工有限公司，展示墙上几行硕大的标语格外醒目——

“资源变资产 、资金变股金、农民变股东”

“土地集约化、种植专业化 、产销一体化”

“产业共融、发展共享 、互利共赢”

事实上，这些墙上的宣传语，早已在互利村落地生根，同时见证了这个村子从一家一户“单打独斗”到公司引领集体致富的华丽转身。

2017 年，随着内蒙古腾格里溪农业科技公司入驻青龙山镇，并开辟了甘薯产业园，互利村甘薯的品牌效应逐渐形成。现在，延长产业链，进一步扩大市场，创新、绿色成为其发展的目标。

在付永久心中，有一个终生难忘的日子：2018 年 9 月 30 日，

23 户贫困户主动申请退出贫困户。

“这件事让我特别感动。老百姓日子好了，不想长期享受国家扶贫政策，而是更愿意去努力奋斗。”付永久说。

2018 年互利村在全旗率先实现整村脱贫摘帽。付永久的付出得到了组织和老百姓的认可，曾先后获得“全市优秀嘎查村党组织书记”“通辽市脱贫攻坚先进个人”“自治区优秀共产党员”“2020 年度国家脱贫攻坚奋进奖”等多项荣誉，他所在的青龙山镇互利村也是全市为数不多的“五面红旗嘎查村”之一。

种植甘薯让全村 1000 多口人走上了脱贫致富路。从最初的果腹之粮到今天的薯业兴旺，互利村探索出资源变资产、资金变股金、农民变股东的“互利模式”，以“一个甘薯”拔掉了“穷根子”。

# 宋占国：不干不行　干就干好

总有一些时刻，注定在时间的坐标上镌刻下熠熠生辉的印记。

2017 年 2 月 27 日，赤峰市中级人民法院法警支队副支队长宋占国永远忘不了这一天。

这一天，宋占国收到赤峰市委、市政府选派他到巴林右旗开展脱贫攻坚工作的通知。

刚开始，他是有些犹豫的。因为那时他刚从部队转业到法院系统才一年时间。23 年的军旅生涯，使他与家人聚少离多，本以为从此可以安心尽到为人子、为人夫、为人父的责任，略微弥补多年来对家庭的亏欠。

但这种想法在宋占国脑中一晃而过。他深知脱贫攻坚是当前最重要的政治任务，组织上能把这项任务交给他，充分说明了组织对他的信任和肯定。“作为一名共产党员必须要有甘于奉献的担当，必须要有舍小家顾大家的情怀。”

就这样，从这一天起，宋占国义无反顾地踏上决战决胜脱贫攻坚之路，先后被选派到巴林右旗、喀喇沁旗脱贫攻坚推进组工作。

从军转干部到司法警察，再到扶贫干部，时光流转，转变的是身份和岗位，不变的是使命和担当。

宋占国获得“全国脱贫攻坚先进个人”荣誉称号

“不干不行，干就干好。”这是宋占国在脱贫攻坚战线上一以贯之的工作精神。秉承着这份精神，宋占国一往无前，从未懈怠。

在田野蜿蜒曲折的小路上，在贫困户简陋的屋舍里，宋占国留下了一串串闪光的足迹。

走访贫困户刘起林时，宋占国听闻查干花村合作社要承租村里的土地种植马铃薯，但是刘起林对土地流转不理解，坚持认为自己的地不能让别人来种。宋占国耐心地为刘起林讲解土地流转相关政策，还给他算了一笔经济账：流转一亩地，可得租金 500 元，还可以到合作社打工，每天按 100 元计算，春秋农忙季节干上两个月，能收入 6000 元，既不操心又不费力。经过多次交流和沟通后，刘起林的思想有了转变，他主动找到村委会，同意流转自己的土地。

走访羊场村时，宋占国得知一名12岁的孩子因白血病复发需要做骨髓移植手术，费用约几十万元。漫长的治疗期和每天增加的治疗费，让这个原本就已陷入贫困的家庭雪上加霜。宋占国第一时间找到镇村领导为孩子开展献爱心活动，还向市中级人民法院领导汇报，请求援助。很快，市中级人民法院就将全院干警捐助的两万元送到孩子父母手中，使这个苦难的家庭重新燃起了生活的希望。

走访查干花村时，宋占国得知村民们过去实施的工程项目断档，眼看就要春耕，因缺水种不上地，村民们多次到政府上访无果。他立即带着镇党委书记和分管扶贫的镇村领导，深入调研，广泛听取群众意见，经过认真筹划，向相关部门争取了项目资金43万元，为村里新打一眼水井，埋设管道7000米，保证了春耕生产顺利进行。后期经测算，这使当地每亩地增收300元，两个村小组60户贫困户132人受益并实现脱贫。老百姓纷纷赞叹：“天不下雨，咱扶贫干部就是及时雨。”

一个个带着泥土芬芳的动人故事，串联起宋占国与巴林右旗、喀喇沁旗扶贫事业的不解之缘。

“能为村里做些什么？”这是宋占国脑子里每天都在想的事儿。

四年来，宋占国全方位、多角度、无死角对脱贫攻坚工作进行会诊把脉，他的足迹遍及两个旗24个苏木乡镇323个嘎查村。宋占国组织召开各类会议230场次，访谈扶贫一线党员干部1000余人次，走访贫困户和一般农户2900余户，成为贫困群众的“知心人”。

四年来，宋占国对323个驻村工作队进行全覆盖“批阅式”督查，针对性提出督查意见，特别对扶贫项目资金推进慢等重点领域，完成10轮次督查。针对发现的问题，向旗委、旗政府反馈督查清单26份，与旗党政正职交换意见8次，向旗直部门和苏木镇下发《督查整改意见通知书》150余份，确保各项扶贫政策落实、贫困户脱贫不返贫。

宋占国（左二）为村民普及法律知识

四年来，宋占国充分发挥法院工作优势，建议并协助巴林右旗政府出台《关于切实保障老年人合法权益的指导意见》，累计协调解决实际问题60余个，处理各领域、邻里间涉法问题30余例，截至目前，全村无一例涉法问题。

四年来，宋占国积极发挥基层党组织在脱贫攻坚工作中的作用，联系5个市级机关的29个支部到贫困点对接，投入慰问资金10万余元、物资200余件，在共建共融、互促共进中打赢脱贫攻坚战。

四年来，宋占国每周都坚持梳理工作动态，制定工作计划，撰写民情日志累计3000余篇320万余字，完善各类工作档案560余册。

“要把事情做好，只能靠脚走出来、靠耐心磨出来、靠做事做出来。”这是宋占国在民情日志里写下的一段话。

看真贫、扶真贫、真扶贫。在四年如一日的脱贫攻坚实践中，宋占国总结归纳出一套“带”字诀工作法，即“三带、四在手”。

“三带”就是带着政策入户、带着感情帮扶、带着实招销号；“四在手”就是贫困户明白纸抓在手、政策明白纸抓在手、问题清单抓在手、整村情况抓在手。

当时宋占国身边还有“三件宝”：照相机、工作日志和《脱贫攻坚工作200问》。无论走到哪里，他都把这“三件宝”带到身上，用相机拍下每一个瞬间，在工作日志中记下每一个细节，通过学习相关政策，为困难群众答惑解疑。

脚下沾有多少泥土，心中就沉淀多少真情。驻村四年，宋占国无时无刻不牵挂着贫困群众，始终把扶贫使命扛在肩上、落在行动上。他用自己的点滴汗水换取一件件实事的落地，用自己心中的“火焰”点亮农牧民心中的“万家灯火”，托举起贫困群众脱贫致富的信心和希望。

砥砺深耕，履践致远。在宋占国的努力和接续奋斗下，2019年，巴林右旗、喀喇沁旗顺利通过第三方评估验收，摘掉了国家级贫困旗的“帽子”。截至2020年底，两个旗农村贫困人口全部脱贫。

春华灼灼，秋实离离。四年里，宋占国以“不干不行，干就干好”的精神面貌全身心投入扶贫工作中，播下希望的种子，收获成长的未来。2017年以来，宋占国连续两年被市中级人民法院授予三等功，先后荣获“全国脱贫攻坚先进个人”“全区法院系统先进个人”“全市脱贫攻坚帮扶工作先进个人”“赤峰市2020年度法治人物”“幸福巴林右旗建设突出贡献奖”等荣誉。

# 萨仁图亚：在广袤田野绽放青春华章

你眼中的“诗和远方”是什么样子？

对于萨仁图亚来说，乡风淳朴的农村就有她想要的“诗和远方”。

2018年，也是赤峰市巴林右旗脱贫攻坚战最关键的一年，30岁的蒙古族党员萨仁图亚毅然决定暂时舍弃自己喜爱的工作岗位和心爱的丈夫、儿子，主动请缨到脱贫攻坚第一线，先后担任巴彦塔拉苏木塔班板嘎查和老道板嘎查第一书记兼工作队队长。

“基层工作远比想象的要难，每一件事都要调查清楚、落实明白。”年轻的萨仁图亚面对难啃的“硬骨头”并未气馁，而是选择迎难而上。“组织上信任我并委以重任，我定当不负嘱托。”带着这份执着信念，萨仁图亚以饱满的热情和充足的干劲儿投入脱贫攻坚战。

“我驻村的第一件事就是筛查贫困户。”在萨仁图亚看来，只有先精准摸清楚贫困户的致贫原因，才好对症下药，精准确定帮扶措施，确保帮扶有效果。

贫困识别建档立卡是精准扶贫的“第一粒扣子”。为了扣好这粒扣子，萨仁图亚日复一日地走访调查贫困户、翻阅贫困户档案，

萨仁图亚获得“全国脱贫攻坚先进个人”荣誉称号

精准识别、动态调整建档立卡贫困户，确保公平公正，扶贫路上不落一户、不漏一人。

在这一过程中，萨仁图亚认真入户了解每一个贫困户的致贫原因、帮扶措施及脱贫成效，尽可能地去帮助贫困户解决面临的各种问题，也因此成为群众的“知心人”。

贫困户哈斯其木格是先天性聋哑一级残疾，其丈夫半身不遂，儿子因车祸导致双腿受伤，也成了残疾人。萨仁图亚在入户走访时了解到哈斯其木格的丈夫病情恶化却没办法去医院医治，因为一没钱，二没人看护。看着哈斯其木格忧愁的面庞，萨仁图亚十分不忍，她决定帮帮这家人。

她耐心地安慰哈斯其木格，并保证一定会帮助她解决问题。很快，萨仁图亚从苏木残联等部门为哈斯其木格的丈夫申请到了轮椅，并与哈斯其木格的儿女进行沟通，决定以轮流陪床的方式进行陪护，最后，又从民政局申请了临时救助金，使得这家人的自付部分药费和伙食费也有了着落。在萨仁图亚的帮助下，哈斯其木格的丈夫顺利地被送往医院进行治疗。一系列的帮助，使得哈斯其木格一家对这个新来的年轻书记感激不尽。

贫困户孟和乌力吉，其妻子在 2013 年因车祸导致腰部受伤而不能干重活，而他本人在 2014 年不慎摔坏了腰部也无法再干力气活，夫妻俩在 2014 年被识别为贫困户。妻子遭遇车祸后，法院曾判决第三方肇事者赔偿 3 万多元，但对方并未赔付。因此，巨额的医药费都是由孟和乌力吉自己负担的，这使得他那本就捉襟见肘的生活更加雪上加霜。

入户走访时，萨仁图亚了解到孟和乌力吉的这种情况正好符合司法部门的一项扶贫政策，可以申请司法救助金。最终，萨仁图亚经过沟通协调后，这家人获得了两万元的司法救助金，解决了他们的燃眉之急。

疾病救治、子女教育、危房改造……这些事关贫困户民生幸福的“急难愁盼”问题在萨仁图亚的奔走下一一得以解决。在驻村的三年时间里，萨仁图亚用自己的“辛苦指数”提升了群众的“幸福指数”，用自己的实践行动诠释了共产党员的初心使命。

“授人以鱼不如授人以渔。”萨仁图亚深知，贫困户要想脱贫致富最终还是得依靠产业，只有产业发展起来了，贫困户致富能力提升了，才能实现持续稳定增收。

萨仁图亚（左二）在田间地头了解农情

“谋划适合当地的产业项目，并且使当地村民掌握安身立命的技能，才能实现真脱贫，也才能够确保不返贫。”有了这个想法后，萨仁图亚开始因地制宜联络致富项目。

她积极争取补充耕地项目 6000 亩，实现嘎查人均耕地 30 亩以上，人均增收 1000 元以上。

她通过优化资源配置发展壮大嘎查集体经济，在全旗率先突破 10 万元以上的目标，为嘎查实施乡村振兴创造了有利的条件。

她响应苏木党委号召创新了京蒙帮扶高端鲜食玉米扶贫模式，探索形成了“党支部 + 贫困户”“合作社 + 贫困户”的扶贫种植模式。

她争取京蒙帮扶资金 50 万元，建设扶贫车间，改变了当地有机杂粮没有加工车间的历史。

她带领贫困户发展肉牛、肉羊两大主导产业，为贫困户做长远打算，走产业发展的良性循环之路，实现扶真贫、真扶贫。

她立足公益，全力画好脱贫攻坚最大同心圆，协调申请博爱家园项目修建防洪坝，为农灌井配电项目修建提水设备，发动社会各界为贫困户提供司法援助、临时救助……

心中有梦，眼里有光，脚下有路。“申请了15万元博爱家园项目、申请补充耕地项目、落实扶贫羊156只、落实投资收益分红项目、申请农灌井配电项目、申请人居环境整治项目……”三年的寒来暑往，萨仁图亚的帮扶账本记了厚厚的五本，一笔笔条目清晰的扶贫账既记录着她无怨无悔的青春，也记录着嘎查欣欣向荣的新变化。

“村里的变化可以说是一天一个样。”老百姓感慨万千。

“萨仁图亚书记驻村的这几年给我们村做了不少好事、实事。”对于萨仁图亚的工作，老百姓交口称赞。

对于萨仁图亚来说，农村这方广阔天地同样让她感触颇深。她在接受记者采访时说：“到农村以后，老百姓的淳朴善良教会了我很多东西。在基层工作，当老百姓眼中的‘知心人’很有意义。”

2021年2月25日，在全国脱贫攻坚总结表彰大会上，萨仁图亚获得“全国脱贫攻坚先进个人”荣誉称号。成绩和荣誉的背后，凝结着她与扶贫工作队队员艰辛努力和团结奋斗的汗水，回望三年多的脱贫攻坚之路，有汗水、有泪水，也有欢笑。

“帮助贫困户脱贫致富是我身为第一书记的责任，也是我努力工作的最大动力！身为一名共产党员，就是应该在祖国和人民最需要的时候挺身向前，我只是做了我该做的。”萨仁图亚如是说。

# 刘占林：风华四十载　造福西山根

一幢幢花园式住宅整齐排列，一座座设施大棚连串成片，一处处养殖小区规范有序，一片片光伏电板熠熠生辉，村部的大喇叭里不时传出一首首优美动听的幸福之歌……这里是赤峰市林西县十二吐乡西山根村，这里山清水秀，民风淳朴。

当村党总支书记刘占林获得“全国脱贫攻坚先进个人”荣誉称号的喜讯在村子里传开后，整个村庄沸腾了。“我们村现在建设得跟城里一样，住着舒坦，生活幸福，村里男娃娃找媳妇也容易，别村人不知有多羡慕了，这可多亏了刘书记！”村民于秀云异常自豪。

“这不是对我一个人的肯定，是大家共同的荣誉。我想实实在在为村民做点事，让他们换一种方式过日子！”刘占林朴素的话语令人动容。

过去的西山根村，最大的特点是穷，有的人家年收入甚至不足 1000 元。看着乡亲们日出而作、日入而息，却仍旧挣扎在贫困的边缘，刘占林的心被深深地刺痛，“要让乡亲们换种方式过日子”成了他几十年的夙愿。

“脱贫攻坚第一要务就是找准路子发展特色产业。”刘占林和村“两委”班子意见一致后，便利用扶贫资金搞起设施农业和肉牛产

刘占林（右一）与村民探讨蔬菜种植技术

业。2016 年到 2020 年，村里以每亩 400 元至 600 元的价格流转土地 7000 余亩，建设日光温室大棚 1000 栋。全村 70% 的村民享受到土地红利，村集体经济每年收入 29 万元；部分村民或买或租自主经营日光温室大棚，当上了新型产业农民，其中 6 户贫困户通过自主经营，户均年收入 15 万元。肉牛存栏已达万头，并新建 400 亩肉牛养殖小区 1 处，带动贫困户 451 户 981 人脱贫致富，人均增收 1.5 万元。

“我前几年一直在外打工，辛苦一年也挣不了多少钱。村里建了暖棚后，我就抱着试试看的心态先种了两个棚，第一年纯收入 7 万元，第二年我又种了 6 个棚，算账时把我吓一跳，当年收入了 50 多万元。”返乡创业的村民耿立伟说起自己的致富经，喜悦之情溢于言表。

周国文是村里的养殖大户，说起养牛的好处，他笑得合不拢嘴：“养牛的前景确实挺好，我一年收入50多万元。去年村委会征了500多亩地，给村民扩建牛棚，我申请了1200平方米，计划扩大养殖规模。好政策扶持、好书记领队，大家浑身充满了干劲儿！”

看着乡亲们一天天富裕，刘占林虽然高兴，但并没有被胜利冲昏头脑。“脱贫致富的都是有劳动能力的，那么没有劳动能力的人怎么办呢？”他的话让村“两委”班子陷入深思。

由于贫穷，西山根村很多青壮年都外出打工。有不少村民年老多病或先天性残疾，只能靠政策保障，于是，刘占林成为易地移民搬迁的“探路者”，西山根村采取“易地搬迁+养老”模式，把65岁以上无劳动能力的老人搬迁到幸福互助院，采取“兜底保障+产业分红+分布式光伏”扶贫模式，确保群众“搬得出、稳得住、产业稳、可致富”。在易地扶贫搬迁政策惠及下，幸福互助院50户97人开启了新时代的新生活。村民唐广霞笑着说：“在幸福互助院吃得好住得好，闲着就到活动室、图书室，头疼脑热就到卫生室，保洁员每天把院子打扫得干干净净，看着就舒心。这才是安度晚年的最好方式。”

西山根村还在幸福互助院内为贫困户设立了“护水员”“护路员”“护灯员”“护卫员”等公益岗位，通过“四员”岗位对全村饮水、公路、照明、卫生等设施进行网格管理，指定专人负责管护。每一段路、每一盏灯、每一个水龙头、每一片山林都有人守护。

2018年，林西县在内蒙古自治区率先脱贫摘帽，在脱贫攻坚这场战役中取得阶段性胜利。西山根村的百姓生活富裕了，精神生活也得到同步提升，如何引导村民养成好习惯、形成好风气，又成了刘占林心里惦记的一件事。

在刘占林的带领下，西山根村“两委”班子坚持抓精神文明建设，通过开展系列精神文明创建活动，使讲文明、树新风、学科技真正成为广大农民的新风尚，让助人为乐、邻里和睦、尊老爱幼、勤俭持家的良好风气在村民心中落地生根。2015 年以来，他舍小家、顾大家，带领村民坚定信心，克服困难，完成改造危房 224 户，自来水入户 294 户，配套排水渠 400 米，栽植景观苗木 3000 多株，栽植花卉 500 余亩，建成占地 6000 平方米的村文体活动中心、文化活动室、党员教育基地、法制教育广场以及新时代文明实践站，每年开展活动 100 余次，参与人数近 3000 人。依托新时代文明实践活动，组建了一支文化体育志愿服务队，经常性开展秧歌大赛、广场舞表演等，极大地丰富了村民的精神文化生活。

“村民的日子好了，素质也越来越高了，小一辈儿的孩子们特别懂礼貌，儿子儿媳特别孝顺。你看，我家还挂着‘好儿媳’‘文明户’的牌子呢。”孟显珍老人逢人便展示她家获得的荣誉牌，“火车跑得快，全靠车头带。没有刘书记，哪有现在的西山根村啊”！

四十年弹指一挥间。从 1980 年担任西山根村党总支书记至今，刘占林将全部青春、智慧和汗水，献给了他挚爱的土地和村民。昔日风华正茂的青年如今已两鬓斑白，但带领群众致富的初心不曾改变，他任劳任怨、无私奉献，赢得了广大党员群众的信赖与拥护。提起他，村民无不竖起大拇指。在刘占林的带领下，村民心往一处想、劲往一处使，硬是把一个贫困发生率为 46% 的贫困村变成了远近闻名的富裕村。西山根村先后被评为“全国文明村”“全区卫生村”等，其村党组织被评为“全区优秀基层党组织”等。刘占林先后荣获“优秀嘎查村党组织书记”“最美脱贫攻坚人”“脱贫攻坚先进个人”等称号。这位四十年如一日情系农村的老支书用“脱贫智慧”，书写了独属于西山根村的“攻坚奇迹”。

“脱贫攻坚不是终点，而是新生活的起点。在乡村振兴的战场上，我还会像从前一样脚踏实地，发挥共产党员的先锋模范作用，努力实现产业兴、农民富、村庄美、人和谐的目标。”62 岁的刘占林动情地说。

# 高凯杰：让农民成为有奔头的职业

在内蒙古锡林郭勒盟多伦县多伦诺尔镇北村，绿色无公害蔬菜基地里到处是忙碌的身影。青椒、韭菜、黄瓜、西红柿……刚从枝头摘下就被装进了包装箱，等待发运。这里，一年四季都是采摘旺季，每天约有 3000 斤新鲜蔬菜发往北京。

北村曾是多伦县 22 个重点贫困村之一，村里的主导产业是种植业，因粗放型种植方式对天气、环境等条件依赖性大，抵御自然灾害的能力差，所以北村村民的种植收入一直以来很低。青壮年劳动力大多外出务工，部分丧失劳动能力的家庭无经济来源，生活状况极为窘迫。2011 年，北村年人均收入不足 2000 元。

后来村子里的窘况因一个人的出现而发生了翻天覆地的变化，这个人就是北村党支部书记高凯杰。2011 年，被村民选举为党支部书记的高凯杰，毅然放下在外地经营多年的采石场生意，回村担起了带领全村人奔小康的重任。

北村的出路在哪里？从何抓起？怎么干？一连串的问号，让这个村民眼中的“能人”不知熬过多少不眠之夜。高凯杰暗下决心，绝不辜负镇党委、政府的重托和父老乡亲的厚爱，一定要把北村搞好，带领村民致富！

高凯杰到任后，带领村“两委”班子，在前期走访入户和征求村民意见的基础上，提出“农村资源变资产、资金变股金、村民变股东”的发展思路，并确立了“党支部+合作社”的现代农业运作模式，成立了北越蔬菜种植专业合作社。在当地中国人民银行和农村信用合作联社的支持下，该村整合闲置耕地 200 亩，通过财政补

高凯杰在温室大棚察看黄瓜长势

贴、村委会筹资和村民入股的形式，筹措各类资金800万元，大力发展日光温室绿色蔬菜种植，建设日光温室90座，种植无公害黄瓜、西红柿、辣椒、香瓜等绿色蔬菜，使农村资源变为可产生价值的资产。全村53户105名贫困村民全部入股实行资产收益分红，村民变成了股东。高凯杰还联系吉林农业大学专家提供村里日光温室绿色蔬菜种植的技术支撑，引进水肥一体化技术和物联网种植技术，解决了传统生产经营过程中出现的盲目发展、无序竞争、品质差、资源浪费的难题。

“不用外出打工，在大棚里浇浇水、摘摘菜，每个月就能挣上3000元钱，比外出打工强多啦。”62岁的张玉萍说。张玉萍有着“双重”身份，不仅是合作社的员工，每月能拿3000多元工资，还是合作社的股东，每年年底有4万多元的分红。由于老伴患心脏病多年，每年需要两万多元的医药费，张玉萍加入村里的蔬菜种植专业合作社后，仅两年，她家就实现了脱贫致富。

为增加贫困户收入，早日实现脱贫，高凯杰坚持扶贫与扶志、扶智相结合，开办扶贫夜校，引导鼓励贫困户摒弃“等靠要”的思想，主动就业创收。针对贫困户普遍年龄较大、无一技之长、外出务工存在困难的情况，将有劳动能力和劳动技能的贫困户安排到合作社务工，每月保底工资3000元，并建立蔬菜产量提成激励机制，每人每月可增加收入1700～2000元，同时也激发了合作社务工人员的生产积极性，蔬菜产量大幅提高。合作社成立仅一年，年人均收入增加1000元。截至目前，合作社累计发放工人工资200余万元，入股分红70余万元，村集体经济由原来的“一穷二白”发展为固定资产2000余万元，实现了村集体与贫困户双赢。

“一个村富不是富，整体致富才是富。”看到村民富裕起来了，

高凯杰在温室大棚检查羊肚菌的成活率

高凯杰的干劲更足了，思路也更宽了。为充分发挥“北村模式”的示范带动作用，激发北村蔬菜产业发展新动能，由多伦诺尔镇党委、政府牵头，成立联合党委，高凯杰担任联合党委副书记、联合党委大力发展抱团产业，创新党建促脱贫攻坚模式，推行“联合党委＋公司＋合作社＋农户（贫困户）”模式。2018年，诺尔镇与某公司工会签订了长期无公害蔬菜供应协议，解决了销路问题。北村及周边的南村、双井子村和新民村4个村联合注册成立了多伦县德胜农业科技有限公司，高凯杰担任公司执行董事，推动诺尔镇绿色蔬菜产业规模化、品牌化发展。

如何扩展市场、加大订单销售，从而实现持续发展，一个个难题又摆在了他的面前，他身上的担子更重了。高凯杰带着刚刚采摘的新鲜蔬菜，打好包装、定好价格，急忙奔赴京津冀地区进行产品推介。功夫不负有心人，经过不懈的努力，公司先后与中国国际电视总公司、京东集团线下超市等企业签订合作协议，并逐步向下游延伸，年销售额达到300多万元。目前，多伦县德胜科技有限公司已向签订协议的公司累计销售蔬菜47.25万斤，公司共吸纳村民971户2405人，带动户均年增收3000元。有劳动能力和劳动技能的村民在合作社入股和打工，平均每月收入可达5000元左右。

为进一步延伸蔬菜产业链条，提高蔬菜的附加值，打造绿色无公害有机蔬菜品牌，高凯杰带领村“两委”深入调研、精心谋划，建设恒温库、储藏库、蔬菜分拣车间、制冷库各一座，对蔬菜进行精加工，实现了种植、储存、分拣、加工、包装一条龙式经营服务。从新品种引进、技术指导、田间监控、产品包装、品牌建设、营销推广、物流配送、售后追踪，每个过程始终服务于广大农户，推动农业产业向规模化、标准化和品牌化发展。同时，以全域旅游为契机，发展集“山、水、林、田、湖、草”于一体的农业休闲观光旅游。集体经济的壮大，给全体村民带来了更大的福利，在高凯杰的带动下，如今的北村已成为全县蔬菜产业发展的龙头，外出务工人员纷纷返村创业就业，人均纯收入达到16000元。

2020年初，受新冠肺炎疫情影响，外地蔬菜无法运到县内。高凯杰深知守护老百姓“菜篮子”的重要性，经请示多伦诺尔镇党委，通过北村党支部商议，决定将种植基地的蔬菜全部低价供应县内各大商场和蔬菜批发超市，保障了全县人民对绿色蔬菜的需求，得到了全县人民群众的一致好评！

当村官难，当一名好村官更难。高凯杰担任村党支部书记十几年如一日，带领全村党员干部调整产业结构，因户施策，把一个贫穷落后的村庄发展成为闻名遐迩的小康明星村。他是村民眼中的好书记，更是贫困群众脱贫路上的“贴心人”。

# 乌云其其格：带着感情去帮扶 “背”着小家助大家

乌云其其格指导贫困户填写低保申请

在脱贫攻坚战的第一线，扶贫女干部们撑起了战场上攻城拔寨的“半边天”。她们当中有一员叫乌云其其格，当时她是锡林郭勒盟妇联的一名干部。

2018 年 4 月，根据盟委组织部的安排，乌云其其格被选派到苏尼特右旗阿其图乌拉苏木额尔敦宝拉格嘎查担任驻村工作队副队长，十几名驻村干部中，她是盟直单位派驻苏尼特右旗定点帮扶的唯一一名驻村女干部。

当接到通知后，一向乐观向上的乌云其其格却有了一丝的恍惚，毕竟额尔敦宝拉格嘎查距锡林浩特市近 400 公里，而此次扶贫，不是简单的出差，而是走上没有硝烟的“战场”，不胜利，绝不收兵。这驻村一走就是两年，两岁的女儿可怎么办？乌云其其格深知脱贫攻坚工作是大事，可是小女儿也离不开妈妈呀！于是，她牙关一咬，动员全家，带着两岁的女儿和父母一起下了乡。她用信念挑起重任，用真情打动牧民，用发展造福一方，舍小家顾大家，将驻村扶贫各项工作开展得有声有色。后来，女儿在苏尼特右旗上了幼儿园，可是下乡驻村任务繁重的她，接送女儿的次数加起来也没有几次。

回忆起当年的决定，乌云其其格说："我当时把家人都动员过去了，若干不好扶贫工作，不但对不起我自己，更对不起家人。"驻村伊始，她就憋足了干劲，定下了第一年"访民情、定规划"；第二年"抓落实、见实效"的"两步走"总基调。她沉下心来，坚持边学习、边调研，逐家逐户登门走访，访贫问计。在嘎查的两年里，她经常进行访民情、送温暖、讲政策等事宜和活动，走遍了嘎查的每个角落。

每天在脱贫一线与农牧民干在一起，想在一起，让乌云其其格对嘎查里家家户户的情况了如指掌，也让她对嘎查的基础情况、经济发展现状、群众的脱贫愿望有了深刻的认识。她找准致贫原因，与工作队、嘎查"两委"一道，确立了脱贫开发工作思路，制定了《额尔敦宝拉格嘎查脱贫攻坚实施方案》《额尔敦宝拉格嘎查2018—2020年脱贫工作方案》等一系列发展规划，为实现如期脱贫定调子、谋思路。

脱贫攻坚中最重要的是志、智双扶，在激发内生动力上精准发力。善于做群众工作是一名妇联干部的强项，乌云其其格的优势得到了充分发挥，她紧贴群众需求，将盟妇联电子商务、奶制品深加工培训办到了牧户的家门口，不仅让大家掌握了一技之长，还让年轻牧民学会了"互联网＋"的销售模式，拓宽了销售渠道。在她的动员下，贫困户还去鄂尔多斯市参加了羊皮纸培训，在苏木参加了科学种植养殖培训，有效提高了贫困户的脱贫能力。

在乌云其其格的倡议和带领下，嘎查开展了“话我家•说变化•谈梦想”女性恳谈活动，畅谈国家的变化和各项惠牧政策的好处；举办了妇女民族手工艺比赛，引导牧民积极参与民族手工艺制作、传承民族文化，带动更多妇女实现脱贫致富；组织了“算账理财”讲座，让牧民群众学会算账持家，树立科学消费理念；通过心理帮扶活动，邀请心理咨询师对存在心理问题的贫困户进行一对一心理疏导，从心理层面关注贫困群众健康；表彰了一批“勤劳致富最美家庭”“最美牧羊女”典型，让优秀典型的感人事迹影响、感染身边的群众，鼓励群众自立自强。

一系列形式新颖的活动，为嘎查牧民提供了智力支持，把嘎查群众的思想凝聚了起来，特别是贫困妇女的精神面貌焕然一新，激发了贫困群众脱贫的内生动力。

额尔敦宝拉格嘎查地处边远，交通不便，十年九旱，基础设施滞后。驻村两年来，乌云其其格突出抓好产业和落实项目，嘎查境内新修 19 公里乡村路，其中准毕力格至脑木根段 13 公里油路项目 2019 年已完工，苏木至嘎查 6 公里砂石路已经通车，嘎查境内的道路全面贯通。

为了提高嘎查基础设施的数量，乌云其其格落实了危房改造 4 处、易地搬迁 2 处、牧民家苑 4 套、棚圈和栅栏 12 处、深机井 2 眼、储水窖 30 个、净水设备 45 套；利用农网改造政策，通过风光互补和长电相结合的方式，实现户户通电。

此外，她一直在探索产业发展的路子，通过“党支部＋龙头企业＋贫困户”“党支部＋家庭牧场＋贫困户”的发展模式，在嘎查建立家庭牧场 2 处、脱贫示范基地 4 处，推动特色驼养殖、沙地肉牛、风干肉和奶制品加工等优势产业发展。还通过开发公益性岗位、示范基地提供务工岗位、带动户分发基础母畜等方式，让贫困群众依托产业，实现自助脱贫。

乌云其其格带着感情做帮扶，真正俯下身子抓脱贫。52 岁的额尔登托雅脊柱变形，患有严重的肺心病。乌云其其格找到相关部门为她申请救助，通过协调，爱心企业还为额尔登托雅捐赠了一台电子制氧机，仅此一项，每个月可节省七八百元的医用氧气费用，乌云其其格还帮她进行了慢性病备案，尽可能地减轻这个家庭的医疗负担。

嘎查里有个重度自闭症的孩子，由于自身原因只能在一所民营康复中心进行康复训练，每年 1 万多元的费用成了这个家庭的沉重负担。乌云其其格多次与扶贫办、保险公司协商，为孩子申请了苏尼特右旗首份防返贫保险。她还为考上大学的贫困学生联系教育局、统战部等部门申请助学金。类似这样的好事，她做得实在是太多了。

乌云其其格带着感情做帮扶，“背”着小家扶真贫。她用女性特有的细腻，为考上大学的贫困学生申请助学金，为贫困户申请危房改造自筹资金……两年多的时间里，她申请到各类救助金、协调捐赠物品共 8 万多元，实实在在解决了贫困户就医、入学、住房等实际困难。在乌云其其格和扶贫工作队的努力下，额尔敦宝拉格嘎查的贫困户全部实现了脱贫，集体经济由不足 5 万元达到 16 万元以上。

扎根基层，砥砺前行，乌云其其格的坚持和努力让自己融入了嘎查，走进了群众的心里，纯朴的牧民也早已把她当成了自己的家人。如今尽管嘎查已经实现了整体脱贫，乌云其其格也到了新的工作岗位上，但她仍关心着嘎查产业转型、牧民稳定增收的事。她说，虽然已经脱贫成功了，但乡村振兴仍然在路上，她相信额尔敦宝拉格嘎查的明天一定会更美好。

# 董裴：誓当美丽乡村“守护人”

麻尼卜村位于内蒙古乌兰察布市商都县小海子镇，全村共有543户1237人，其中建档立卡贫困户111户240人。也就是说贫困人口占了全村总人口的1/5。2018年，村里来了个董书记，短短几年间，他带领大家实现了全村整体脱贫。

董书记用了啥办法？

“也没啥办法，就是每家每户走村入户，了解实际情况，然后根据具体情况因户施策解决实际问题。在工作中做好群众的‘贴心人’，大家心往一处想，劲往一处使，日子就越过越好！”麻尼卜村第一书记董裴说。

来到麻尼卜村前，董裴是商都县委办公室总值班室的科长，2018年，他主动请缨到麻尼卜村任第一书记、驻村工作队队长 。对多数人来说，离开优越的工作环境来到农村过实实在在的“农村生活”，这是一件“苦差事”，可他却乐在其中。

作为驻村干部，初来乍到，做好入户走访、摸底排查是开展各项工作的基础。走进贫困户家中，董裴听诉求、找问题、解难题，详细了解走访户的收入来源、增收渠道以及对扶贫工作是否满意等，并现场做好情况记录，悉心帮助困难群众出谋划策。

2018 年 5 月 18 日，董裴（左）为老党员宋之荣送去理论书籍

在一次走访中，他发现一个叫袁刚的小男孩有先天性足内翻缺陷，小男孩走路时，脚踝会擦到地面，导致脚踝都被磨出了血迹。袁刚家中孩子多，一家人的生计仅靠父亲种地和养牛支撑，生活窘迫。走访完，小男孩用脚踝擦地吃力走路的样子在董裴的脑海中挥之不去。他开始查阅相关资料，向专业人士咨询。数月后，他向商都县中医院、商都县残联等部门为袁刚申请到一个治疗的名额，相关治疗费用能报销 90% 左右。从 2018 年 12 月开始治疗到现在，

袁刚的足内翻症状有了明显好转。他们家也在2019年底顺利实现了脱贫。

“产业是发展的根基，产业兴旺，乡亲们的收入才能稳定增长。”董裴深知，发展产业，是贫困户持续稳定增加收入的根本途径。

麻尼卜村有耕地6288.1亩，全部为水浇地，主导产业以种植甜菜、冷凉蔬菜为主。为了让贫困户实现稳定脱贫，让全体村民实现共同富裕，董裴综合运用生产准备金和信贷资金，全面推进“企业+基地+贫困户”扶贫模式，因地制宜发展特色产业，通过龙头企业、能人大户等主体，大力发展“订单农业”。“订单农业”先找市场后生产，农户根据其本身或所在乡村组织的农产品特色同客商签订单，组织安排农产品生产，这样一来就能更好地适应市场需要，避免了盲目生产。2020年，麻尼卜村发展“订单农业”3856亩，其中贫困户30户533亩，人均年增收2580元。

在走访中，董裴还发现村里的庭院土地存在院内环境差和利用率普遍不高的问题。为改变现状，他积极协调帮扶单位，引导村民转变观念，帮助农户在实施庭院经济建设上出谋划策，筹资5.9万元种植李树和苹果树1570棵，为增加贫困户收入开辟了新的途径。

“董书记的工作不止我认可，村里大家都认可，不止我们家，村里哪家有困难他都管！”麻尼卜村的村民尹秀荣提起董裴赞不绝口。

尹秀荣曾经也是村里的贫困户，她家里有三个孩子上学，之前家里收入主要靠种地，无法覆盖三个孩子的上学开销，是典型的因学致贫。

“种地是靠天吃饭，收成好坏每年不定，2018年董书记来我家

董裴（左）为贫困户孙俊送去拐杖

了解情况后，给我们贷了 5 万元的款，我们用贷款买回 3 头牛，开始了肉牛养殖。”尹秀荣说。

如今，尹秀荣家的3头牛已经发展到9头，养牛一年收入5～6万元，家里人口多，还盖起了新房子。“党的政策好，扶贫干部尽心帮我们，我们肯定也要努力，让日子越过越好！”尹秀荣说。

从尹秀荣家出来往村委会走，路面整洁宽阔，路两旁绿树成荫，呈现出一幅美丽乡村的画面。村里人居环境脏乱差，是群众之前反映最强烈、最迫切的问题之一。董裴从刚驻村开始，就将农村人居环境治理纳入工作体系，并与村“两委”班子研究制定了《环境卫生综合整治实施方案》，成立了由村书记任组长、保洁护林员任成员的环境综合整治领导小组，重新细化了责任区，明确了责任人。每周组织保洁员进行两次卫生清理，将周一、周四定为卫生清扫日。日常利用村党员大会、村民代表会议、村民小组会议，强调环境整治的重要性，并利用“小喇叭”广播、橱窗宣传、张贴标语等进行广泛宣传，号召全村村民积极行动起来，进一步提高群众对环境卫生的认识，营造“保护环境，人人有责”的社会氛围。

三年内，麻尼卜村新建 5 个大型垃圾池，新设 6 个垃圾箱和 11 辆清扫垃圾小推车。村内铺设沥青路 2400 平方米，平整田间土路 7.3 公里，绿化种植柳树 771 株，观赏树 123 株。在自治区文联调研期间，董裴邀请专家为麻尼卜村创作了村歌，麻尼卜村的村容村貌，村民的精神面貌都焕然一新。

董裴将“扶贫”与“扶志”相结合，驻村两年来，他筹资 5 万多元，建立起“爱心公益超市”。翻看超市的物品领取表，来超市“购物”的村民不少。“在超市里买东西并不需要钱，而是靠积分，积分怎么挣呢，比如说你参加大队的各项活动、评比家庭环境卫生、孝敬老人等，都可以获得积分。有了‘爱心公益超市’，村民的积极性非常高，观念也有了很大的转变。”董裴说。目前，“爱心公益超市”已发放了近两万元的生活用品。

脚下沾有多少泥土，心中就积淀多少深情。2021 年 2 月，董裴被党中央、国务院授予“全国脱贫攻坚先进个人”荣誉称号。在董裴的驻村记事本上，满满地记录着每家每户的生活冷暖、发展变化，也记载着董裴驻村 1200 多个日夜愚公移山般的攻坚决心。董裴说：“选择了驻村，就是选择了吃苦、选择了收获。现在驻村有多拼，未来回忆就有多甜。小康路上，一定当好美丽乡村的‘守护人’！”

# 贺龙：群众致富的“领头雁”

乌兰察布市兴和县店子镇朱家营村，常住人口279户637人，建档立卡贫困户有75户201人，是燕山—太行山集中连片贫困地区深度贫困村。然而，在村党支部书记兼驻村第一书记贺龙的带领下，2020年11月，朱家营村高标准完成脱贫任务，贺龙成为当地村集体经济的领头羊，是乡风文明建设的推动者和受益者。

2015年，贺龙受兴和县委办委派，到朱家营村担任脱贫攻坚驻村第一书记，由于工作出色，2018年4月他兼任工作队队长，6月当选为村党支部书记兼驻村第一书记。

在兴和县当地方言中，“侃”的意思是“一根筋”。贺龙个性耿直，初到朱家营村，便被冠以“侃”这个有趣的形容词。但就是这个有些“侃”的书记，凭借着他看准目标绝不放弃的坚毅性格，组织带领村民以党建为引领，确立种养殖产业、加工产业和旅游产业融合发展规划，经过一步步奋斗，使朱家营村如期脱贫，一、二、三产融合发展的格局初步形成。

驻村第一天，贺龙就发现村党组织力量涣散，他深知村子富不富，关键看支部。于是，他带领村“两委”班子以党建为引领，以村民为中心，充分发挥支部大会、村民大会作用，充分运用“四议

贺龙（右）到贫困户家中了解生产生活情况

两公开”工作法，组织干部群众广泛参与研究村里重大事宜，进一步提高了村级民主管理水平，增强了支部的凝聚力和战斗力，激发了全村上下大干一场的信心和决心。朱家营村党支部在2018年、2019年先后被评为“兴和县先进村党组织”“兴和县脱贫攻坚先进集体”等。

党支部凝聚力有了，更重要的问题摆在了面前：如何带领群众脱贫致富？如何发展村集体经济？

一个个不眠之夜里，贺龙苦思冥想，朱家营的一山一水、一草一木一遍遍出现在脑海里。荞麦地沟村风貌、十二华里大灌区载伏流水利工程、4000 多亩撂荒地……这些在他驻村第三天时便发现的“废弃资源”，已然成为他的心病。如何规划，如何发展，必须尽快拿出一个科学的方案。

那些日子，村民总是看到贺龙带着很多陌生人在村里转悠，后来才知道，这些陌生人是贺龙多次到呼和浩特市邀请的专家学者。经过多方协调，朱家营村先后得到内蒙古 4 所高校、内蒙古建筑业协会、水利部牧区研究所等单位的帮扶，在整村规划、大南山革命老区红色教育基地打造、恢复大灌渠水利工程、打造豆腐宴、建设洞穴藏香猪养殖生态基地、捐赠起步资金、设立发展基金、开展企业认购、村校村企对接等方面给予了大力支持。

朱家营村是兴和县大南山游击革命根据地的南大门，村里革命历史遗迹与记录保存良好，是具有深厚红色文化积淀的革命老区。贺龙抓住这一优势，充分挖掘红色文化资源和紧邻国家 4A 级景区苏木山及北京的区位优势，先后建成兴和县大南山革命老区展馆、乡情村史陈列馆、烽火大南山革命广场、民俗窑洞和农家乐，成立了产销一体的农业合作社，完成了 420 亩旱改水地和光伏发电站，购买了价值 30 万元的拖拉机，推动了朱家营村第一产业、第二产业、第三产业融合发展，让部分村民享受了全产业链增值收益。

为进一步壮大村集体经济，2019 年 6 月，在自治区脱贫攻坚总队的帮扶下，村党支部依托林地多、沟多、植被好、水质好等优势，建成集养殖区、辅助区和活动区为一体的洞穴藏香猪生态养殖基地，基地占地面积 1 万多平方米，引进种猪、仔猪 120 多头。在朱家营，养牛羊常见，养猪却不常见。大伙儿都觉得小猪太瘦，怕是经受不了冬天的严寒。但是贺龙始终坚信，只要科学养殖，寒冷不是问题。果不其然，洞穴藏香猪生态养殖基地发展势头良好，自2019年9月投入运营以来，藏香猪猪肉、种猪和猪仔实现销售20万多元，现有种猪、猪仔210多头，并与8户农户达成到户养殖协议。

关键时刻，党员的带头模范作用凸显：与村委会合作种植闲置耕地300多亩，主动联系亲戚朋友劝其回村创业，主动向周围村民宣传党的惠民政策……同时，通过公示栏、村平台和微信群等方式做好党务公开、流动党员教育管理，村内外党员模范带头作用进一步发挥。特别是在建设大南山革命老区展馆的过程中，全村男女老少做义工，累计投入人力1100多人次，免费为展馆和陈列馆捐赠300多件物品。

在全体村民的共同努力下，如今的朱家营村实现了“党支部共

贺龙（中）在村民大会上讲解国家扶贫政策

建+集体经济组织+企业+农户”的运营模式，盘活了村集体闲置资源，壮大了村集体经济。

经济有了发展，村民的医疗和教育需求也越来越高。为此，贺龙连续三年邀请内蒙古医科大学师生和内蒙古医科大学附属医院专家到村里开展义诊活动，连续两年邀请内蒙古高校大学生免费为村里中小学生提供假期课程辅导，为患脑瘤的贫困户联系北京天坛医院专家进行会诊。2018 年至 2020 年，朱家营村获赠累计 6 万余元的医疗、教学和文化用品。

扶贫先扶志，“志智双扶”才能真正脱贫。贺龙协调企业为有脱贫愿望却缺乏资金的贫困户免费建猪舍、捐冰柜、购买磨豆腐设备。他要让其他贫困村民看到，要想富就要自己“先动起来”；为推动朱家营村文化事业发展，贺龙带领村干部多次邀请兴和县乌兰牧骑为村民演出，并趁热打铁组建了村秧歌队，村民的业余生活得到进一步丰富；为推进村容村貌整治，朱家营村实行每周一上午全村卫生大扫除制度，组织开展评选“最美婆婆”“优秀媳妇”等身边榜样示范活动，在国际妇女节、五一国际劳动节、教师节、八一建军节等重要节日组织开展慰问、劳动、升国旗、座谈等活动。

贺龙积极引导村民明是非、守诚信、知荣辱，为推进基层社会治理凝聚了强大合力，朱家营村先后被评为“乌兰察布市文明村镇”和“内蒙古自治区文明村镇”。

为者常成，行者常至。从国家级贫困县的深度贫困村到高标准脱贫，最终奠定经济发展坚实基础，实现与乡村振兴无缝衔接，贺龙用汗水换来了朱家营村翻天覆地的变化。

如今已是店子镇镇长的贺龙，又在为乡村振兴发力。他依托店子镇丰富的红色资源，打造集风光游、红色文化游、历史文化游、人文景观游、田园体验游、休闲养生游、研学游等于一体的精品旅游线路，实现“红色培训＋民宿”“红色培训＋演艺”“红色培训＋体验”“红色培训＋购物”等资源共享、抱团发展模式；他深入落实镇党委提出的建强镇党群服务中心，深化“镇、村党群服务中心＋派出所＋司法所＋专家＋网格员”矛盾线索排查化解机制，形成领导、专家、群众相结合决策机制；他围绕京蒙帮扶、结对共建、政企联建和产业联建，大力实施店子镇产业和项目规划建设。他说：“无论处在什么位置，我永远是当年朱家营村里那个‘侃’书记。”

# 杨明轩：铆足劲儿带领村民奔向好日子

“团结新村的各种水果和柿子成熟了，带上孩子和朋友来采摘……”“团结新村梧桐巷美丽桃园水蜜桃熟了，联系电话……”进入 5 月，乌海市海勃湾区千里山镇副镇长杨明轩不时在微信朋友圈“吆喝”道。

尽管在 2021 年 8 月，杨明轩结束了团结新村的驻村工作，但对村里的发展和百姓的生活，他始终记挂于心。2022 年初，团结新村脱贫户韩生海家的女儿学习会计课越来越专业，杨明轩给她送来一台笔记本电脑，鼓励她学好专业课，通过自己的奋斗过上想要的生活。这样的暖心事例，不胜枚举。

时间回溯到 2018 年 3 月。时任乌海市海勃湾区城市管理综合执法局办公室副主任杨明轩被选派到海勃湾区千里山镇团结新村担任第一书记。

团结新村是一个移民村，有人口 3600 多人，村民以种植蔬菜为主要经济收入来源，年收入微薄，全村通过精准识别确定贫困户 9 户 21 人。

驻村工作队到村里报到的第一天，村里正在组织召开党支部党员大会。“大家当时很不看好我们，觉得就凭我们几个怎么能让

杨明轩（右）帮助贫困户家换温室棉帘

团结新村富起来？”杨明轩说。从来到村里的那天起，他就暗下决心，一定要脚踏实地做好脱贫攻坚的每一件事，铆足劲儿带领村民奔向好日子。

为了尽快改变自己“外行人”的形象，杨明轩俯下身子，虚心向村“两委”成员学习请教，交流工作心得，每天在村民家中出入，向他们了解情况，反复思考琢磨，认真梳理自己作为第一书记的工作思路。特别是详细了解建档立卡贫困户的家庭情况和致贫原因，因人施策建立脱贫工作计划。

建档立卡户韩生海家因病导致生活困难，连支付孩子学费都有困难。了解到这一情况后，杨明轩帮助韩生海发展产业，从前期的备耕、选种，到中期的种植、修剪，再到帮助韩生海销售普罗旺斯西红柿。2019 年，在不到 4 分地的大棚里，韩生海家的普罗旺斯西红柿卖出了 16300 余元。村里的另一名贫困户看着韩生海的产业发展得有声有色，主动提出了帮扶申请。在韩生海的带动下，普罗旺斯西红柿已成为团结新村的主打农产品。

“只是单单帮扶建档立卡户也不是长久之计，还是应该发展产业，让村民们看到好的销路，才能激发他们自身的脱贫致富动力。”杨明轩常常思考。为了寻找出一条有效的小康之路，杨明轩在工作之余多走、多看、多问，在田间地头向村民学习农业知识，亲自试验引进的新型蔬菜品种。同时，他设置温室改造试验点，自筹资金开展低成本高效智能化温室大棚增温保温技术设计及试验。

驻村以来，他经常和村“两委”、村民、农业技术人员进行沟通，因地制宜帮助村民发展产业项目，建立了千里山镇团结新村蔬菜精拣配送项目，注册了“千镇团结新村”品牌商标。同时，倡导有机、绿色、无公害的种植发展模式，指导产业带头人帮助贫困户发展种植产业，签订捆绑销售协议，年均带动“消费帮扶”近百万元，全面激发脱贫的内生动力和活力。

2019 年末、2020 年初，新冠肺炎疫情来袭。正月初三，杨明轩就带着驻村工作队疾走在村里的各条巷道，排查人员流动情况，做疫情防控宣传，协调社会力量帮助村里收集口罩等疫情防控物资。人们大多都居家，停止了流动，但是地里的蔬菜没有停止生产。大棚里的蔬菜滞销了，数字从 3000 斤涨到了 5000 斤，然后就是 7000 斤，杨明轩坐不住了，通过和驻村工作队协商，临时决定

杨明轩帮助团结新村销售和配送蔬菜

让集体经济项目“团结新村蔬菜配送车间”站出来，承担起应有的社会责任。白天，杨明轩在疫情防控卡口值守；晚上，和驻村工作队成员一起在村里收装、分拣、包装村里的滞销蔬菜，然后再把蔬菜配送到居家的市民手中。半个月的时间，杨明轩带领驻村工作队成立的“蔬菜配送车队”行驶里程6000多公里，帮助村民销售各类本地生产蔬菜4万斤左右，解了村民的燃眉之急。

在杨明轩的带领下，团结新村党支部依托高效农业示范园区的优势，以现有果蔬种植为基础，打造“绿色采摘”一条街，同时结合民宿、农家乐等旅游发展项目，推动村集体经济发展壮大。

2020年，团结新村集体经济收入已突破30万元，村民人均可支配收入提升至2.8万元，集体经济和村民收入齐头并进，团结新村贫困人口全部脱贫，乡村面貌焕然一新。

在杨明轩看来，村里的事、农户家的事，就是自己家的事。几年来，他把自己当村里人，把村里人当亲人。他自费帮助贫困户子女课业补习，为解决团结新村和村民们生产生活中的难题，跑银行、民政、残联、医保等部门，忙前忙后的他从当初不被看好变成了村民信赖的人。

“杨书记常常牵挂我们的生活，帮我们找适合发展的产业，现在我们更有动力去搞种植、养殖，生活变得更加有奔头了。”说起杨明轩，村民们满满的都是感激。

杨明轩说：“参加脱贫攻坚工作是苦事，更是幸事，成为‘第一书记’，既是满满的肯定，更是重重的责任，也只有‘第一’的担当，才配得上这‘第一’的称号。”

2021年2月25日，全国脱贫攻坚总结表彰大会在北京隆重举行。杨明轩作为“全国脱贫攻坚先进个人”获奖者参加了大会，现场聆听了习近平总书记的重要讲话和谆谆嘱托。

“总书记的重要讲话我铭记心间，给我指明了前进方向，增添了无穷动力。今后工作中，我将进一步巩固团结新村的脱贫成果，将其同乡村振兴有效衔接。”当晚，回到乌海市的杨明轩分外激动地说。

全面推进乡村振兴战略的深度、广度、难度，不亚于脱贫攻坚。如今的杨明轩又奔跑在了乡村振兴的路上，续写他与团结新村以及千里山镇新的故事。

# 齐特格斯：大漠深处领路人

“风吹石头跑，地上不长草，天空无飞鸟，千里无人烟。”

阿拉善盟阿拉善左旗银根苏木地处中蒙边境，总面积 6573 平方公里，干旱少雨、风大沙多，冬夏季最大温差高达 70 多摄氏度，年均降水量不足 100 毫米，在此居住的牧民需要年年购买抗旱饲草料才能保证羊群供给。苏木所辖的达兰图如嘎查是一个纯牧业嘎查，通讯不畅、交通不便、产业单一，加之年轻人纷纷离去，留守放牧的多是老弱病残，牧民收入低且不稳定，贫困户较多。嘎查共有 111 户 299 人，建档立卡贫困人口 32 户 78 人，2014 年被识别为贫困嘎查。

齐特格斯在外求学几年后回到嘎查，2009 年，35 岁的他成为达兰图如嘎查村委会的一名委员，2015 年担任达兰图如嘎查党支部书记。

生于斯，长于斯，齐特格斯深知贫困群众生活的艰难，带领大家脱贫致富谈何容易。他怀着一定要改变家乡面貌的决心，义无反顾地担起了带领嘎查农牧民脱贫致富的重任，凭着踏实的干劲、执着的精神，在大漠深处走出了一条民富村和、奋斗图强的小康之路。

齐特格斯将脱贫攻坚作为工作重点，全力开展帮扶工作。多年的基层工作使他悟出了一个道理：脱贫致富关键是要用好政策，标本兼治。这个富有时代眼光、脚踏实地的蒙古族汉子，从群众最关心的焦点问题找突破口，积极争取“三到村三到户”“扶持集体经济发展”“兴边富民”等扶贫项目资金500余万元，对集中供水管

齐特格斯（左三）帮村民装玉米、过秤

网进行改造，对分散牧户采取挖饮水井、建储水窖的方式，让牧民就地用上了干净、安全的饮用水。布音乌力吉欣慰地说："以前开着四轮摩托车从10公里以外拉水，每年开支在两万元以上。现在家门口有了水井，用水特别方便。"

过去，牧民安全饮水一直得不到保障，有一半牧户居住在20世纪60年代建造的土坯危房里。齐特格斯忘不了小时候随父母住的土坯房，每次下雨过后都要不断修复房顶。他争取危房改造项目，为牧民新建砖房43套、维修老旧房屋39套，使牧民住房全部达到安全标准。

过去坐班车去一趟盟公署所在地巴彦浩特镇，一走就是七八个小时，一路颠簸，浑身都要散架。为了斩断穷根，齐特格斯因地制宜提出了发展梭梭种植、打造地方特色品牌的产业扶贫思路。在他的带领下，15户牧民种植梭梭3万亩，通过接种肉苁蓉实现了生态效益和经济效益的双赢。同时，积极发展舍饲养殖业，利用扶贫项目资金实施嘎查集体舍饲养殖项目，通过"扶贫养殖场+贫困户"的产业发展模式，带动32户贫困户走上了种养结合的发展路子，贫困户走出困境，嘎查集体经济实现持续增收。

银根苏木自然环境恶劣，但独特的地理环境造就了该地所产的白山羊绒品质极优。然而因为缺乏市场推广，当地羊绒收购价格一直较低，影响了牧户的收入。齐特格斯多次联系羊绒收购企业，为他们直接面对牧民搭建桥梁，创新优质优价羊绒收购新模式，同时推动产业转型升级。齐特格斯与鄂尔多斯羊绒集团对接，与企业建立羊绒优质优价收购长期稳定的利益联结机制，在羊绒优质优价上做文章。

功夫不负有心人。通过他的努力，如今当地羊绒收购价格每公斤达到了 310 元至 330 元，让牧户真正得到了实惠。同时，利用扶贫项目资金兴建了白绒山羊种畜繁殖基地，通过企业和牧户的深度合作，实施本地白绒山羊保质提升工程，引导、激励嘎查山羊养殖

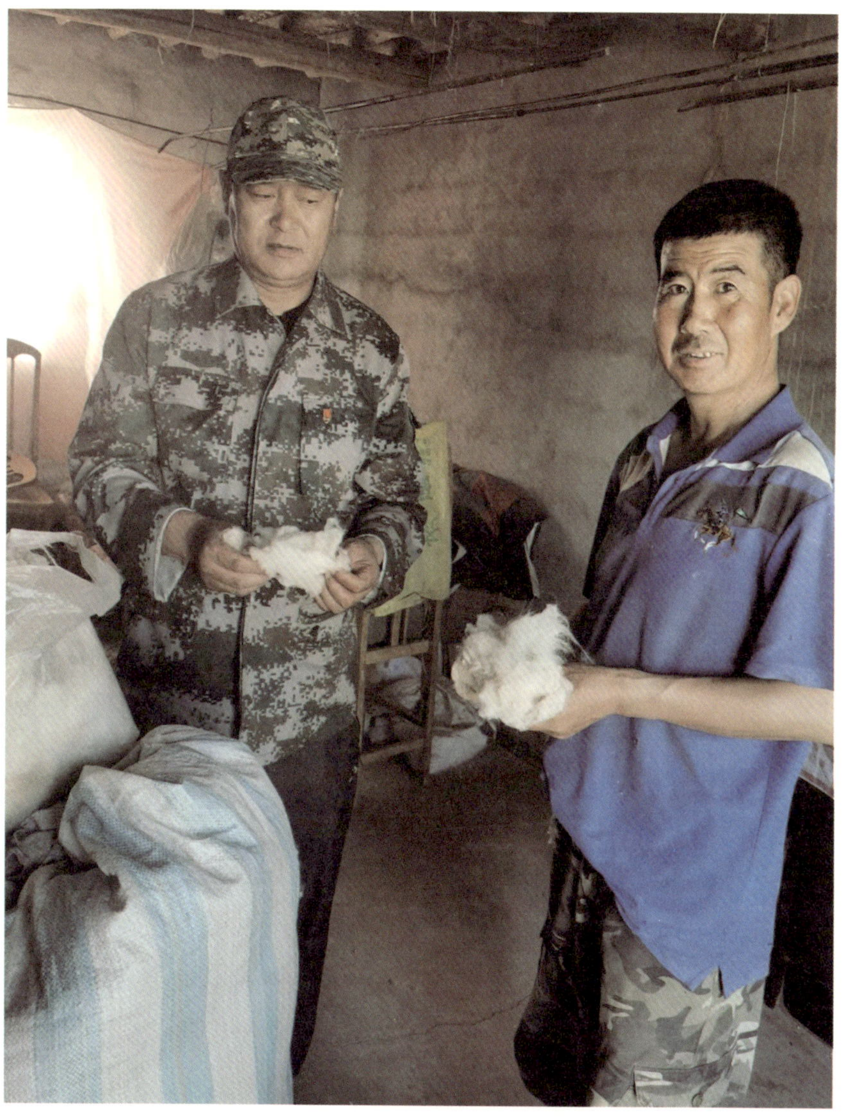

齐特格斯（左）给牧户介绍绒毛收购价格

户培育优质白绒山羊畜种，改良羊绒质量，加快推动传统畜牧业从数量型向质量型、效益型转变，让牧民走上科学养殖的致富快车道。

齐特格斯惦记着每个贫困家庭，每年都要组织党员前往缺乏劳动力的娜仁格日勒家帮忙剪羊毛；当听到布仁巴依尔女儿考入大学却没钱交学费时，他自掏腰包1万元，帮她渡过难关；为了抢救受灾牧民牲畜，他自家的羊被洪水冲走了20多只；引导小萨仁其木格做奶食品，并主动帮忙把货带到城里找买家……这样帮扶群众的暖心故事不胜枚举。

为整合资源，开拓市场，齐特格斯利用嘎查队部房屋开办了“牧民自己的商店”，将牧民的奶食品、奇石、手工艺品，以及缰绳、笼头等牧区生产生活用品进行集中销售。同时，开办“梦回银根”网络销售微店，用“互联网+基地+用户”模式打造畜产品放心供应链，建立起稳定的销售渠道，开辟了振兴当地产业、发展特色经济、促进牧民增收的新途径。

2020年，由于新冠肺炎疫情和旱灾的影响，达兰图如嘎查牧户急需饲草料却很难外出采购，齐特格斯便通过微信挨家挨户了解所需饲草料情况，并让供销社帮忙垫资购买送到嘎查队部，使每户至少减少500元开支。

齐特格斯任嘎查党支部书记七年来，嘎查经营性收入实现从无到有，目前集体积累已达370余万元；牧民人均可支配收入达到21816元，32户78人全部脱贫，牧民生产生活水平不断提高。2019年，达兰图如嘎查被评为“自治区级文明村”。2021年，齐特格斯荣获“全国脱贫攻坚先进个人”称号。

# 布仁其其格：“单车书记”的扶贫路

“布书记，你还好么？我想听听你的声音。”

“姨，我很好！您安全到儿子家了吗？一切都顺利吧？”

“我已经安全回到老家，见到了儿子！就是有些想你了。”

“您在儿子那儿安心住着，等天气暖和了再回孪井。叔叔走了，您别难过，想开点。好好在老家过个年，多注意身体，遇到问题尽管给我打电话，我一直在！您回来的时候，我去车站接您！”

2022 年春节前，阿拉善盟孪井滩生态移民示范区嘉尔嘎勒赛汉镇科森嘎查脱贫户王连英与盟公安局办公室民警布仁其其格亲热地聊了起来。王连英是布仁其其格曾经的帮扶对象，2021 年做了膝关节置换手术，腿脚不方便。王连英的老伴去世后，布仁其其格怕她孤单，时常与她打电话聊天，了解她的生活状况，有什么困难第一个跑上前去帮忙。

作为全国脱贫攻坚先进个人、第六届阿拉善盟道德模范，不论在什么时间、什么岗位，布仁其其格心中始终装着老百姓。

2016 年，布仁其其格积极响应党中央号召，主动请缨到科森嘎查开展驻村工作。科森嘎查距镇区虽然只有一公里，但村民居住分散，布仁其其格不会开车，步行又耽误时间，于是她就买了一辆

布仁其其格（左）帮助农户摘黄花菜

自行车，到任后仅用 15 天就跑遍了 34 家贫困户。翻开她写的民情日志，上面密密麻麻地记录了嘎查贫困户的家庭结构、生产方式、经济状况、问题困难及意见建议等，当年的工作情景历历在目。

在这条脱贫致富的路上，自行车成了布仁其其格的标配，无论在村头巷尾还是田间地里，无论是刮风下雨还是烈日当头，都能看到她骑自行车的身影，因此她被嘎查群众亲切地称为"单车书记"。

走访中，她充分发挥宣传员作用，紧贴党中央大政方针部署，向嘎查农牧民宣传讲解"不忘初心、牢记使命"主题教育、脱贫攻坚、扫黑除恶专项斗争等内容，激发贫困群众内生动力，增强他们改变贫困状况的信心。

布仁其其格刚上任就赶上了嘎查整治村容村貌。为了尽快熟悉情况，她和村民一起搬砖、倒柴草、打扫院落、慰问贫困户，在她的积极努力下，嘎查面貌发生了很大变化。

她还建立了定期走访、重点到访、座谈群访的问题查摆方法和单位帮联、党员结对、带头示范的解决问题机制，通过群策群力，精准制定对策，让帮扶更加高效。五年时间里，她与嘎查"两委"班子座谈交流不下 600 次，走访老干部、老党员 90 余次，让嘎查的 16 名党员结对帮扶 32 名贫困户，积极联系相关部门，为群众争取落实各项惠民政策 39 项。

彭海萍也是布仁其其格的帮扶对象，2017 年被检查出乳腺癌。2018 年，彭海萍的婆婆又被检查出胆管癌晚期，这对本就贫困的家庭来说，无疑是雪上加霜。布仁其其格积极协调嘎查、镇政府，帮他们争取到帮扶资金两万余元，通过落实新农合政策，医疗报销达到了 90% 以上，解了他们的燃眉之急。

2021 年，布仁其其格多次前往彭海萍家，询问病情和饲养鸡的情况。彭海萍开心地说："我身体好多了，现在帮厨，一月能赚 1000 多元。您去年 5 月份给我买的鸡苗，公鸡基本上全卖了，母鸡下蛋也能卖钱。"

看到彭海萍很好，布仁其其格放心了，问道："今年还想喂鸡吗？""还想喂，我重活干不了，轻活没有问题。"彭海萍回答。

布仁其其格对她说："这样积极地面对生活挺好！只要你有想法，我肯定帮你实现！但你要注意身体，按照医生的要求按时按点复查。"

2021 年，布仁其其格从腾格里经济技术开发区公安分局调到盟公安局后，又想起了科森嘎查的那个留守女童，知道她爱画画，专门买了水彩笔去看她。

"我在基层干了 26 年，尤其是当科森嘎查第一书记的几年，每天入户走访，和他们一起生活工作，感受到了农牧民的质朴。其实我所做的都是点滴小事，是一名基层党员干部应该做的。现在我虽然调离了原来的工作岗位，但在我心中，他们依然是我的帮扶对象，无论走到哪里，都放不下他们！"换岗不换责，布仁其其格始终将老百姓放在心上。

"给钱给物，不如建个好支部。"脱贫攻坚既是重大民生问题，也是重大政治任务。布仁其其格以抓嘎查党组织建设为主线，帮助嘎查"两委"更新制定村规民约等制度 15 项，评选各类先进典型 43 户 172 人，为嘎查群众树立了学习榜样。她积极探索产业带动集体经济发展，争取到产业发展精准扶持、节水灌溉升级改造等项目资金共计 245.9 万元，嘎查集体经济累计收入达到 38 万元。

为了贯彻好精准扶贫方略，布仁其其格以不脱贫不回头的决心，走家串户，与乡亲们话脱贫、聊发展，从村民心中找答案。通过制订年度工作、学习计划，开展主题党日活动、志愿服务等，帮助贫困户解决实际困难。帮助嘎查 24 户贫困户养殖鸡苗、杜博羊，鼓励贫困户根据市场调整产业结构，走出了一条产业脱贫致富路。2020 年，郭兵学通过承包土地、购买大马力农机，种 1800 亩土地，年纯收入达到 40 万元。

布仁其其格（右一）入户宣传疫情防控工作

她凭着一辆自行车和一腔赤诚，鼓舞了贫困群众的斗志，也让嘎查“两委”一班人的决心更加坚定。

新冠肺炎疫情防控工作开展以来，布仁其其格第一时间组织党员群众成立疫情阻击先锋队，设立党员先锋岗，依托网格化管理，以 7 个村民小组为战区，组织 14 名党员群众深入农牧民家中排查外来人口，累计排查 8260 户 27650 人，全力保障群众的生命安全。

在腾格里额里斯检查站疫情防控检查点，时任腾格里经济技术开发区公安分局副局长的布仁其其格，与全体民警辅警并肩抗疫，入户走访、排查车辆、核对信息、宣传政策，连续奋战 17 天，充分发挥了一名共产党员的示范引领作用。

她，无愧于“自治区优秀共产党员”“政法系统先进个人”“感动北疆·最美警察”的光荣称号。

# 王汉文：扎根基层十五载<br>倾情帮扶践初心

王汉文（左一）与贫困户交流

王汉文，内蒙古自治区兴安盟扎赉特旗巴彦乌兰苏木吉日嘎岱嘎查扶贫队队员，中国银行内蒙古自治区分行党务工作部干事。如今已花甲之年的他，投身帮扶工作十五载，用跨越1400公里的真情让被帮扶的群众走上了脱贫致富之路。

2006年夏天，内蒙古吹响了厅局定点帮扶兴安盟的集结号，王汉文从此踏上了扶贫的征程。

15年前第一次到巴彦乌兰苏木玛拉图嘎查时，当时的情景，王汉文至今记忆犹新。“眼看要到嘎查了，一条河挡住了去路。因连日大雨，绰尔河水位暴涨，淹没了河上的桥面。桥上走不了人，也过不了车。接我的人只好雇了一条小船，才摆渡到对岸。”低矮的土房、破旧的土墙、泥泞的街道……嘎查的一切出乎他的意料，心里有些畏难，怕做不好而辜负行里领导的期望。

行里领导看出了他的顾虑，鼓励他："别灰心，有困难，找娘家，遇到难题行里帮你一起解决。"这给王汉文吃下了"定心丸"，他暗暗下定决心，既然来了，就一定要做点实事。

巴彦乌兰苏木是典型的半干旱农业牧区，只能种植低产农作物，当地农牧民文化水平不高，加之地处偏僻、交通不便，被认定为国家级集中连片特困地区。

"首先要解决老百姓的吃饭问题，改变靠天吃饭的现状。"摸清了玛拉图嘎查贫困的原因，王汉文开始做起了帮扶规划。

一个笔记本，是王汉文珍藏多年的"老物件"。"这是在扎赉特旗参加扶贫座谈会时发的，可是我的宝贝，记载了我定点帮扶第一站玛拉图嘎查的事儿：2006 年打井 10 眼，投资 10 万元；2007 年购买绒山羊 250 只，投资 10 万元；2008 年买公牛 6 头值 5 万元……"日记本已经脱线掉页，但他对每一页的内容烂熟于心，因为这里承载的是民心所盼和自己的热血年华。

帮扶玛拉图嘎查的五年里，在王汉文的积极协调下，中国银行内蒙古自治区分行拿出 100 多万元资金，先后在嘎查完成 40 户危草房改造，打出 10 眼机电井，同时发放养殖业补贴，进行农牧民技能培训……群众的生活一天天好了起来，玛拉图嘎查的扶贫工作走在了前列。

2011 年初，中国银行内蒙古自治区分行的帮扶点被调整为巴彦乌兰苏木吉日嘎岱嘎查，行里征询王汉文是否想回呼和浩特，王汉文不假思索地说了三个字："接着干！"

吉日嘎岱嘎查地理位置偏远，自然条件恶劣，经济基础薄弱，是一个蒙汉混居的嘎查，总户数为332户，其中贫困户103户，贫困人口320人，属深度贫困嘎查。

来到吉日嘎岱嘎查后，王汉文马上与当地政府、扶贫工作队一道走村入户了解信息，组织村民代表、贫困户代表、嘎查“两委”班子座谈，深入开展调查识别。农户家炕头上、羊圈牛舍里、场院地头边……在一次次入户走访中，王汉文了解贫困户所思所盼，找准帮扶思路，乡亲们也将他当成亲人，有啥知心话都和他说。

帮扶工作从贫困户最关心、最现实、最直接的问题——为特困村民改造危土房入手。2011—2013年，王汉文协调银行资金115万元，对25户危房进行改造，实现了特困村民期待多年的安居梦。同时，成立农机合作社，购买大型农机设备，增加村集体收入；协调408万元贷款帮助116户贫困户购置小尾寒羊和肉牛……最让群

王汉文（左一）在田间察看芍药苗的长势

众直接受益的是，2013 年修建了 70 平方米防雹增雨炮台炮库，让农民免受雹灾之苦，改变了靠天吃饭的传统耕种方式。

在王汉文看来，授人以鱼不如授人以渔，要真正实现脱贫致富，产业发展才是硬道理。2015—2016 年，他为 31 家贫困户协调发放贷款 72 万元，引导农户发展种植赤芍。经过多次研讨，他决定依托当地畜牧业资源条件，以养牛带动嘎查大力发展集体经济，先后协调 33.2 万元资金托管于养牛合作社，采取“资金托管、保本分红”的方式运行，与养牛合作社签订了资金托管合同。每年分红得到的红利，通过嘎查环境治理补贴、大病救助、年老体弱慰问、生活困难帮扶等方式，全部用于帮助贫困户，形成了稳定的利益联结机制，为稳定脱贫提供了基本保障。

一系列行之有效的举措，使嘎查贫困户的产业基础不断加强，自主脱贫能力显著提升，集体经济不断壮大，群众的生产生活质量稳步提高。

王汉文每年一半以上的时间都在嘎查度过，很少陪伴家人。因为要经常沟通协调资金、项目，“打飞的”往返于嘎查和单位之间，成为王汉文的另一种工作常态，一年 10 万公里的飞行使陪伴他十几年的行李箱“光荣下岗”。就是这样一种忘我的精神，给了王汉文决战决胜脱贫攻坚不竭的动力，他在吉日嘎岱嘎查一待又是 10 年。

2018 年，吉日嘎岱嘎查率先通过内蒙古自治区评估核查，退出贫困村序列，实现整村脱贫。2019 年 10 月底，吉日嘎岱嘎查最后一家贫困户成功脱贫，贫困人口人均年收入从 2011 年的 2100 元增加到 10680 元，彻底摘掉了贫困的帽子。如今的吉日嘎岱嘎查，水泥路进村入户，崭新亮丽的房屋错落有致，集体经济蓬勃发展，这与王汉文刚来时冷冷清清、满眼凋敝的景象形成了鲜明对比。

2021 年 2 月 25 日，北京人民大会堂，王汉文作为“全国脱贫攻坚先进个人”获奖者，在全国脱贫攻坚总结表彰大会上接受了表彰。

“我在扎赉特旗定点帮扶了 15 年，是参与厅局帮扶时间最长的扶贫人员。以前我没有基层工作经验，到农村以后，乡亲们的淳朴善良教会我很多东西。扶贫虽然辛苦，但作为一名共产党员，肩负着责任与承诺，我无怨无悔。”王汉文认为，对他而言，驻村扶贫是一种锻炼，更是一笔宝贵的人生财富。如果组织上需要，他还将继续扎根基层，为乡村振兴贡献力量。

# 于智宝：同村民一道奔向幸福

“浓眉小眼、八字胡，四大‘法宝’走江湖。”这是兴安盟乌兰浩特市斯力很现代农业园区朝阳村流行的顺口溜，说的是驻村工作队队员于智宝。四大“法宝”说的是他用于融入朝阳村的电推子、电动螺丝刀、老虎钳、木工刨子这四件工具。

2017年11月，于智宝被国网蒙东电力选派为内蒙古乌兰浩特市斯力很现代工业园区朝阳村的驻村干部。驻村期间，于智宝凭着耐心、实干、真诚的个人品质，打破了驻村工作难的局面，帮助村民转变思路，发展产业。如今的朝阳村脱去旧貌改换新颜，村民们的致富路越走越宽、越走越顺。

驻村伊始，于智宝每天背着装有电推子、电动螺丝刀等工具的背包挨家挨户走访，给村民理发、维修电器，每到一户都与村民拉家常，了解他们的真实想法。沟通过程中，他给村民讲解国家扶贫政策，根据每家每户的特点有的放矢地开导他们，帮助他们拔除穷根子。

“很多贫困户都存在着‘够吃就行’的陈旧思想，想不到脱贫，更想不到奔小康。”了解了造成村民贫困的关键点，于智宝决定按照扶贫先扶志的思路开展工作，“一定要改变村民们落后的‘等、

于智宝（左）和村民交流养殖情况

靠、要’想法，培育致富带头人，带他们走出‘舒适圈’，才能致富奔小康。”

于智宝刚到朝阳村时，朝阳村的村会计是韩永刚，一个朴实憨厚的蒙古族小伙子。他工作热情高、做事机灵、为人忠厚，就是缺乏致富的勇气和决心。

“你这么年轻，就不想在村里做点更有意义的事吗？先养几头猪试试，哪里弄不清楚我帮你。”通过工作接触，于智宝逐渐和村干部熟络起来，获得了他们的信任，便慢慢劝韩永刚摸索开拓致富路子。

“养猪这事我从来没做过，能行吗？”韩永刚很犹豫。

2018 年 4 月 24 日一早，于智宝带着瓦工和水泥出现在韩永刚家。

“地方都替你看好了，走！垒猪圈去！”

就这样，于智宝带着韩永刚一步步养起了猪。于智宝自掏腰包给韩永刚买了 5 头小猪崽，还协调村里人“入股”。

“你们每人投钱买 3 头小猪送过来，到年底还你们一头大肥猪。”

从如何养猪到找到成猪的销路，于智宝跑前跑后给予韩永刚全方位的帮助。2018 年年底，韩永刚的猪舍出栏了 20 头大肥猪。于智宝又帮助韩永刚将猪舍扩大成了养猪场。村里人看到韩永刚养猪致富，纷纷加入养猪的行列。2020 年夏天，韩永刚养猪场存栏的猪发展到了 35 头。

在自己赚钱的同时，韩永刚还带动 15 户村民共同养猪，也逐渐在村民中树立起了威望。2021 年年初，朝阳村党支部书记换届选举，韩永刚高票当选。

“特别感谢于大哥各方面的帮助和照顾，让我快速成长。以后我要为村民多干实事、多干好事。”韩永刚说。

帮贫困户卖菜、卖鸡蛋；自掏腰包为贫困户购买更换电灯开关；给残疾贫困户家庭垫付电费；减免村民安装电表费用；与公司协调为村里免费安装变压器，并进行线路改造；积极争取资金建设文化长廊……这些看似寻常的“小事”，桩桩件件，于智宝都记挂在心，也正因如此，村民把他当亲人，家里有什么事，都愿意找他帮忙。

用心用情的于智宝，渐渐走进了贫困群众的心里，成了他们的知心人、贴心人。

朝阳村位于洮儿河、归流河交汇处，具备充足的水源。但由于村子地势高，农田引水灌溉是个麻烦事。村民们便选择种植灌溉较省事的玉米，从没想过优化种植结构。

“玉米每亩收入800元，水稻可是2000元啊。种水稻虽然比种玉米辛苦，但收益高，还旱涝保收。”于智宝不愿放弃这个致富机会，和驻村工作队队员挨家挨户做思想工作，帮村民算经济账。

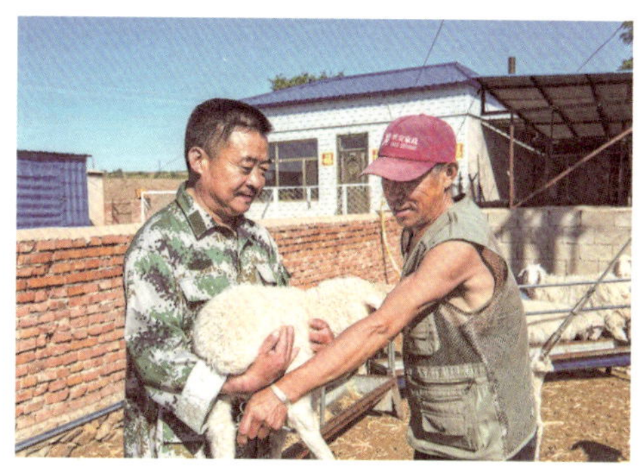

于智宝（左）和村民交流养殖经验

为了给种植水稻创造更充足的电力条件，于智宝奔波于国网兴安供电公司各部门协调农网改造，他争取到15.1万元资金，给用于浇地灌溉的8台变压器增容改造，为12户村民打了机电井，还给村里62户低保户、五保户争取到了电量减免扶贫政策。

2020年8月，于智宝又从当地政府和国网蒙东电力各申请了50万元资金，用于建立村里的稻米加工厂。

“于书记亲自设计了‘朝阳银珠’品牌和包装封面，忙前忙后跑销路，现在朝阳大米在乌兰浩特市也算小有名气了。”村干部贺福成说。

目前，朝阳村5000亩水田全部种植优良品种水稻，并在稻田里养殖鱼苗，年产绿色有机大米10万公斤。

驻村帮扶几年来，于智宝在朝阳村的辛勤耕耘换来了累累硕果，朝阳村由过去的三类贫困村一跃成为自治区级文明村、一类党支部、一类文明村。他制定了“周列会”“早调会”制度，让村级党建工作走上了规模化的学习轨道；销售鸡蛋两万多个、鸡鸭鹅猪等1万多只，资助了8名贫困大学生；在疫情防控一线，他连续战斗55个日夜，用实际行动彰显了共产党员的责任和担当。

于智宝用心用力帮扶，不仅得到了乡亲们的肯定，还连续多年被评为优秀驻村干部、优秀共产党员。2020 年，国家电网公司召开抗击新冠肺炎表彰大会，于智宝荣获抗击疫情先进个人、优秀共产党员等荣誉称号。2021 年，在全国脱贫攻坚总结表彰大会上，于智宝还获得“全国脱贫攻坚先进个人”荣誉称号。荣誉给了于智宝更大的责任和动力，对今后如何在村里做好巩固脱贫攻坚成果同乡村振兴有效衔接的各项工作，他信心满满。

# 赵志强：做群众的主心骨和贴心人

兴安盟扎赉特旗阿尔本格勒镇哈日础鲁嘎查（村）地处大兴安岭南麓，由于干旱少雨，土地贫瘠，人均收入较低，曾是国家级贫困地区。

赵志强积极推动当地木耳产业发展

2018年，经内蒙古移动通信公司党委研究决定，选派赵志强到哈日础鲁嘎查（村）开展定点帮扶工作。接到这个任务，赵志强心里还是比较忐忑的，一是怕辜负组织的信任，二是家中孩子正在中考的冲刺期。原来孩子一直是父母帮助照顾，但随着父母年纪越来越大，也显得力不从心了。但是，赵志强心中那个要为民办实事的想法总是让他热血澎湃，他认为在国家、公司需要他的时候，就应该义无反顾地冲上去。

2018年6月，赵志强便来到了哈日础鲁嘎查，看见这里的百姓还住土房、石头房，有的百姓吃水都困难，有的群众穿着破旧，他的心里很不是滋味，这也坚定了他想改变这个小村子落后现状的决心。然而，现实永远是“残酷”的：一个不足30平方米的房间中，半面炕两张床，炕上和床上横七竖八地躺着七八个村民，边说话边吞云吐雾。房间里没有厕所，只能到外面的旱厕；厨房的房顶破了一个大洞，做饭的用具只有马勺、蒸锅、煤气罐，筷子、餐具共同使用，苍蝇、蚊虫更是随处可见。这是赵志强刚到嘎查住所时的环境，与城市的环境形成了鲜明的对比，心理落差是难免的，措手不及也是肯定的。

摆在赵志强面前的还有一个大难题——语言，哈日础鲁嘎查一共410户1236人，98%以上是蒙古族。想要做好工作，日常沟通是基础，但是语言上的障碍让赵志强痛苦了好久。面对难题，他没有怨天尤人，这个不服输的41岁的汉子开始学习蒙古语，和村“两委”学，和驻村第一书记学和群众学，不明白的词语，就用“拼音+汉字”标注在笔记本上。一边学习语言、一边学习政策、一边入户走访摸底、一边梳理扶贫思路。就这样，经过一年多的努力学习加上对环境逐渐适应，他已经能够听懂日常蒙古语用语。群众们见他如此好学，在平时闲暇时也主动教他。

赵志强的到来给这个小村子带来了变化，周围的人看到了他的努力，也和他一起干。办公室、宿舍与大院的环境有了明显改善，纱窗安上了，桌上的菜品也丰富了。村部和村民一开始没办法理解他自费做这些究竟为了什么，但赵志强说，他就想通过实际行动来证明自己，证明他是来为村民做实事的。时间长了，人心被捂热了，大家也不拿赵志强当外人了，村民们都亲切地称呼他“老赵”。家里有什么困难，大家也愿意跟老赵唠唠。

要想富，就要有带动致富的产业项目。为了尽快找到适合当地的产业，老赵开始四处调研。在前期帮扶成果的基础上，赵志强积

赵志强（右）和村民交流木耳种植经验

极推动黑木耳产业发展，他利用当地昼夜温差大、日照时间长的特点，发动群众种植黑木耳。一开始，村民们都不相信能靠这个生活，毕竟村里多年的主要经济来源是农作物种植与饲养牲畜，“我一个牧民，我哪会种黑木耳”。这是当时村民的普遍心声。但赵志强并没有放弃，他与村部的同志挨家挨户走访，消除村民的后顾之忧。

贫困户赵青龙家两口人，老两口有劳动能力，原来是靠天吃饭，每年的种植收入在好年头时能有6000元左右，但是他们心里对种植黑木耳总是犹豫。赵志强了解到老两口主要的顾虑是怕卖不出去后，就多次到他家做工作，跟他们促膝交谈，老两口最终同意试试看。相对于当初的犹豫，现在赵青龙说：“志强推荐的扶贫项目好，我们在不耽误农活的基础上，通过种植黑木耳每年收入1万多元，这是原来想都不敢想的。”

在他们的努力下，村民们逐渐看到了黑木耳的种植收益，越来越多的人开始种植黑木耳。每年的黑木耳有一大部分通过旗政府与内蒙古移动公司的帮扶，解决了销售问题。现在，黑木耳种植已经成为扎赉特旗的特色产业。

为了达到因村施策、因户施策、因人施策，让贫困户多产业多项目致富，避免单一产业发展不顺利而造成贫困户经济收入大幅下降的风险，2018 年，赵志强与村“两委”在落实了黑木耳产业后，又根据“菜单式”扶贫产业清单落实了 633 只羊、84 头牛、3 匹马、1 头驴的养殖，目前这些产业发展势头良好。

在解决扶贫产业问题的同时，赵志强还积极推进当地网络建设，了解到哈日础鲁嘎查的 5 个自然村中有 4 个没有通宽带、1 个移动信号弱。学习网络专业的他便开始实地测试，并将测试结果形成具体的调研报告，积极与本单位沟通。根据调研结果，内蒙古移动通信公司投资 50 余万元对整个嘎查开展宽带网络建设，232 户村民全部用上了宽带。为了尽量减少村民的费用支出，他又协调公司出台相关扶贫资费套餐，真正地做到了利民惠民。2019 年 4 月，在赵志强的推动下，内蒙古移动通信公司追加投资 20 万元，完成道日干无线基站建设。至此，哈日础鲁嘎查实现移动宽带与无线信号全覆盖，极大地方便了群众的日常通信。

扶贫要与扶志、扶智相结合。如何激发贫困户的内生动力，这个问题一直困扰着赵志强，也是脱贫攻坚战的难点。他多方协调资源，实施了农牧民素质提升工程，开展激发内生动力扶贫政策大宣讲，旨在通过集中学习改变农牧民思想。与此同时，他在村里树立脱贫典型模范白乌云格日勒，让她在镇里和村里的大会上作报告，发挥榜样的力量，激发贫困户内生动力和比拼精神。他利用“美篇”等新媒体撰写扶贫报道，宣传扶贫经验、扶贫成效、脱贫典型等共计 37 篇，很好地支撑了全镇扶贫工作的开展，也让村民看到了致富的希望。他充分利用入户走访的方式，利用自身的能力去帮助村民协调解决各类问题，让他们感觉到温暖。

通过各级政府、村“两委”、驻村工作队、贫困户多方共同努力，形成了脱贫致富的合力，让嘎查（村）的经济发展驶入快车道，让嘎查（村）的村容村貌发生了巨大的变化。

2019年末，哈日础鲁建档立卡贫困户141户367人全部脱贫，贫困发生率从29.8%下降到0%。看着现在嘎查（村）的白墙蓝瓦和干净整洁的环境，赵志强的心中充满了幸福感。2021年2月，赵志强被评为“全国脱贫攻坚先进个人”，面对荣誉，赵志强却说：“和那些脱贫攻坚楷模相比，我做得还远远不够。”

# 李珺：从“扶贫妈妈”到“大青山的女儿”

2021年6月28日，全国“两优一先”表彰大会上，兴安盟突泉县妇联主席、一级主任科员李珺被授予“全国优秀共产党员”荣誉称号。

面对荣誉，李珺说：“奖杯再沉，也重不过党员干部的责任担当；奖牌再闪，也美不过父老乡亲的笑脸。”

在脱贫攻坚的道路上，李珺无疑是一道美丽非凡的风景。

2014年3月，李珺主动请缨，成为突泉县首批派驻的驻村第一书记。

来到双山村后，她首先建立与群众沟通交流的微信群，坚持每天在群内发布与农户相关的各项政策信息，并耐心为大家做解释说明。她还通过朋友圈为农户尤其是贫困户联系出售葵花、大豆、猪肘子、小笨鸡等农产品，并卖到了北京、上海等地，帮助农民增收。

过年时，孤寡老人桌上有她送的饺子；“三八”妇女节时，村里的妇女姐妹收到了她送的丝巾；母亲节时，她在网上购买拖鞋送给村里的每位母亲；中秋节时，村里60岁以上的老人都吃到了她送的月饼；村里年轻人的婚礼都邀请她参加；去世老人的葬礼上也

李珺获评“全国优秀共产党员”

少不了她慰问的身影；贫困户的病房里留下了她的关心和问候……

群众很感激她，纷纷向她竖起大拇指，她也更加赢得了大家的信任。

李素香家是村里的特殊贫困家庭，她患有精神疾病，爱人去世，留有一双年幼的儿女，70多岁的公公小脑萎缩，家里的生活举步维艰。李珺得知情况后，帮助他们新建了房子，送米送面、捐钱捐物，尽最大努力帮他们摆脱贫困。在李珺的安排下，李素香到医院接受治疗，李素香的公公到其女儿家生活。看到李素香上初中的女儿婷婷和患有自闭症的儿子辅正无人照顾，李珺非常心疼，就把他们接到了自己家。为了帮助辅正实现坐飞机的梦想，她自掏腰包带着孩子坐飞机去了趟阿尔山。辅正病情好转后，她又协调学校，帮助辅正走进课堂。

在那之后，又有 3 个贫困家庭的孩子相继寄住到了李珺家。6 个姓氏组成 8 口之家的故事，成为突泉县的一桩美谈。李珺也被大家亲切地称为“扶贫妈妈”。

她成了双山村村民的“好亲戚”，可她却顾不上需要陪伴的读高中的女儿和年逾古稀的父母、公婆以及生病在床的爱人。李珺经常说：“我不是一个好女儿、好儿媳，也不是一个好妻子和好母亲，但是我的家人都支持我，我更要担起这份责任，做一个让群众信赖的好干部。”

2017 年至 2019 年，李珺担任突泉镇党委副书记，分管党务和扶贫工作。她认为只有深入基层、扎根基层才能更好地为群众服务，也才能找到抓党建、促脱贫的好路子。两年时间，她访遍了全镇 41 个村、1326 名党员和 2205 户贫困户，找准症结把准脉，开对药方拔穷根，推动双山村党支部成为引领贫困群众走向幸福生活的坚强战斗堡垒。

为解决村中的剩余劳动力过多的问题，她多方协调建立手工扶贫车间，让贫困妇女在家门口就能就业，实现年人均增收 6000 元。她的一个又一个举措，不仅改变了贫困村的落后面貌，也增加了百姓的收入，更密切了干群关系。

2019 年 4 月，李珺到太平乡担任人大主席，分管信访工作。到任第一天，她就加入了全乡 21 个村的微信群，公布了自己的电话和微信号码。不到一个星期，她的微信好友就增加了 600 多人，大多都是有诉求的群众。她引导群众让信息多跑路，能通过微信、电话帮助解答的，就不让群众来回跑，无论电话还是微信她都有问必答、有访必回，太平乡信访办公室一时安静了许多，无一例越级信访事件。

此外，她还多方努力，化解了多年的信访积案，和老上访户成了好朋友。她以真心实意赢得了群众的认可，也为全乡脱贫攻坚工

李珺（右三）组建大青山巾帼志愿者服务队，参与全村公共卫生环境治理

作的顺利推进提供了有力保障。

面对脱贫攻坚艰巨的工作任务，她再次主动提出，申请担任大青山村驻村第一书记。

大青山村是当时有名的“多事村”，村民对干部不是很信任。经过一番调查了解，李珺从一条进县城的路入手，经多方努力协调后，这条多年无人问津的路终于修通了，村民开始对这个雷厉风行的李书记有了更多期待。

为改变大青山村的旧貌，李珺组建志愿服务队，与村干部和党员一起清理街巷卫生，在酷暑里连续奋战了13天，让大青山村的村容村貌焕然一新。街道变敞亮了，老百姓的心门也被打开了。

为了丰富群众的业余精神生活，李珺为村里协调建设了2000平方米的文化广场，组建了大青山百人合唱团，还专门建立了大青山村爱国文艺微信群，丰富了村民们的业余文化生活。在她的带领下，大青山村由过去的落后村一跃成为样板村、先进村。

李珺把大青山村百姓的冷暖放在了心间，把党的政策落到了实处，她的辛苦付出，百姓都记在了心里，大家亲切地称她为“大青山的女儿”。

熟悉李珺的人都说她精力旺盛、乐观开朗、不知劳累，在工作中是不让须眉的女汉子。可很少有人知道她不仅做过大手术，曾在手术室被监护9个小时，至今还需要每天服用甲状腺素。

几年来，李珺以勤勉务实的工作获得了多项荣誉，被评为“自治区优秀共产党员”、自治区“三创”标兵、“兴安盟先进工作者”“兴安盟优秀共产党员”“突泉县优秀党务工作者”“突泉县优秀驻村第一书记”。

不论是在突泉镇的双山村，还是在太平乡的大青山村，对每一位有困难的群众，李珺都嘘寒问暖，送去亲人般的关怀。在她办公室里，满墙的锦旗是当地群众对这位第一书记无声的赞美和鼓励。

“回顾这么多年的工作经历，我觉得只有把百姓的冷暖需求放在心头，工作才有目标和方向，才有热情和动力。”面对荣誉，李珺没有骄傲，她说，今后要继续以坚定的信念和执着的追求，践行共产党员的初心，以自强不息、服务人民的精神，诠释人民公仆的使命。

# 玲玲：一刻不放松 永做贴心人

“第一组继续排查外地返回人员情况，第二组走访各小区看看有没有群众需要帮助的……”2022 年 5 月 18 日一早，在呼伦贝尔市鄂温克族自治旗巴彦托海镇赛克社区服务大厅内，社区党委书记、居委会主任玲玲有条不紊地安排工作，紧张而忙碌的一天又开始了。

带领人民创造美好生活，是我们党始终不渝的奋斗目标，也是玲玲的工作信条。2000 年 5 月，玲玲开始在巴彦托海镇赛克社区工作，2009 年 6 月，担任巴彦托海镇赛克社区党委书记、居委会主任。自扎根社区开始，她一干就是 22 年，她的身影穿梭在社区的大街小巷，把人民群众的小事当作自己的大事，从人民群众关心的事情做起，从让人民群众满意的事情做起，不断地在提高服务质量上下功夫，她的无私奉献温暖着许多人。

“在社区服务群众，必须得想在前、做到位、抓到底。”谈到社区工作，玲玲娓娓道来。在她眼中，社区工作有两大特点——上有老、下有小，为做好这一“老”一“小”的工作，玲玲付出了许多心血。她开设特长班，让孩子们学习各种知识和技能，免去了家长的后顾之忧；邀请呼伦贝尔学院的老师，开办家庭教育讲座；联系

玲玲（右）对社区工作人员进行工作指导

驻区单位为贫困大学生捐资助学；为老年人补拍婚纱照；组建四叶草志愿服务团队……这些年，社区党组织通过点滴小事，不断拉近与老百姓的距离。

居住在赛克社区的残疾人现共有 350 余人，其中由社区长期帮扶照顾的有 12 人。残疾居民江萍在办理结婚登记时遇到了难题，按规定应该是夫妻双方一起到民政部门办理结婚登记，但是江萍身有残疾，上下楼不方便，于是玲玲联系民政部门工作人员，上门为江萍夫妇办理了婚姻登记。

社区部分居民搬迁至楼房之前，玲玲在入户走访时发现居民存在饮用水困难问题，她第一时间与相关部门联系，经过一个多月的奔波，为辖区居住平房的居民打了 65 口深水井，解决了群众的饮水问题。现如今这些居民都搬进了新住宅楼，虽然时间已过很久，但大家聊起这件事就会想起玲玲，对她赞不绝口。

“我想把社区党委建成被群众认可的党组织，让他们觉得做赛克社区居民很自豪。”玲玲介绍，赛克社区是一个大社区，总户数 3035 户 7742 人，设有 6 个居民小组，在原有辖区管理职能的基础上，还承担着河西新区近 1.7 万户的部分社区职能工作。赛克社区党组织作为坚强后盾，并且为了更好地做好社区工作，划分了 6 个网格，在每个网格上分别成立党支部或党小组，实现网格党组织全覆盖，并建立由社区党委书记担任总网格长、14 名党员社区工作者组成的专职网格员队伍。在各项工作中，社区党员、在职党员充分发挥先锋模范作用，“特别是一些老党员，他们的无私奉献，让我们很感动，也激励着社区工作者不断为群众提供更好更贴心的服务”。玲玲感慨地说。

赛克社区党委是鄂温克旗社区党组织工作的标杆，先后被评为“内蒙古自治区先进基层党组织”“呼伦贝尔市先进基层党组织”等。每年 7 月 1 日，社区都要举办党员重温入党誓词、表彰社区优秀共产党员、开展党建知识竞赛、邀请鄂温克旗医院医生到社区为老党员义诊等活动，既丰富党员的业余生活，又开展了党性教育。老党员徐德芹说：“玲玲书记经常组织我们看影像资料，听讲座，让我们及时了解党的政策，虽然退休在家，但感觉没脱离社会。哪家有困难，社区工作人员都想办法解决，不会光讲大道理不办实事。”因为不舍得离开，徐德芹几度放弃换房的念头，情愿住在社区的旧房里。

如今，赛克社区的居民越来越相信社区、相信党组织，群众的获得感成色更足、幸福感更可持续、安全感更有保障。

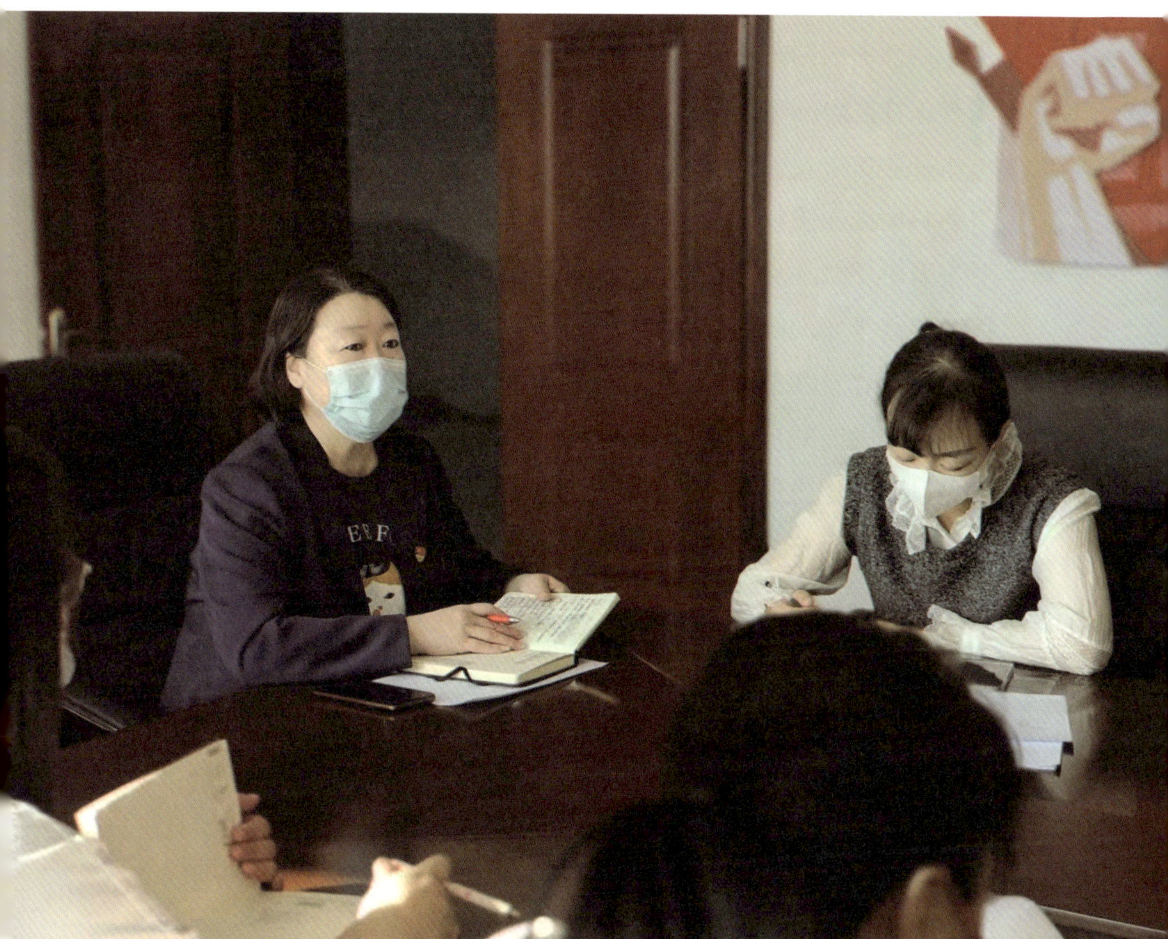

玲玲（中）与社区工作人员开会，安排工作任务

时间回溯到2020年初，在突如其来的新冠肺炎疫情面前，玲玲义无反顾地冲在了前面，毅然决然地选择做一名“逆行者”，与社区工作者们一道冲锋在疫情防控最前线，为百姓筑起生命安全的坚强堡垒。她顾不上即将高考的女儿和家中需要照顾的老人，与全体社区干部在零下30多度的严寒中走家入户，宣传疫情防控知识、排查风险隐患，耐心劝导不遵守隔离要求的居民，为居家隔离的居民做心理疏导，为糖尿病患者跑遍半个镇区购买药品和生活用品，为集中隔离的困难户申请临时救助。“疫情就是命令。再苦再累只要换来社区居民对防疫工作的正确理解，都是值得的。”玲玲说。

社区工作人员作为网格管理的骨干终端力量，每人平均肩负着几百户的排查任务。入户走访、电话咨询，坚持日报制度，将排查情况及时反馈、及时报告、有效处置，一切的工作都是为了守住基层这道最重要的防线。也正是因为长久以来持之以恒的点滴行动，社区工作者们以真诚的行动赢得了群众的认可。

在全国抗击新冠肺炎疫情表彰大会上，玲玲获得了“全国抗击新冠肺炎疫情先进个人”“全国优秀共产党员”荣誉称号。回想起当时的场景，玲玲言语间难掩激动的心情，“这虽然不是我第一次去北京，但却是我第一次去人民大会堂，被授予荣誉，我感到非常荣幸”。玲玲多次表示荣誉属于每一个为抗疫工作无私奉献的人，她代表的是集体的付出，是团结的力量。“这次表彰是对一线社区工作人员极大的认可、肯定和尊重。我做的事并不是很多，但是党和国家给予我太多的荣誉，这是对我莫大的鞭策和鼓励。这份荣誉不是我个人的，是属于我们呼伦贝尔和广大社区工作者共同的荣誉。”玲玲说。

# 王秀芝：搞科研就得有一股子钻劲儿

“王老师，您什么时候有空？”

“记者同志好，今天真不巧，我已经在调研路上了。”

“忙”是国家大宗蔬菜产业技术体系赤峰综合试验站站长、“科技兴蒙”重点专项主持人、赤峰市农牧科学研究所研究员王秀芝的工作常态。只要有机会，她总是“卷起裤腿”深入群众中去，真心替群众想办法，不仅为赤峰市设施蔬菜的蓬勃健康发展提供了强有力的技术支撑，也走进了老百姓的心里。

截至2020年底，赤峰市设施农业面积达到了174.7万亩。但随着种植年限的增加，设施土壤环境恶化、病虫害发生频繁严重等问题成为设施蔬菜健康发展的技术瓶颈。“地区级的农业科研单位就是要解决当地生产中实际存在的技术问题。”作为赤峰市设施蔬菜产业研究团队的带头人，王秀芝深感责任重大。她带领团队人员深入田间生产一线实地调研，寻找问题的根源，有的放矢开展科研攻关研究。利用农业生产的副产物谷子秸秆、玉米秸秆作为基质进行栽培基质的筛选，通过多轮的试验测定，谷子秸秆作为设施栽培基质在养分含量上高于玉米秸秆、菌渣等基质，为设施农业栽培提供了良好的基质配方。同时利用谷子秸秆、玉米秸秆等腐熟后还田

王秀芝（右）进行技术指导

开展应用效果研究，实现了变废为宝、秸秆还田。此技术的应用不但缓解了设施蔬菜多年种植造成土壤连作障碍问题，改善了设施栽培环境，还提高了作物的产量、质量。与此同时，王秀芝还探索出了适合赤峰设施大棚番茄种植的复套种栽培模式，这一模式改变了过去越夏茬大棚番茄只种植番茄这一单一作物，创造性地实现了越夏茬大棚番茄既能和菠菜、娃娃菜等作物复种，又能和甘蓝等作物套种的全新种植模式，有效地改良了土壤环境，从而帮助农民增收致富。

农业、农村、农民问题是关系国计民生的根本性问题，必须始终把解决好“三农”问题作为全党工作重中之重。“一粒种子能够改变一个世界！”种子是农业的芯片，也是农产品生产的源头，种子产业的竞争力决定一个国家农业和农产品的竞争力。

走进赤峰市农牧科学研究所的科研育种大棚，30 多度的天气，棚内潮湿闷热得犹如蒸笼一般，让人喘不过气。但对于王秀芝和她的科研团队来说，盛夏每天都要在这样的工作环境里工作 8 个小时以上，去雄、授粉、套袋……丝毫都不能马虎。

种子从育到繁，王秀芝有两个阵地：一个是研究所里的育种基地，一个是乡下的示范基地。夏天忙授粉，冬天忙育苗。每逢腊月、正月，便是辣椒春季育苗的关键期，尤其是在研究所推广工厂化育苗之前，王秀芝得天天往乡下的繁育基地跑。别人忙着置办年货，她却从一个大棚钻到另一个大棚指导育苗，往往要忙到腊月二十八方能回家。有时正月里农户有问题打来电话，她就得第一时间前去察看解决。

2007 年元宵节，赤峰市遭遇了一场五十年不遇的大风降温降雪天气。当时正值春季育苗关键时期，为保住农户培育的 110 万株辣椒苗不被这突如其来的降温冻伤、冻死，王秀芝冒着严寒四处联系商家购买加温设备。由于赶上过节，商店早已关门，她就按照商店门上留下的电话一家家地联系，费尽周折，终于找到了货源。王秀芝返回育苗基地时，已是晚上 7 点多，通往温室大棚的路早已被厚重的积雪埋住，车开不进去，她不得不和同事在齐腰深的雪地里往返十多次，才把所有加热设备抬进棚里。“那天的雪确实深啊，一脚踩不到底，当时也顾不上太多，就想着保住农户的每一株苗，还好 110 万株秧苗都没事。”提起那次经历，王秀芝仍记忆犹新。

“搞科研就得有那么一股子钻劲儿、韧劲儿和拼劲儿!”王秀芝的成功，源于对辣椒育种事业的执着。1990年，赤峰市农牧科学研究所让刚刚大学毕业两年的她主持新设立的辣椒育种工作，由于没有任何实践经验，王秀芝借鉴了玉米和高粱的育种技术，试用硫酸纸袋套在辣椒花蕾上，实施自花授粉，结果这一年育种全部失败了。这对善于钻研的王秀芝触动很大，她主动申请到中国农科院和呼和浩特市蔬菜研究所学习，最终掌握了辣椒授粉的隔离技术，由此迈出了辣椒育种的第一步。

经过多年努力，王秀芝做了3.5万余条育种数据记录，整整记了100多本，图片近万张。为辣椒产业增添了15个充满活力的新品种，并在全市率先引进了工厂化育苗技术，这项技术的推广，使全市的大棚蔬菜亩产增加10%以上。她的辛勤付出得到了社会的高度认可，王秀芝多次主持和参加科技部、农业农村部（原农业部）以及自治区科技厅、农牧厅和赤峰市重点科研项目，先后获得科技奖13项，其中获自治区科技进步一、二、三等奖各1项，自治区科技承包一等奖1项。

开展辣椒育种工作以来，作为主要选育人，她参与了“蒙椒4号”常规品种的选育，作为“赤研”系列杂交辣椒新品种的第一选育人，她主持选育的“赤研1号”“赤研270”“赤研16”“赤研18”等15个辣椒新品种，通过自治区品种审定委员会审(认)定，专家组一致认为她主持选育的辣椒新品种各项指标居于国内领先水平。这些新品种在内蒙古、海南、广东、广西、云南、山西、陕西、河北、辽宁、黑龙江等14个省区的46个地区推广种植，累计推广面积达410万亩。王秀芝对辣椒育种的执着，让无数群众受益，也为自己赢得了赞誉，她先后被授予“全国优秀共产党员”“全

王秀芝（中）在设施蔬菜新品种新技术现场观摩会与技术人员、种植户交流

国先进工作者”“全国五一劳动奖章”等荣誉称号。

看到希望才去干，是投资；因为干了而看到希望，才是党员的使命。在王秀芝看来，基层的科研工作者，身处创新的“末端”和推广的“前端”，要加大自主创新的力度，加快良种培育、引进和推广，把科研成果真正转化为现实的生产力，通过推进农业良种工程，为创新型国家建设贡献力量。在繁忙的科研任务之余，她不忘总结自己的科研心得，让辣椒科研育种工作薪火相传，在省级以上学术刊物上累计发表论文 30 余篇。

“科技是国之利器，国家赖之以强，企业赖之以赢，人民生活赖之以好。作为一名党员和基层科技工作者，我要加大自主创新力度，为科技兴国贡献自己的一份力量！”在人民最需要的地方，许许多多像王秀芝一样的共产党员挑起最重的担子、啃下最硬的骨头，凝聚起奋进新征程的磅礴力量。

# 关慧明：一心一意带领农民科学种菜的“蔬菜医生”

“你看这百合，下边的叶子有些发黄了。这几天抓紧时间用醋灌一下根，再提一下温度。”乌兰察布市冷凉蔬菜院士工作站内，关慧明带着技术人员穿梭在各个温室之间，采数据、测温度……一刻不停。

1980年，关慧明作为自治区第一批少数民族预科班学员考入内蒙古农业大学蔬菜专业学习。1985年大学毕业后，他主动要求到生产一线服务农民，回报社会。

37年来，作为乌兰察布市科学技术事业发展中心推广研究员，他从事蔬菜技术研究与推广，每年都有300多天在田间地头为菜农服务，培训10多万人次，指导近20万人次。

集宁区马莲渠乡罗家村是关慧明离开机关后来的第一个地方。罗家村全村共57户，户均年收入不足2000元。头一年，他组织农民在烂河滩上建了4栋温室，第二年发展到43栋，1995年每亩地收入就达到了8000元，家家户户买了三轮车和电视机。

罗家村、杨贵村、霸王河村等需要帮助的农民多起来了，遇到的技术难题也多了起来，怎么办？关慧明开始研究这些难题，用自己的工资到北京买实验材料、买图书，坚持在一线搞服务，几年

关慧明在分析实验结果

都没添过一件新衣服。他白天在地里调查病虫害发生情况，夜里在实验室寻找解决办法，每天都工作到凌晨，第二天再去田间验证效果。

1990 年，在去农村送药的路上，他乘坐的汽车翻入了深沟，他受了重伤，在医院昏迷两天才苏醒；2006 年为了帮助乌兰察布市集宁区三股泉村菜农防虫灾，他拔掉了输液管赶到一线；2008 年，他做阑尾切除手术的第二天，锡林郭勒盟的农民请他到现场察看洋葱出现的问题，情况紧急，他忍痛坚持到达现场，帮助农民渡过难关。

1997 年斑潜蝇大面积暴发，乌兰察布市集宁区霸王河村 1000 多亩黄瓜眼看就要毁于一旦。关慧明将自己研制的制剂送到村里，农民排着队来领取。2013 年，商都县洋葱发生病毒病，他无偿向农民发放了价值两万元的制剂，帮助农民挽回了经济损失。

就这样，他的事业从一乡一村逐步发展到全国十几个省、30 多个示范点。2003 年，关慧明被中华人民共和国科技部评选为全国第一批科技特派员，他将理论与实践相结合带领农民致富的新模式被称为“关慧明模式”。他还代表一线科技人员在联合国开发计划署的国际研讨会上演讲，受到了表彰奖励。

2008 年，关慧明系统总结多年的实践经验，提出了冷凉蔬菜发展战略，被确定为中华人民共和国科技部、内蒙古自治区、乌兰察布市“十二五”“十三五”重大产业调整战略。2009 年，冷凉蔬菜被科技部列入国家“十二五”科技支撑项目。2012 年，在自治区党委组织部和乌兰察布市委的支持下，他带头成立了全国首个冷凉蔬菜院士工作站，引进人才，组成团队，多年来共引进筛选新品种 848 个，选育新品种 8 个，在全国推广新品种 100 万亩，带动乌兰察布市冷凉蔬菜种植面积从 2 万亩发展到 50 万亩，纯增经济效益 20 多亿元，形成了乌兰察布市乡村振兴战略新兴产业。他带领乌兰察布市 50 余名科技特派员成立了科技特派员创业联合会，每年自有知识产权新技术推广面积达到 15 万亩，覆盖农民 5 万户 6.5 万人，在全国 13 个省市自治区均有推广，仅有记载的每年帮助农民实现增收 4000 多万元。

为了让更多的农民受益，关慧明在呼和浩特市武川县和海南省相继建立了 3 家冷凉蔬菜院士工作站、试验站。他还参编了《中国蔬菜栽培学》，著有《气流循环暨冷凉生态对农业的影响及利用》《中国冷凉蔬菜栽培新技术》，获得国家级科技成果两项，国家发明专利 5 项。

关慧明常说，科技人员的初心是用科技富民强国，要让国家和农民享受我们科研人员带来的成果。他带领项目团队研发出了 GC16 系列生态制剂，实现了有机、高效、绿色、安全的病虫害防治，达到了国际先进水平，为全国农业绿色可持续发展做出突出贡献，GC16-1（粉螨平 1 号）、GC16-5（灰霉平 5 号）被认定为国家级科研成果，在北京、黑龙江、海南、云南、内蒙古等全国 15 个省市自治区进行试验，均获得成功，2019 年由方智远院士、朱有勇院士团队在全国多地组织试验示范、产业化推广。

一年 365 天，关慧明很少有闲下来的时候。手机随时响起，政府工作人员找他、乡村干部和农民找他、农技人员找他、种子农药和蔬菜经销商找他，他是政府、企业、科研推广部门与农民之间的联络人，更是菜农眼中当之无愧的“蔬菜医生”。

多年来，他坚持义务为农民服务，经常给困难农户贴钱买种子送农药，义务给各地举办的蔬菜技术培训班讲课，免费为农民发送科技信息资料。把农民的事当成自己的事，关慧明一心一意带领农民科学种菜致富，从技术上探索学习，也在实践中不断提高自己。他先后获得国家、自治区、盟市各级各类奖励 31 项；2016 年被批

在关慧明（左）的指导下，农户的洋葱长势喜人

准享受国务院政府特殊津贴；2000 年、2010 年被评为“内蒙古自治区劳动模范”；2020 年荣获“全国先进工作者”称号；又先后获得“全国优秀科技特派员”“全国学习型职工先进个人”“自治区有突出贡献中青年专家”等称号。2018 年，关慧明当选为内蒙古自治区第十三届人民代表大会代表。

征途漫漫，惟有奋斗。“优质抗病甘蓝新品种筛选及示范推广”“优质胡萝卜新品种国产良种化及示范推广”“察汗淖尔湿地周边农作物节水灌溉应用研究”等重大课题，是关慧明下一步要努力的方向。关慧明表示，要把坚定的信仰和信念化为奋斗不息的行动，融入科技创新实践，立足乡村振兴，与农业共发展，与农民共奋进，在新征程上奋勇前行！

# 李一芝：“万能”的李主任 温暖的“娘家人”

在呼和浩特市回民区通道街街道办事处三顺店社区，“有事就找李主任”是居民们常说的一句话。这位在大家眼中无所不能的李主任，就是社区党总支书记李一芝。

李一芝在30年的社区工作中，用大爱之心让困难群众感受党的温暖，用真情奉献赢得辖区居民的爱戴，用自身的言行为周围的同志树立榜样。李一芝总说：“我在工作中牢记公仆使命，目的就是为了竭尽全力满足群众对美好生活的新需求，发挥‘小巷总理’的作用，让社区内充满正能量。”

“要想做好社区工作，就要清楚每一家的锅台在哪儿。”多年来，李一芝一直牢记着前辈们总结出来的社区工作“诀窍”。不管多么复杂艰巨的任务，她总是第一个冲到前线；面对复杂的矛盾冲突，她都能巧妙化解。

物业公司弃管撤走，欠缴自来水费，下水管道不通，居民家中暖气不热……2004年，初到三顺店社区的李一芝就面临着辖区内老旧小区缺乏物业管理的难题。李一芝带着工作人员一点点突破，深入社区居民家中了解情况，第一时间组织居民成立业主委员会，发动党员、社区居民广泛参与管理。为了及时解决小区暖气不热和下水管道不通的问题，她和请来的水暖工师傅一起跳进地沟了解情况。为让小区的遗留问题得到彻底解决，李一芝奔走数月申请到老旧小区节能改造项目，让 446 户居民的居住条件得到极大改善，真正暖到了居民的心坎儿里。如今三顺店社区的老旧小区整洁安宁、和谐美满，呈现出了管理民主、服务及时、费用低廉的新特色。

李一芝（一）

李一芝最常做的事情是走街串巷，了解居民的需求和生活状况，归类建档，她对辖区内每家每户的情况都了如指掌。扎根基层的时间久了，街坊们也把李一芝当成了"娘家人"。

2018 年，在李一芝积极筹备下，三顺店社区挂牌建立了博爱公益学堂，把 78 名单亲失依儿童、留守儿童组织在一起，招募志愿者，定期开展服务教育活动。健全各类课外辅导，带领孩子们开展爱国主义教育主题活动，丰富孩子们的课外生活。截至目前，公益学堂已开展各类活动 65 期。

此外，李一芝还多方整合资源，组建了智慧家长学校。开设家庭关系、烘焙、自理能力提升、化妆色彩搭配等课程，开展形式多样的家庭教育实践活动。目前已经开办 56 期课程，受益家长达 2000 余人次，每期参加学习的家长都爆满，得到了社区家长的普遍认可和好评。社区针对青少年开办"七彩乐园"；在社区"妇女之家”成立6支巾帼志愿者队伍，参与人数达180余人；为社区老年人建立“金色夕阳”居家养老照料服务……贴心的服务让三顺店社区成为居民们背后最坚实的依靠。

对于基层工作中的问题和难点，李一芝也总结和创新了不少行之有效的方法。她认为，社区服务工作也需要不断创新，这样才能满足居民群众对美好生活的多样化需求。

李一芝在社区公共服务站建立健全了首问责任、限时办结、AB岗、投诉处理等各项规章制度，提出了“出门一把抓，回来再分家”的“AB岗转换”服务新举措。采用网格红蓝民情单的办法，收集网格内发现的各类问题，建立民情台账，对居民提出的要求和发现的问题及时解决处理或第一时间向上级反映，打造让居民群众普遍满意的精细化服务。

“社区是一个大家庭，社区工作不能头疼医头、脚疼医脚，要有规划、有目标，要按照居民的需求，组织居民参与社区管理，开展好各类活动，把社区建设成为团结和谐的美好家园。”李一芝说。为改变以往社区唱“独角戏”的管理模式，李一芝积极引导驻区单位、社会组织广泛参与社区服务管理工作，推动共建共治共享治理模式建设，形成各方共同参与的“大合唱”局面。具体工作中，她创新性地提出了“蜂巢社区”发展理念——以社区为巢，通过开展公益项目和服务活动，引导各类社会组织、爱心企业加入社区公益服务，逐步形成各界力量在社区党组织引领下实现资源共享、项目共建、效益共赢的新格局，进一步帮助社区提供更加优质和全面的服务，弥补社区专业化服务不足的短板。

目前，三顺店社区共吸引“内蒙古芸公益”“呼市十方缘”“呼市方舟启智”“仁和家政”“沐馨社工”等35家社会组织入驻“蜂巢社区”，初步形成了“十分钟便民服务圈”，真正做到了想群众之所想，急群众之所急，为群众提供了便利、周到、多元化、全方位的服务。

2020 年 2 月，呼和浩特市发生新冠肺炎疫情，李一芝和丈夫、女儿组成“全家抗疫小团队”，冲锋在疫情防控第一线。

李一芝（二）

李一芝和她的爱人、女儿各自投身到工作所在的不同社区。为了在采样过程中让群众不受冻，不用排长队，李一芝和社区工作人员从凌晨开始准备前期工作，还要帮居民送餐买菜，做好卡口值守、排查等工作。一天下来，李一芝一家人有时只能通过手机互相问候一声。“我们只是所有战‘疫’群体中的小小缩影。”李一芝说。

“在这次疫情防控中，群众的支持和配合让我们特别感动。”李一芝说。疫情发生后，三顺店社区一些党员和群众主动担任小区的楼栋长、单元长。“社区有一位名叫孙志兴的老党员主动担任了一栋楼的楼栋长，每天起早贪黑地忙碌，参与小区值守。还有一对居住在祥和小区的夫妻，看到我们每天在帐篷里吃盒饭，总担心我们吃得着凉，专门给我们做面条、下馄饨，热乎乎地送到各个点位上。看到大家齐心协力凝聚在一起，能感受到来自基层的巨大力量。”李一芝说。

# 邢宇艳：做百姓信赖的贴心人

邢宇艳

她，身躯娇小，却似有无穷力量。她，对己近乎苛刻，对群众无微不至。她，不讲条件讲执行，干事总是冲在最前面。她就是通辽市科尔沁区团结街道百花新城社区原党支部书记、社区主任，现任通辽市泽信希望物业服务有限公司党支部书记的邢宇艳。

2009 年被评为自治区级社区先进工作者，2011 年被自治区民政厅评为首届“敬老孝星”先进个人，2015 年被评为自治区级劳动模范，2016 年被评为首届“小巷总理”，2020 年被评为全国劳动模范……这些荣誉是邢宇艳在 20 多年的社区工作中一心为民的最好证明。

1999 年，科尔沁区委组织部第一次面向社会招聘居委会干部，经历下岗波折的邢宇艳抓住了机遇，顺利通过笔试、面试，被分配到了团结街道的前身——清真办事处，担任党支部书记、代理主任。此后的20多年里，无论是工作，还是生活，邢宇艳都一直努力发挥着一名共产党员的先锋模范作用，她的一言一行也被社区居民看在了眼里，记在了心上。

邢宇艳是孤寡老人眼中的“邢闺女”。

她总说：“人老了更渴望亲人的关怀和家庭的温暖，这些老人没有儿女，我就是他们的女儿，社区就是他们的家，我要尽全力让他们没有后顾之忧，与其他老人一样健康快乐地度过晚年生活。”

2013年开始，每年元旦前夕，邢宇艳都会联系辖区企业开展“圆梦微心愿”活动，带领大家到社区孤寡老人家中探望，为他们买米买面，送衣送药，解决老人们的实际困难。“这闺女心眼儿好，经常来看我，送这送那，她就是我亲闺女啊。”符桂荣老人说。

2003年，邢宇艳认领了生病后流落于此的“三无”人员包久占，帮其做了截肢手术；2006年，她冒雨接送一名返乡无家可归的患病老人去医院检查，帮其办理了低保、租了民房、添置了生活用品；2018年底，“三无”人员韩淑芬骨折，邢宇艳联系到区政府服务中心志愿服务队为其打扫房间，还协助将其兄安置到福利院，安享晚年……记挂冷暖，无私奉献，邢宇艳和孤寡老人之间的暖心事数不胜数。

邢宇艳也是困难群众眼中的“邢万能”。

邢宇艳平时是个勤俭持家的好手，帮助社区有困难的居民从不吝啬。崔凯是社区低保户，患有尿毒症，一周一次的透析费要七八百元。妻子是一级肢体残疾，生活不能自理，孩子又年幼，一家人的生活只能依靠每月发放的低保金艰难维持着。得知崔凯家里的情况，邢宇艳很是着急。她每月到崔凯家里看望，送去生活用品和营养品；与通辽慈善总会、通辽红会等单位协调联系，为崔凯

邢宇艳被评为“全国劳动模范”

办理大病救助、社会救助等申请手续；与办事处民政办联系，根据崔凯家的现实困难情况，帮助他申请到最高补助金额的医疗救助款……邢宇艳对崔凯一家人的无私帮助如雪中送炭，让这个落魄的家又有了新的希望。“没有邢书记，我们根本不可能坚持下来，再多的话都不能表达我们的感激。”每每谈起邢书记，崔凯都激动不已。

在前些年的一次入户走访中，邢宇艳得知社区居民袁泽患淋巴癌无钱医治，只能在家依靠药物维持生命，马上将他家的情况反映给街道办事处，开辟绿色救助通道，在最短时间内帮助他家办理了城镇低保，还为他募集到了相关医疗救助和社会爱心救助。袁泽病逝后，邢宇艳与袁泽 5 岁的女儿袁越阳结成帮扶对子。每到春节、儿童节、国庆节等节日，邢宇艳都会带着学习用品和生活用品看望袁越阳，鼓励小越阳长大了要好好学习。如今，小越阳已经读初中了，学习成绩在班上一直名列前茅，也常常关心帮助同学，赢得了老师和同学们的一致好评。小越阳时常说，长大了要报答邢阿姨，也要像“万能”的邢阿姨一样帮助他人。

工作多年，邢宇艳是同事们眼中十足的“邢担当”。

在通辽市“双城同创”工作中，她带领辖区在职党员、社区干部，发动居民群众，拆除私搭乱建，营造创城氛围，积极开展卫生环境治理，多措并举，稳固辖区环境秩序，为创城工作贡献了自己的力量。在社区所辖的物业弃管小区中，东方集团楼私搭乱建现象最严重，拆除难度也最大。刚开始，能不能做通群众工作，邢宇艳心里也没底。然而，她做到了。仅仅用了 3 天半时间，凭借着多年跟社区群众建立的深厚感情，邢宇艳和相关执法部门一起说服了社区 19 户居民同意拆除违建。“我们小区的环境越来越好了，这多亏了邢书记啊。”每提起邢宇艳，居民们竖起大拇指是对她最好的称赞。

2020 年伊始，新冠肺炎疫情暴发，一场关系人民群众生命健康的疫情防控战迅速展开。盛世之下，总有人为万家灯火负重前行，邢宇艳也成为其中一员。2020 年大年初二，邢宇艳放弃与家人团聚的美好时光，参与到社区疫情防控工作中。按照上级要求，她走访排查重点人员，连续几天几夜穿梭在社区的每一栋楼宇之间，白天入户排查、张贴通知，晚上登记信息、建档立卡，确保做到全覆盖无盲区。

小区卡口工作人员任务繁重，工作时间长、环境差，邢宇艳看在眼里，急在心里。作为通辽市人大代表，她积极号召所在的第五代表团团员为卡口工作人员捐款，又联络市区两级包联单位捐物。

在她的积极奔走下，两天时间内联系到棉帐篷、棉大衣、行军床、小太阳、矿泉水、方便面、面包、火腿肠等物资，改善了卡口工作人员的工作条件。当注意到卡口工作人员只有简单的口罩、手套等防护措施，邢宇艳又开始琢磨怎样才能做到保证卡口工作人员健康的同时抗击疫情。最终，在包联单位通辽市审计局的技术支持下，开发出一套小区居民出入单机登记系统。系统依托采集完整齐全的居民信息数据，通过扫描身份证信息快速识别是否为本小区居民，同时可将居民进出时间和身份信息收录系统储存。系统操作简单、实用性强，大大减少了手工登记带来的交叉感染风险。

邢宇艳退休后，到社区所在的通辽市泽信希望物业服务有限公司工作。她充分发挥自己多年从事党建工作的优势，成立泽信希望物业非公党支部，以党建引领助推物业发展，通过找准民生需求，汇聚社情民意，切实提升了物业服务工作质量水平，进一步增强了广大居民的获得感、幸福感和安全感。

没有惊天动地的壮举，邢宇艳凭着一腔热血，履行着自己的使命，在日复一日的工作中，一点一滴地辛勤付出。“一名党员就是一面旗帜，哪里有困难，哪里就要有党员冲在第一线，即使再难也要坚持。”邢宇艳说。

# 孟三虎：牧民“领头羊”草原赤子心

位于内蒙古自治区乌兰察布市四子王旗东北边的白音朝克图镇山丹嘎查是远近闻名的明星嘎查。嘎查辖区面积共330平方公里，全嘎查80多家牧户中，有一半牧户的年收入能达到20万元以上，他们的养殖合作社被评为国家级示范社。牧民的日子之所以越过越红火，离不开带领山丹嘎查各族牧民脱贫致富奔小康的“领头羊”——山丹嘎查党支部书记孟三虎。

1969年，孟三虎出生在一个普通牧民家庭。1987年，他参军入伍，1990年复员后在四子王旗乌兰哈达苏木从事牧业生产，1990年12月加入中国共产党。1997年，孟三虎参加工作，历任四子王旗白音朝克图镇山丹嘎查支部副书记、山丹嘎查委员会主任和支部书记。扎根基层二十余载，孟三虎始终不忘党员初心、牢记为民宗旨，以崇高的党性原则要求自己，以建设文明、和谐、美丽草原为奋斗目标，兢兢业业、无私奉献，一心带领嘎查牧民把日子越过越红火。

1990年，孟三虎退伍回乡后，发现生他养他的这片土地已经没有了当年风吹草低见牛羊的景象。由于超载过牧和自然灾害频发，即便牧户辛勤劳作，收入仍然很低。

孟三虎被评为“全国劳动模范”

“那个时候，真是草原荒了，牧民穷了。除了养羊，我们啥都不会做，但养羊也快养不起了。”直至今日，孟三虎讲到 20 世纪 90 年代草原沙化、退化的情况时，仍痛心疾首。“那时候，牧民们知识储备不足，总觉得多养羊就是好的，导致草原负载严重，草地得不到喘息，就这样一年不如一年，我心急如焚。”

从那时起，孟三虎便在改变养殖模式的道路上不断探索，一步一个脚印向前走。他先后引进小尾寒羊、细毛羊、绒山羊等品种进行尝试，虽曾有过一些成绩，但由于缺乏防疫知识，羊群一度遭遇瘟疫大面积死亡，最终以失败告终。不过，凭借勤劳的双手，孟三虎家的日子还是一步步好起来。

1997 年，在牧民群众的推举下，孟三虎成为四子王旗白音朝克图镇山丹嘎查支部副书记。他肩上的担子更重了，他不仅仅关心自己的一片草场，更关心整个嘎查的草原生态，他深知这片大地不是自己这里好就好，是需要周边都好。他开始探索更加科学的养殖方式，追求实现产业增收和保护生态“双赢”的目标。

2009 年，孟三虎先行先试，带头引进优质杜泊种公羊，发展杜蒙杂交肉羊，这种杂交肉羊与传统肉羊相比，在同等情况下生长速度更快，饲养周期更短，出栏周转速率更快，所以草原恢复时间也会长，对草原依赖小，并且与之前相比，肉质更好了，收入也更高了。

为进一步发展壮大嘎查杜蒙肉羊产业优势，孟三虎组织成立了山丹杜泊羊养殖专业合作社，推行“党支部＋合作社＋牧户”的杜蒙肉羊杂交改良模式，带领嘎查牧民群众探索规模化养殖。合作社建成了占地面积 12320 平方米的暖棚、库房、饲草料加工车间、冻精站等硬件设施，并配备了 500 多万元的牧业机械，租赁草场 40 万亩，入社合作户达 70 户，养殖基础杜蒙母羊 2000 多只、杜泊种公羊 200 多只。合作社通过产前、产中、产后服务，降低了牧民的养殖风险，也有效抵御了市场风险，实现户均年增收 5000 多元，牧民合作化组织经营水平得到有效提高，实现了畜牧业持续增收。

为了让更多牧民加入合作社，孟三虎带领嘎查党支部班子成员，深入牧户宣传草畜平衡工作的同时，进一步加大发展高效畜牧业模式的宣传，每年组织全嘎查牧民召开现场会，让养殖能人示范户现身说法，牧民这才在真正意义上了解杂交肉羊的好处，现在全嘎查 80 多户牧民中，有 80% 都发展了杜蒙杂交肉羊。经过几年努力，山丹嘎查牧民彻底转变了传统的养殖方式，发展了现代高效畜牧业模式，全嘎查草场植被得到有效恢复，实现了产业增收和保护生态“双赢”目标。

多年来，孟三虎始终把老百姓的利益放在心上，急群众所急，想群众所想。20 多年来，他不厌其烦地为牧民们讲解创新养殖方式、保护生态环境的重要性，也不遗余力地为他们讲解传授养殖杜蒙杂交肉羊的方法，用心用情带领嘎查牧民朝着摆脱贫困、增产增收、发家致富的道路上阔步前行。

功夫不负有心人。如今，全嘎查 90 户牧户，其中年收入达到 20 万元以上的牧户，已占到总牧户数的 50%。每每提到孟三虎，牧民们除了佩服，更多的便是感激。

嘎查牧民刘爱平以前一直靠传统养殖生活，辛辛苦苦一年下来，也没有多少收入。2012 年，在孟三虎的再三引导下，他开始养殖杜泊羊、萨福克羊。经过近 10 年的发展，他的生活越来越好，买了楼房，开上了越野车。每当聊起孟三虎，刘爱平总有道不尽的感激：“我从 2012 年开始在孟书记的带领下养殖杜蒙羊，他经常来家里给我们做技术指导，在他的指导下，我们养的杜蒙羊越来越多，从最初的没有养殖经验不挣钱，到现在每年都能收入四五十万元。我们全家都非常感谢孟书记给我们的指导和帮助！”

作为一名退伍老兵，在脱贫攻坚战中，孟三虎也展现出永不言败的军人本色。他说：“脱贫工作是攻坚战、阵地战，一步一步抓落实，我受益于科学畜牧，我也要用知识经验回报这片土地，回报

孟三虎（右一）与牧民群众交流养殖情况

父老乡亲。”

面对山丹嘎查最后 19 户精准扶贫户，孟三虎常和党支部班子成员说：“他们不脱贫，我们的扶贫工作一天不停。”扶贫工作开展以来，嘎查党支部组织党员干部，认真学习了各级扶贫政策，时刻把贫困牧民放在第一位，党支部班子成员亲自与驻村工作队成员走村入户，认真摸底调查，详细了解每户的情况，精准识别贫困户，认真分析贫困户的致贫原因，制定了《山丹嘎查脱贫工作方案》，完善了一户一档资料，根据贫困户致贫原因，因人因户制定帮扶措施，并跟踪落实到位，经过几年努力，嘎查贫困户实现了全部脱贫。

在保护草原的道路上，孟三虎怀抱着一颗赤子之心呵护着养育他的这片土地；在脱贫致富之路上，他是牧民的“领头羊”，带领父老乡亲走出一条奔向小康的路；在党政工作中，他兢兢业业，无私奉献，以身作则，求真务实，为嘎查贡献力量。孟三虎先后获得了多项荣誉，2017 年荣获“自治区民族团结进步模范个人”称号，2020 年荣获“全国劳动模范”称号，2021 年荣获“自治区优秀共产党员”称号。

当谈到山丹嘎查未来的发展时，孟三虎胸有成竹地说：“下一步，我将继续带领大家发展壮大畜牧业经济，走少养、精养、增收的致富路。我相信，只要我们山丹嘎查全体党员干部和群众，心往一处想，劲往一处使，我们的日子就一定会越来越好！”

# 乔屹基：带头把壕赖村建成全国文明村

乔屹基，内蒙古自治区乌兰察布市卓资县梨花镇壕赖村人。在父老乡亲眼里，他是一个胸怀大志、脚踏实地的人。乔屹基的梦想是：改变家乡落后面貌，带领群众将贫穷落后的壕赖村建设成富裕村、小康村、美丽乡村。

经过 8 年的努力，他实现了青春的梦想：壕赖村成为富裕村、文明村。

2016 年，壕赖村被中央精神文明建设指导委员会命名为全国文明村。2021 年，村民人均纯收入 1.66 万元，人居环境得到了很大改善，现代农业、公共服务、旅游等事业蒸蒸日上。

乔屹基在不懈奋斗中，收获了诸多荣誉。2014 年，他被国务院授予“全国社会扶贫先进个人”称号。2015 年，被全国总工会授予“全国劳动模范”光荣称号。2016 年，他所在的党支部被中共中央组织部授予“先进基层党组织”称号。他还荣获过自治区级、市级“十大创业青年”“新农村新牧区双文明建设带头人”“劳动模范”“优秀党务工作者”“感动内蒙古人物”等荣誉。

循着乔屹基干事创业的足迹，我们可以感受到一位共产党员、青年致富带头人为老百姓谋福利的情怀。

合作社采摘园葡萄喜获丰收，乔屹基在采摘果实

20世纪80年代，乔屹基的家乡壕赖村比较贫穷，农民收入低，生活困难。

穷则思变。当时年仅16岁的乔屹基离开家乡，下海经商，兴办企业，积累了创业资金。

2004年，25岁的他返乡创业，他要做带领村民共同致富的带头人，把家乡建成社会主义新农村。

奋斗之路，就是解决一个又一个问题。

在壕赖村北面，有一条深山沟，每到雨季，沟里的山洪就裹挟着泥沙，冲淤沟外的农田。村里的土地本来就少，如若继续损毁，农民将失去赖以生存的根基。

乔屹基连续3年时间雇车拉石头、备沙料、买水泥，和农民投工投劳，动运土石4000余立方，回填土方18000立方，整修河道两公里，修建护地堤坝1160延长米，平整、恢复耕地300余亩，有效保护农田1000多亩，16户失地农民重新分到了土地。

地保住了，壕赖村的田野又生机重现。

乔屹基说："要想富，先修路。建设新的壕赖村，必须从修路做起。"

壕赖村通往县城和其他地方的村级道路，多年失修，路面坑坑洼洼，几处断面形成的陡坡常常使往来车辆抛锚。交通不畅，严重制约着村里的经济发展和精神文明建设。

乔屹基投入资金雇用推土机、挖掘机、平地机等，用一个多月时间，累计修通8公里乡村公路，壕赖村的交通条件得到彻底改善。

壕赖村的乡亲们吃水困难，浇地也因机井配套不够完善而难以发挥水利效应。乔屹基投入资金新打、维修机电井9眼，整修了渠系，为各家各户安装了自来水。

几处自来水地埋管冬天受冻，导致结冰爆裂，无法通水，乔屹基雇用翻斗车拉土覆盖，增加了土层厚度和保温层，解决了村里"吃水难"的问题。

乔屹基在家乡创业的这些年，个人先后投资1000余万元，为乡亲们办了三件大事：保护耕地、维修道路、水利建设。

乡亲们对乔屹基非常信任，2007年7月，乔屹基在乡亲们的选举推荐下，经过党组织考察、考核等，光荣加入中国共产党。

同年，他又报考成人自考大专班学习。几年后，他拿到了毕业证书。

2009 年 7 月，村“两委”换届中，乔屹基当选东壕赖村党支部书记，成为壕赖村老百姓的当家人、主心骨。

党支部书记乔屹基牢记为人民服务宗旨，以更高的要求鞭策自己。在村里的基础条件逐步改善的同时，他把长远发展的眼光投向农业增效、农民增收、共同致富的发展基调上。2009 年，他注册成立了壕赖村富民农村专业合作社，入股的农户有 101 户，共落实设施农业种植面积 522 亩。

秋后，合作社种植的大棚马铃薯、蔬菜经有关部门严格检验后，注册了“乔大个”和“大个头”商标，产品被销往呼和浩特、鄂尔多斯、大同、北京等地。

壕赖村的农产品第一次有了市场，每亩土地的经济纯收入达到 4800 元，较原来的旱田收入高出整整 10 倍。

之后，乔屹基又投资 270 万元，在合作社建起了脱水蔬菜深加工生产线，每天加工鲜菜 45 吨。建起了太阳能设备加工公司，农民在家门口就可以上班挣钱，种田、上班两不误，经济收入成倍增长。

在改善村民宜居条件方面，乔屹基争取项目新建集超市、医务室、活动室、浴池、餐厅、休闲六位一体的互助幸福院，建筑面积 9760 平方米，院内全部实现了硬化、绿化、亮化、美化，全村年老体弱、孤寡老人全部实现了老有所养、老有所乐的安居梦。

壕赖村交通便利，经流大黑河，有唐代樊梨花屯兵西征的点将台、阅兵场、武要古城等历史遗迹，因此发展乡村旅游业具有一

乔屹基（中）与村民一起包装反季节马铃薯

定优势。

2012年，乔屹基把旅游开发和新农村建设结合起来，建设了壕赖村旅游富民农庄。

农庄以山水庄园、绿色家园、民俗乐园、农耕庄园为主题，有餐饮接待中心、观光采摘基地、生态养殖基地、传统农家作坊、民俗文化广场五大区域。餐饮接待中心，由餐饮中心和垂钓中心构成。垂钓中心由100延长米的吊桥和7000平方米的鱼池构成，可供游客休闲垂钓。传统农家作坊占地面积700平方米，按照仿古风格设计，建有碾磨坊、豆腐坊、烧酒坊、酱醋坊、榨油坊等各种作坊12间。作坊所做食品所有原料均选用农庄基地所产的杂粮杂豆，是地道的纯天然、无污染的食品。游客到此，可在手工作坊里亲身体验农事活动的独特乐趣，也可实地品尝农家食品的醇厚风味。旅游农庄观光采摘基地，由水果采摘园和蔬菜采摘园组成，栽种了草莓、葡萄、鲜桃、李子、黄杏、桑葚、火龙果等10多种水果和圣女果、水果黄瓜等多种蔬菜。

如今，进入壕赖村，水上公园碧水与蓝天辉映，垂柳与涟漪牵手。游客可以乘坐艇筏游玩。水上栈道随微风起伏，岸边林荫游人如织。一眼望不到边的生态瓜果蔬菜采摘园，凤蝶翩翩起舞，翠鸟引吭高歌。

登顶俯瞰，田畴、村庄、幸福院、回廊、炊烟，如诗如画，色彩斑斓，动静相宜，完全是一幅浓墨重彩的山水画。

# 郝巴雅斯胡良：草原上的全能“羊专家”

郝巴雅斯胡良

位于毛乌素沙地腹地的鄂托克前旗荒漠草原，过去，草原畜牧业十分脆弱，受气候环境以及粗放生产方式影响，牲畜常常处于“夏壮、秋肥、冬瘦、春乏”的状况，经营效益低下，牧民增收缓慢。无论绒山羊的绒产量还是绵羊的产出率，都处于相对较低的水平。

如何在草牧场生态增效的前提下提高产绒量和绵羊产出率，成为当地农牧民群众亟待解决的难题。

20 世纪 60 年代，郝巴雅斯胡良出生在内蒙古鄂尔多斯市鄂托克前旗一户普通牧民家。他从小受父母熏陶，虽然生活艰苦，却养成了吃苦耐劳、肯于钻研的优秀品质。1987 年，他从内蒙古农牧学院（现内蒙古农业大学）毕业后，没有选择留在城市发展事业，而是毅然回到基层一线，在家乡的兽医站参加了工作。

风大沙多、干旱少雨，辛苦劳作的农牧民……这些故乡景象给他留下了深刻记忆，成为他回乡工作的动力，郝巴雅斯胡良下定决心要用自己的所学为故乡及乡亲做些事情。

1987 年 9 月，郝巴雅斯胡良在自家牧场防治绒山羊痘病的过程中偶然发现了绒山羊在暖季长绒的奇特现象，这一发现，让酷爱钻研的他眼前一亮，并深深“陷”入其中不能自拔。千百年来，绒山羊冬季长绒、暖季不长绒是自然规律，如果沿着暖季长绒这个方向探寻下去，是否能破解山羊增绒的“密码”呢？郝巴雅斯胡良踏上了漫长探索与研究之旅。

研究的过程曲折而艰辛，对于他的设想，有的人只认自然规律，还驳斥他：“你这个书呆子不知道在讲什么？”他去找老师咨询，查阅大量文献资料，但答案似乎无解。可是，此现象毕竟是事实，好奇与迷茫中，他暗里下定决心进行广泛调查和研究，同时开始设计方案，做起了试验。他组团建队，扎身牧区，和团队成员经常待在暗黑的试验羊棚观察、采血，一待就是几个小时。棚内闷热、蚊虫叮咬、气味难闻，但他依然坚持试验，没有电就点蜡烛熬夜处理数据，一次不行就两次、三次……反反复复，不分春夏秋冬，无论寒来暑往。

2007 年，郝巴雅斯胡良主持研究的绒山羊增绒技术终获成功。这项技术的核心就是在暖季通过光控技术，促进羊绒生长，使暖季羊绒生长如同冷季。

技术成果先后通过国家绒毛用羊产业技术体系、自治区科技厅组织的专家鉴定委员会分别鉴定：利用这种规律做出相应的技术措施用于绒山羊饲养管理，提高个体产绒量 50%，绒纤维不变粗，有效提高羊绒品质；草场产草量增加 59 ～ 71 千克 / 亩，盖度提高 5% ～ 11%，草原碳汇 86.4±21.3 千克 / 公顷；年平均每只羊因科技纯增收益 141.85 元，实现了生态效益和经济效益的“双赢”。

2009 年，“光控增绒技术”成功获得国家发明专利，2011 年 3

月、2012年4月，全国畜牧总站、国家绒毛用羊产业技术体系在鄂托克前旗先后举办了两次全国现场会，并争取到了国家重大行业项目和国际科技合作项目的支持。2019年，“光控增绒技术”被农业农村部评价为“国际领先水平”，其棚圈自动控制技术被中科合创评价为“国际先进水平”。这项技术成果已在蒙古国以及我国新疆、陕西、甘肃等地中试。绒山羊增绒技术被列入国家、自治区、鄂尔多斯产业发展规划和方案中。

郝巴雅斯胡良（左一）向专家介绍绒山羊增绒情况

郝巴雅斯胡良于1994年开始着手研究肉羊三元杂交生产技术，转变基础母羊一年一胎一羔、出栏一次的传统生产方式，形成基础母羊一年两胎或两年三胎、一胎双羔，羔羊短期舍饲育肥出栏的生产方式，在生态减压增效的前提下，大幅度提高产出、提升品质，达到二次增收，挖掘出生物多样性潜能和荒漠草地固碳量。

郝巴雅斯胡良和他的团队成员在研究过程中，先后对7个肉羊品种（品系）间分别进行循序杂交组合，反复试验，最终形成了现在广泛使用的“肉羊三元杂交养殖模式”，即对蒙古羊、小尾寒羊、国外纯种肉羊进行依次杂交生产，生产过程执行7项农业标准。放牧草场产草量增加59～78千克/亩，盖度提高5～13个百分点，草地固碳量每亩提高100公斤左右，年平均每只基础母羊因科技纯增收益 902.5 元，为户均 100 只羊以上的养殖户直接新增收益 7 万元以上。

每每看到这些时，郝巴雅斯胡良的脸上都不由得露出笑容。每一次的努力和付出，都凝聚了他的汗水和心血，看到农牧民增产增收的幸福指数逐年上升，他觉得付出是值得的。

他的创新故事中，除这些外，配套的生产模式还有 8 项，如“生态养羊模式”“三化草原快速治理模式”“牧业生产机械智能化模式”“3S 技术监管草原模式”“节能环保型设施农业模式”“大行距高低套间作高产种植模式”“按方种植配方饲喂养殖模式”“畜牧业信息化管理模式”等 10 个行业自主创新成果所组成系统性、整装性的荒漠草原农牧业生产新模式——荒漠草原生产生态质量技术创新体系，其中生态养羊、可视化自动饲喂机、牲畜智能饮水装置达到国内领先水平，三化草原快速治理模式、肉羊三元杂交养殖模式达到国内先进水平。

2012 年 9 月，农业部调研组深入实地察看了解详情后，在总结会上正式提出了“现代农业鄂托克前旗科技创新模式”。这意味着郝巴雅斯胡良的创新成果从此走出了鄂托克前旗，成为国家农业科技创新的一个典型模式。

从走出大学校门至今 35 载，郝巴雅斯胡良所主持的项目拥有知识产权成果 48 件、科研成果 55 项，形成关联配套整装效应的创新模式 10 个，而且辐射中国西部地区和蒙古国。2014 年成立的内蒙古自治区首个跨国院士专家工作站正式落户鄂托克前旗，成为连接中蒙科技发展的桥梁。

郝巴雅斯胡良先后获得鄂尔多斯市第七届市长质量奖、鄂尔多斯市科技进步奖一等奖、鄂尔多斯市中青年科学技术创新奖和内蒙古科技进步二等奖、三等奖。荣膺“全国先进工作者”“全国五一劳动奖章”“全国科普惠农兴村带头人”、中国好人榜“敬业奉献好人”“自治区突出贡献中青年专家”、自治区“草原英才”等荣誉。

# 董有林：带领全村致富的好支书

董有林

走进兴安盟突泉县杜尔基镇杜祥村，笔直的水泥路两旁，一幢幢新式房舍窗明几净，小轿车、电脑……家家户户寻常可见；塑胶运动场、休闲广场、文化大院等便民为民配套设施一应俱全；太阳能路灯、巨石雕刻、绿植造型，应有尽有，杜祥村尽显一派富裕和谐。

“多亏董书记帮忙，出资又出力，我才能住上这么舒适、宽敞的砖瓦房。”年逾古稀的王玉英老人说。

“我是杜祥村的老住户了，杜祥村的变化，我看在眼里，记在心里，如今我们杜祥人过上了城里人的日子，这要感谢老董。”老党员李玉印目光中透露着赞许。

人们口中所说的董书记，便是突泉县杜尔基镇杜祥村党总支书记董有林。

村支书，“官儿”不大，上任至今却十几年如一日，为当地群众的产业发展、生产生活、衣食冷暖四处奔忙……他带领干部群众，心往一处想，劲儿往一处使，拧成一股绳，向各级政府争取产业项目，引导村民发展奶牛养殖、禽类养殖、设施农业等富民产业，带领村民增收致富，将过去贫、脏、乱、差的杜祥村，打造成全国生态村和全国文明村。

村民王玉英和儿子一家 4 口一起生活，儿子先天性智障，住的是土坯房，夏天漏雨，冬天挡不住风寒。董有林看在眼里，急在心头，他积极争取，将其纳入危房改造范围，老人最终如愿住上了新房。

村里贫困户苑金玉春季种菜没有钱，找到了董有林。董有林二话没说借给他 5000 元，帮助他种了 5 亩胡萝卜，苑家当年增收 8600 元。

提起董友林，46 岁的村民李加树感激不已：“我家能过得这么好，多亏了董书记。当年是董书记联合几名奶牛养殖户为我担保，我借了 3000 元贷款，才购买了一头价值 6800 元的奶牛，当年就赚了 4000 多元。经过这几年滚雪球式的发展，我家有了 7 头奶牛，仅奶牛养殖一项收入就达 4 万余元。”

2002 年，当时担任村主任的董有林外出考察，看好了奶牛养殖这项产业。万事开头难，村民一年的收入还不够买一头奶牛，发展奶牛产业谈何容易！他带头先搞，农户见到了效益，纷纷报名饲养，奶牛由原来的 27 头一下增加到 180 头，奶牛产业成了全村的致富产业。

随着奶牛头数的增加，奶质参差不齐、牛奶销路不畅等问题接踵而来。为了打开牛奶的销路，董有林用自己家的房产等作抵押，贷款20万元购置了挤奶设备。2003年，蒙牛落户兴安盟，董有林又抓住这个有利时机，多方协调，建立起第一家与蒙牛签约的标准化机械挤奶站，占地面积2000平方米。

如今，全村有高标准的自动化挤奶站1个，奶牛托养所1个，全村奶牛养殖户144户，奶牛存栏650头，全年奶业产值300万元，户均增收1.7万元，杜祥村成了名副其实的奶牛养殖专业村。

2008年，突泉县发展禽产业和设施农业，董有林鼓足干劲，发动群众把村里废弃的耕地重新整合，建鸡舍和大棚，养鸡种菜，然后整体租给公司经营。村民同时也给公司打工，不仅实现了土地增值，还获得了劳务收入，实现了“双赢”。在他的带动下，该村建设标准化鸡舍20栋，年出栏肉鸡50万只；建起高标准“43”式温室大棚70座，年生产反季节蔬菜300万斤。村民户均增收1.5万元。

看到村里的剩余劳动力资源，头脑灵活的董有林牵头成立了经纪人协会，发展会员30多名。协会为农民协调贷款108万元，还购买42台农用运输车，农户利用农闲季节收购农产品，协会再把农户收购的农产品统一外销，让每户农民年获利5万余元。村民张祖明如今是远近闻名的商贸流通大户，他家里光大小运输车就有6台，自己投资建设了葵花籽加工生产线，建起了瓜子加工厂，并注册了“地果金嗑”品牌，葵花籽远销长春、沈阳、哈尔滨等地，效益十分可观。尝到致富甜头的张祖明信心满满，还要建新厂，更换先进的生产线，进一步扩大规模。

杜祥村在董有林的带领下，成立专业合作社5个，有会员203人，每年有50多万公斤的农副产品远销区内外。全村搞运输的有70多户，年收入都在10万元左右。

富裕起来的杜祥村人有了更高层次的精神追求，董有林又开始在改善村屯面貌、树立乡风文明、提高村民素质上下功夫。他从吉林省农村设计院聘请专家，为杜祥村做了详细的村屯发展规划。在他的带动下，村民和村干部心往一处想，劲往一处使，拧成一股绳，建设新农村。敬老院、幼儿园、运动场、休闲广场、文化大院、服务大厅等便民为民配套设施一应俱全，杜祥村成了突泉县农村里的“小县城”。全村涌现出文明人 89 名、文明户 165 户、文明庭院 165 个、文明小组 3 个，杜祥村也因此成了全国生态文明村。

董有林察看大棚里蔬菜长势

董有林自 2005 年担任村党总支书记以来，杜祥村村民人均年收入增加，家家户户住上了新房，有的还开上了小轿车，日子越过越好，人们勤劳致富的热情越来越高。

“为群众办一两件事不难，坚持几年也不难，但董有林十几年如一日为我们找项目、发展产业，真是难能可贵。”杜祥村的村民们说。董有林却说：“既然我接了这重担，就要为百姓办事，让老百姓认可。”

提起董有林，村民满是赞扬：“咱有困难第一个想到的就是他。”“咱有啥高兴的事儿第一个想到的也是他。”“一句话，俺们就需要这样的书记，就需要这样的人大代表。”

董有林连任自治区第十一届、十二届、十三届人大代表，先后获得“全国五一劳动奖章”“全国科普带头人”“功勋党支部书记”“全国劳动模范”等荣誉。

面对多项荣誉，董有林非常谦和地说：“能够帮上村民，让村民过上好日子，我就不感觉辛苦，就没白忙，这就是我最大的快乐。”

采访中，这位已经年逾花甲的村书记给人最大的感受就是忙，特别忙，闲不住。“山上着火了，我得上山看看去，不能跟你说了……”“村民家里有事，我正开车赶过去……”董有林快人快语。

“作为一名村支书，我深感责任重大，赶上现在这个大好时代，带着群众干，我们一定都能过上好日子。新时代的新农村，一点也不比城里差。我要践行一名共产党员的初心和使命，用实际行动把杜祥村建设得更加美好。”董有林一直坚守着他的初心。

# 沈建平：草原的守护者

洮儿河两岸稻谷飘香，科尔沁草原牛羊肥壮。兴安盟 1/3 是草原、1/4 是森林、1/5 是湿地，天蓝、地绿、水净、空气清新。

良好的生态背后，离不开无数坚守一线的工作人员，他们为守护这片美丽草原默默奉献着，兴安盟种子管理站站长、二级农业技术推广研究员沈建平就是其中一员。

1981 年 8 月，刚刚毕业的沈建平被分配在兴安盟草原工作站工作。当时，兴安盟草原正处于退化阶段。面对这一状况，沈建平带队深入草原深处，进行大量调查研究，发现除了气候原因外，草原鼠虫害大面积滋生，是草原生产力持续下降的重要因素。2008 年，一直坚守草原建设与保护一线的沈建平，被任命为兴安盟草原工作站站长。

通过多年来在草原工作站的经验积累，在掌握第一手资料后，针对草原鼠虫害大量滋生的问题，兴安盟草原工作站积极争取建立了“草原蝗虫综合防治技术推广项目”和“内蒙古草原害虫生物防治技术推广应用技术的推广项目”。通过项目的实施，兴安盟两个旗县及时收集、分析观测数据，积极报送鼠虫害预警信息，减少了农牧业损失，遏制了草原虫害，实现了草原生态的相对平衡，为兴

沈建平用智慧和汗水守护美丽草原

安盟草原生态建设和保护作出重要贡献。两个旗县成为“全国无鼠害示范县”“全国草地螟监测站”，两个项目均获得“内蒙古自治区农牧业丰收一等奖”。

为了更好地保护草原，沈建平主导建立了全盟鼠虫害预警体系，成立了草原鼠虫害预警监测中心，设立了155个观测区，确定农牧民测报员155人，旗县市测报联络员30人，重点控制面积1630万亩，实现了对草原鼠虫害的全方位监控，这项工作得到了农业农村部的认可，并作为先进经验在全国进行推广。

2010年，兴安盟草原工作站承担了自治区下达的草原普查任务。为摸清全盟草原资源底数，查清草原资源状况，沈建平带领全体职工，把辛劳和汗水浇洒在兴安盟大地上，高质量完成了草原普查工作，并获得肯定和好评。

在全面掌握全盟草原现状后，通过大量工作和调查研究，沈建平牵头组织兴安盟草原工作站和旗县草原工作站共同开展了全盟首次草原虫害飞机防治工作，填补了兴安盟这项工作的空白。同时组织实施大型机械治蝗、牧鸡治蝗，推动了兴安盟飞机防控和生物防控工作的进展。一系列先进技术的应用，开创了兴安盟草原病虫害现代化防治的先河。共同完成草原虫害飞机防治 478.9 万亩、大型机械及牧鸡防治 422.05 万亩，飞机防治新增纯收益 4310.1 万元，为农牧民挽回经济损失 6100 万元。由于经验先进、技术过硬、可操作强，一系列技术的应用也为全国草原虫害防治提供了可参考模式。

由沈建平首次提出并建立的农牧民义务测报员体系，使草原鼠虫害防治由抗灾转变为防灾减灾，此项工作得到农业农村部畜牧司草原处的好评，并被全国畜牧工作总站作为典型在全国进行推广，也为兴安盟累计治虫治鼠面积达 1478 万亩，减少牧草损失近 8 亿公斤，为农牧民挽回经济损失 2.4 亿元。

2019 年，在草原保护工作中奋战 38 年的老将沈建平，被调往兴安盟种子管理站任站长。在深入细致的调查研究基础上，他提出把工作重点放在服务方面，以管理技术支撑和品种评价为突破口，引导种业创新保护种质资源，发展自有知识产权的品种为育种方向。为了更好服务种业，他坚守一线，积极调研种子企业需求，通过推行企业承诺制，在内蒙古自治区开创中草药种子生产经营许可的先河，为全区中草药种子经营许可证的办理提供了切实可行的参考，同时为中草药种业的发展提供了先机。

40 年来，沈建平除了从事草原建设与保护、种子管理工作外，还先后从事家畜改良、兽药供应等工作，特别是在家畜改良方面，

沈建平在检查牧草的病虫害防治情况

他作为“优质细毛羊选育及良种繁育体系建设”项目的主要参与人，完成了该项目种羊引进、选育、技术推广等各个环节的工作，提高了兴安细毛羊的生产性能，该项目也因此获得“内蒙古自治区农牧业丰收一等奖”。在牧草种质资源保护方面，他组织实施了兴安盟地方苜蓿品种“图牧二号”的保护、扩繁和推广工作，完成保种基地牧草种植 3700 亩，为今后优质高产牧草品种的大面积推广、种植提供了种源基础。

2020年初，在新冠肺炎疫情防控中，58岁的他不顾自身安危，第一时间投入疫情防控一线，圆满完成监测点疫情防控任务。同时，为了在疫情期间顺利开展春耕生产，巩固产业扶贫成果，他积极组织全盟种业企业参与兴安盟农牧局组织的种业扶贫“春风”行动，为建档立卡贫困户捐赠玉米、水稻良种，共帮扶贫困户200余户，技术培训人员800余人，提高贫困户收入，共计30余万元。

从一名大学毕业生成长为草原守护者，沈建平充分发挥自己的专业技术特长，创新性地开展工作，为草原增绿、农牧民增收提供技术保障。他先后获得“全国先进工作者”“全区先进工作者”“草原英才”“内蒙古自治区突出贡献专家”等荣誉称号。

40年来，沈建平作为兴安盟草原生态建设领头人，为改善兴安盟生态环境、提高农牧民收入不懈奋斗，为把内蒙古建成我国北方重要生态安全屏障贡献着自己的光和热。

# 白晨：内蒙古甜菜学科带头人

内蒙古是国家甜菜种植的主产区。作为一种收益较高的经济作物，甜菜种植与种植户脱贫致富、实现小康紧密相连。在内蒙古自治区农牧业科学院，有一位为甜菜种植事业默默奉献30多年的甜菜专家——白晨。

1983年，白晨从内蒙古农牧学院（今内蒙古农业大学）农学系毕业后，便一头扎进了甜菜科研之中，一直在内蒙古自治区农牧业科学院从事甜菜研究，曾任内蒙古自治区农牧业科学院副院长 、二级研究员。

他研究的主要领域是甜菜杂交优势利用与遗传改良，甜菜分子标记与转基因技术，农作物种质资源收集、评价、利用与创新。在甜菜遗传单芽抗丛根病雄性不育杂交种育种、甜菜抗丛根病高效育种技术、饲用甜菜研究等方面成果显著，居国内领先水平。随着一项项科研成果的诞生，他也成了国家糖料（甘蔗+甜菜）现代产业技术体系甜菜首席科学家。

在科研领域，成功的背后往往伴随着不为人知的艰辛和曲折。在实验室，除了器皿，就是三两人的空间，他们思考、观察、交流……在田间地头、空旷田野，日日的风吹日晒让白晨的皮肤变得

白晨在田间察看甜菜长势

黑黝黝的。但他深知，只有长久的耐力和辛勤的付出，才能获得饱含汗水与智慧的结果。

20 世纪 80 年代中后期，内蒙古甜菜生产中甜菜丛根病危害日趋加重，造成甜菜根产量大幅减产，含糖率严重降低，给糖农和制糖企业造成重大经济损失。甜菜丛根病是国内外甜菜生产中的一种毁灭性的病毒性病害，该病在甜菜界被形容为甜菜癌症。该病一旦发生，便难以防治，成为当时制约我国特别是华北、西北地区甜菜生产和制糖业发展的一大障碍。1990年，白晨针对甜菜生产中甜菜丛根病危害日趋严重的情况，积极整合资源，调整和组织科技人员进行重点攻关。经过近15年的努力，育成一批抗丛根病性强、含糖率较高、适应性较广，适合我国育种目标的单芽抗丛根病雄性不育系和优良抗丛根病授粉系亲本材料。

特别是在2001年，他主持“十五”国家“863”计划项目，即“甜菜丰产、优质、多抗新品种选育技术研究”课题，利用研究提出的甜菜抗丛根病高效育种方法，实现了室内早期、快速、准确选择抗丛根病植株，提高了抗丛根病选择的准确性，缩短了育种时间。这一甜菜抗丛根病高效育种方法，被国内主要从事抗丛根病育种的单位应用，受到国内同行充分肯定。

15年的艰苦探索，其间的故事、感人的细节，通通蕴藏在白晨漫漫成长之路。

他先后荣获“全国五一劳动奖章”“全国优秀农业科技工作者”“全国先进工作者”“内蒙古自治区杰出青年科技标兵”“内蒙古先进工作者”“内蒙古自治区优秀科技人员”“内蒙古自治区杰出人才奖获得者”“草原英才”等称号。

他主持完成和参加的科研项目及成果获自治区科技进步一等奖4项、二等奖1项、三等奖3项；农业农村部丰收奖一等奖两项，自治区农牧业丰收奖一等奖两项；发表论文50余篇，出版专著6部。

科研贵在求真务实。农业科研，面对的是农民和土地，是最接地气的科学研究。白晨成长在土默川黑土地，不仅为人朴实，而且做事扎实，一步一个脚印，白晨及其团队的科研成果都以最快的速度转化成了生产成果，白晨也成了农民脱贫致富奔小康的贴心人。

在农科院，白晨以严谨的科研态度受到同行们的敬仰。

21 世纪初，针对大量青壮年劳动力外出的情况，减轻农民劳动强度就成为大家最迫切的愿望。白晨从 20 世纪 90 年代末就组织科技人员开展这方面的研究工作，于 2006 年育成了我国第一个集遗传单芽、雄性不育、抗丛根病于一体的甜菜品种甜单 1，在区域

白晨（中）在实验室分析、讲解实验情况

试验和大面积生产示范中平均含糖率突破 17% 以上和根产量超过 60 吨 / 公顷。2010 年又育成单芽抗丛根病雄性不育杂交种内甜单 2，在区域试验和大面积生产示范中平均含糖率 16.74%、根产量 73.07 吨 / 公顷。2014 年后又育成内 2963 的单芽抗丛根病雄性不育杂交种 4 个。

这些品种的育成，为我国实现甜菜纸筒育苗移栽、精量机械化播种等高效栽培技术以及对丛根病进行综合防治提供了可能。专家组鉴定认为：白晨的科研成果很大程度上改变了近几年来我国遗传单芽抗丛根病品种主要依靠国外引进的现状，从而为确保我国甜菜种子数量安全和质量安全，为摆脱甜菜种子受国外控制这一潜在危险将起到很重要的作用。当然，也大大减轻了农民的劳动强度。

与此同时，白晨积极开展甜菜生物技术与转基因研究工作。2009 年利用甜菜的叶芽、丛生芽，使其诱导分化率达到 50% 以上，解决了甜菜组培的瓶颈—分化率低的问题。这一年，他还在国内首次利用 SSR、SRAP 等分子标记技术对我国甜菜三大产区有代表性的 300 多份育种材料进行了遗传多样性研究，并进行了类群划分，为更好地组配或选育出优异的甜菜杂交组合开辟了新路，得到全国同行专家的高度肯定。

在甜菜转基因和基因编辑技术研究方面，他开展了甜菜全基因组关联分析与核心种质数据库构建；建立了甜菜基因组编辑技术体系，构建甜菜 CENH3 基因组编辑载体，对甜菜进行了遗传转化，开展了甜菜单倍体诱导系创制获得了被编辑植株；开展了甜菜高效转基因技术研究与应用，构建植物高效表达载体，筛选出甜菜高分化率材料，筛选出转化率较高的甜菜资源材料，优化形成甜菜转基因技术，获得转 EPSPS-CP4 基因甜菜转基因植株。这些成果，对推动我国甜菜产业的科技创新具有非常实际的意义。

进入 21 世纪以来，白晨组织带领国家甜菜学科专家学者，紧紧围绕甜菜产业发展需求和甜菜产业中存在的难点、热点和关键性技术问题，在全国范围内搞大联合、大协作，集中攻关，有力地推进了产学研结合，为甜菜产业发展提供全面系统的技术支撑，明显提升了我国甜菜产业的科技创新能力，使我区的甜菜糖产量成为全国第一，使内蒙古成为我国重要的糖料基地，为糖农增收、企业增效、农村经济发展作出了积极贡献。

# 四、头雁奋飞篇

百尺竿头立不难，一勤天下无难事。

全面建成小康社会，归根结底是要让人民群众富起来，而在致富的过程中，既要手勤，又要脑勤，更要有敢为人先的榜样力量。内蒙古各族群众怀着对这片土地最深的爱，凝心聚力、团结奋斗，洒下勤劳的汗水，用双手和智慧创造了美好生活。

“绿进沙退”“脱贫致富”“增产增收”……每一项亮眼成绩的背后，都是一群人的坚守。扎根巴丹吉林沙漠的“梭梭女人”宝花、优秀的牧民发明家苏雅拉达来、为乡亲们牵来“牛银行”的张继新……他们奔走在田间地头、守护在大漠深处，推动相关产业蓬勃发展，带动父老乡亲增收致富，他们用夜以继日的坚守和一项项实实在在的成果默默为内蒙古发展贡献力量。他们或敢闯敢拼，或理念创新，或技术革新，他们披荆斩棘，不仅实现了个人价值，更让周围的人见贤思齐，在各自领域不断奋进。

# 何胜君："领头羊"蹚出致富路

美好梦想只有通过诚实劳动才能实现。这句话是对通辽市扎鲁特旗巴彦塔拉苏木西巴彦塔拉村实现"蝶变"的最好注解。

西巴彦塔拉村实现了从穷村、弱村到富村、强村的"蝶变"，时任村党支部书记、村委会主任的何胜君正是这场蝶变的"领头羊"。

巴彦塔拉，蒙古语的意思是"富饶的草原"。正如它的名字一样，走进扎鲁特旗巴彦塔拉苏木西巴彦塔拉村，一幅村美、民富、幸福、和谐的景象展现在眼前。

过去，西巴彦塔拉村土地贫瘠，连年干旱少雨，传统一家一户单打独斗的种植模式束缚了大量的劳动力。家家种庄稼、户户难致富。而巴彦塔拉村进入了"投入高、利润低，人人都种地，收入上不去"的怪圈。

随着脱贫攻坚各项政策资金的落地和农村土地"三权分置"改革的推进，经过一段时间的摸索，带领村民流转土地、搞集中集约经营的想法随之而产生。何胜君牵头探索确定了以合作社为主导的"党支部＋合作社＋企业＋农户（贫困户）"发展模式，为合作社的发展奠定了基础。

何胜君在办公室整理资料

2018 年，西巴彦塔拉村成立了以何胜君为理事长，村支部书记为监事长，村干部、党员和村民代表为理事会成员的大军粮食种植专业合作社，在以自愿为原则的基础上，303 户村民将 5300 余亩土地入股到合作社成为社员，既充分维护了未入股群众的利益，又实现了土地集中规模经营。

合作社刚运行时，只能摸着石头过河。何胜君一边从书本上学习农业知识，一边请专业技术人员现场指导，田间地头来回跑，一个春季下来，脸黑了、人瘦了，车轱辘跑坏了两个，就这样硬是把5300亩土地给种了下来。

获得经营权后，合作社统一平整深翻土地，打破了田埂地头界线，土地的潜力得到深入挖掘。合作社一方面通过统一规划、采购、种植、销售，大大提高了机械利用率，节省了大量劳动力；另一方面，积极联系附近企业，引导群众入企务工，为增收开辟新渠道。从土地中解放出来的社员，根据其个人特长和意愿，由合作社安排或引导就业创业，形成了合作社用工、发展庭院经济、家庭养殖等多个劳动力分流方向。

同时，合作社与村民通过合同明确了入股形式、入股期限、分红比例和退股方法等，分红时除合作社提取5%发展基金外，其余全部按股分红，村集体农用机械按40股折股获得分红14400元，村民每亩获得分红350元，加上国家种植补贴等每亩纯收入500多元，较自己经营时翻了一番。2018年底，村里9户贫困户和邻村6户贫困户实现了高质量脱贫。

村民王龙深有感触:“土地流转了，还可以利用闲暇时间外出打工，一年收入也有5万元，日子整体就起来了。”

为巩固全村脱贫成果，何胜君没有停下脚步。2019年，随着合作社生产规模的不断扩大和农产品市场竞争的日趋激烈，何胜君深刻认识到品牌建设的重要性。为提高产品附加值、增强产品市场竞争力，他引导群众以“村集体+企业+农户”模式，投入资金330万元，注册成立村办企业——扎鲁特旗启农商贸有限责任公司，引进国内一流的小米加工设备，注册“种出名堂”商标，统一包装销售，完成农产品生产、加工、销售全产业链建设。企业年销售收入150万元，村集体收入达50万元，实现了产品质量提升、品牌效益提升、群众收益提升。

“咱们合作社有基地，从原材料到加工形成一个产业链，把附加值提高了。谷子原料就两块七八，加工小米最低也四块六七，这样有一部分利润咱们自个儿赚了。”何胜君说。

集体有了钱，村民富裕了，村里又开始给老百姓办更大的实事。公司的成立，不仅让西巴彦塔拉村走上了现代化的农业发展之路，更为村民提供了在家门口就业的机会。

“过去，年头好的话老百姓多得点，年头不好少得点。但是入股到合作社，旱涝保收，老百姓都乐意往里头入股。”村民刘宝银将家里的 20 多亩耕地入股到合作社，并在小米加工厂担任技术工人，日子越来越有奔头了。

2020 年春节，新冠肺炎疫情暴发，何胜君第一时间来到村部，安排部署疫情防控工作。他提出以无宣传盲区、无排查盲点、无疫情发生、无违法案例“四个无”为抓手，24 小时值守卡口，还自掏腰包 1000 元购买了口罩。

何胜君的管区共有 120 多户，他对每户的基本情况都了解，对哪家有外出务工人员返乡、哪家有大学生回家过年更是了如指掌，但这并没有让他在入户排查时有丝毫松懈，不管去谁家，他都在工作记录本上清楚地记下基本情况。“现在疫情形势紧张，大家没事不要出门、不要聚会，如果身边有干咳、体温升高人员，一定要及时和我或村医联系。”这些是他从每户出来前必须叮嘱的话。

在何胜君负责的网格内，有 28 人从外地返乡回家过年，虽然他们身体没有异常，但何胜君每天还会进行两次走访检查、测量体温。除了入户走访，他还主动要求在村部值班，有举报电话，第一个接听的肯定是他，哪里缺人手，第一个主动请缨的也是他。

何胜君（右）在工厂调研

何胜君心系百姓、默默奉献，通过自己的努力，推动了全村经济稳步发展。在何胜君的带领下，西巴彦塔拉村成功争创"五面红旗"嘎查村，先后被评为全区先进村镇、全区文明村镇、通辽市民主法治示范嘎查等。2020 年，何胜君获得"全国脱贫攻坚先进个人"荣誉称号。

2021 年 1 月，何胜君当选为西巴彦塔拉村党支部书记、村委会主任，自此一肩挑起了带领村民致富的重任。从 2015 年 8 月当选村委会主任，再到当选村党支部书记、村委会主任，何胜君全身心扑在岗位上，带领村民转变思路、发展特色产业。

他最常说的一句话就是：为了咱村，我们一定要拼命干、向前冲！

如今的何胜君，正在探索打破地域限制、延伸产业链条、创造特色品牌的方式方法，他希望通过自己的努力，继续为乡村振兴贡献力量。

# 孟根图亚：草原上的新时代牧民

孟根图亚是内蒙古自治区呼伦贝尔市鄂温克族自治旗伊敏苏木巴音塔拉嘎查一名普通的鄂温克族牧民。孟根图亚虽然没有惊人的壮举，却有无数个用爱心编织的感人故事。

孟根图亚出生于1970年，中国共产党党员。多年来，她坚守“做人首先要善良，其次要勤劳”的淳朴想法，用心经营着自己的人生。寒来暑往中，她成为家庭的主心骨、邻里的好帮手、牧民的贴心人、女性的好榜样，先后获得了“优秀共产党员”“民族团结进步先进个人”“内蒙古自治区劳动模范”“全国劳动模范”等荣誉称号。她的家庭也先后获得了“十佳文明家庭”“最美家庭”“文明家庭”等荣誉称号，她和她的家庭成为邻里争相效仿的榜样。

提到孟根图亚，身边的人就会如数家珍地叙述着她温暖人心的事迹，她对牧民朋友的帮助，对妇女儿童的关怀，为家庭做出的努力，无一不感动和激励着身边人。孟根图亚是个外表安静，内心热情、善良的人，总是随时随地帮助别人、关心别人。谁家有人生病了、谁家缺钱了、谁家有困难了，都愿意找她，孟根图亚也总会尽她所能给予别人帮助。

孟根图亚坚信，生活的动力来自家庭，幸福的动力来自家庭，

孟根图亚参加中国共产党呼伦贝尔市第五次代表大会

为社会贡献的动力来自家庭。1993 年，孟根图亚和巴音塔拉嘎查牧民孟和巴雅尔结婚。刚结婚时，孟根图亚家有体弱多病、行动不便的老人，家境也不富裕，只有十几头牛。孟根图亚几十年如一日细心照顾着年迈的父亲和公公，直至两位老人安详离世。

靠着勤劳的双手，孟根图亚精心经营家庭畜牧业，从刚开始

孟根图亚正在制作民族服饰

的十几头牛，慢慢发展壮大起来，并增加了牧业机械设备，如今，家庭年收入已超过 25 万元，成为当地富裕的牧民家庭。

孟根图亚还利用业余时间学会了民族服饰缝制技艺，这不仅能传承民族文化，也能增加经济收入，给家人创造更好的生活条件。手工缝制服饰非常辛苦，但每当有当地牧民找到孟根图亚请她制作衣服时，她都按照最低标准收取手工费，遇到有困难的牧民找她，少收甚至不收手工费都是常有的事。

自家的经济状况和生活条件逐步改善了，孟根图亚也不忘帮助和带动身边的牧民群众一起脱贫致富。孟根图亚一直认为，“授人以鱼，莫若授人以渔”，拥有一技之长，才能真正脱贫致富。

她经常自发组织嘎查牧民妇女学习民族服饰手工制作技能，带动周边群众一同通过制作民族服饰创收。她还常常带领牧民妇女参观相邻旗县各嘎查高产养牛基地，鼓励她们靠自己的双手勤劳致富。渐渐地，在孟根图亚的团结带领下，一批积极向上的牧民都走上了勤劳致富之路。

嘎查里有位牧民妇女因病行动不便，孟根图亚就带着布料和针线到她家里教她制作民族服饰。传授民族服饰制作技艺的一针一线里，饱含着孟根图亚对牧民群众的一腔热情。经过孟根图亚的耐心教授，这位牧民妇女制作民族服饰的手艺逐渐成熟，没多久就可以独立制作服饰并进行售卖了。随着她的手工制作生意越来越红火，收入也不断增加，家里的生活条件逐渐好转。每每谈到孟根图亚，这位牧民妇女总是感慨地说：“孟根图亚是我生命中遇到的最重要的人。”就这样，孟根图亚默默践行着一名基层党员的使命，成为周边牧民信赖的大姐，走进了牧民群众的心里。

多年来，孟根图亚还积极参与妇女儿童法律法规的执法检查和监督工作，坚持依法维权、科学维权、源头维权、社会维权，引导妇女通过理性合法的方式表达利益诉求，努力协助解决妇女儿童最关心、最直接、最现实的利益问题。她为提高当地妇女的法律意识和自我保护能力，为构筑和谐社会贡献了自己的一份力量。

孟根图亚坚信，新时代牧民的改变要从家庭教育抓起。家中有爱，孩子的生活就有阳光；家长重视孩子的教育，用心引导，孩子就能向着正确方向扬帆远行。她从不用过多的言语来教育孩子，而是用自己的实际行动来影响孩子，用家庭的温暖、母亲的爱点亮孩子前进的路。多年来，她始终重视和孩子的平等交流，引导和帮助孩子消除成长中的顾虑和消极情绪。一分耕耘一分收获，孟根图亚的儿子伊勃乐品学兼优、阳光开朗。2014 年，伊勃乐以优异的成绩考入中央民族大学。2018 年毕业那年，他经过严格的飞行员考试考入中国民航管理干部学院。

经营家庭、培养孩子、担当党员使命……孟根图亚用坚强的意志、坚定的品格肩负起了家庭的重担和社会的使命，成为牧民群众心目中的好妻子、好母亲、好邻居、好党员、好榜样。

孟根图亚用牧民的纯粹质朴、勤劳智慧，用积极乐观的心态和满腔热情构建着自己幸福美满的生活；她以一颗善良的心全力帮助身边有困难的人，给大家带去无尽的温暖；她默默践行着一名基层党员的初心使命，团结带领牧民群众走上致富之路，携手奔向更加美好的生活。

# 宝花：扎根巴丹吉林沙漠的“梭梭女人”

驱车进入巴丹吉林沙漠，连片翠绿翠绿的梭梭跃入眼帘，让人惊喜。梭梭生命力极其旺盛，能在沙漠里牢牢扎根，生长繁殖，蔓延成片，发挥着防风固沙、减少沙化的巨大作用。

在内蒙古自治区阿拉善盟阿拉善右旗曼德拉苏木浩雅日呼都格嘎查，有一位寸心归大漠的“梭梭女人”，名叫宝花。从 2001 年开始，她和丈夫以及嘎查农牧民一起在嘎查周围的沙滩种植梭梭，

宝花在种梭梭

将昔日满目荒凉的“风沙滩”变成了“新绿洲”，她成为生态建设一线上当之无愧的巾帼先锋，也成为嘎查农牧民走上转移转产、增收致富之路的先行者和带头人。敢于创新、开拓进取、善于团结、乐于奉献，是浩雅日呼都格嘎查党员干部、农牧民群众对她的一致评价。

巴丹吉林沙漠边缘曾经是沙进人退、生态环境急剧恶化地区，依靠传统的农业生产方式已经无法使人们在这里生存。2000 年，宝花一家和 80 多户农牧民响应旗政府号召，一起搬迁转移到曼德拉苏木沙林呼都格地区居住创业。

一年一场风，从春刮到冬。早晨撒播的种子，晚上就被一场风全部卷走了，农户的投入往往付之东流。风沙侵袭使沙林呼都格地区多数搬迁户农田受损严重，个别农户甚至连成本都收不回来，一起搬迁过来的 80 多户人家逐渐减少到十几户。

面对遮天蔽日的风沙，天生要强的宝花逆风而行，和丈夫一起带着铁锹义无反顾地钻进沙窝里，她决心要用梭梭这种能在荒漠里生长、顽强不屈的植物来改变这片土地的面貌。

为了种梭梭，她购置了几万株梭梭苗。没有存放地，她就在自家房后圈了苗圃把梭梭苗养起来。在春寒料峭的日子里，宝花和丈夫穿上厚皮袄，戴上棉帽子，背上树苗到沙滩里栽种，一桶一桶提水浇灌。中午在沙滩里吃个馒头，喝几口凉水凑合一顿，风大时，沙子嗖嗖地打在脸上，生疼生疼的，睁不开眼，迈不开步，宝花跟丈夫就互相鼓劲，日复一日，年复一年……

大漠风沙没有消磨宝花的意志，反而令她更为坚定。

她明白种好梭梭不仅仅是自己一家在寻找出路，也是在栽种全嘎查人的期盼。不带好这个头，就等于再次把带领大家翻身的希望

宝花准备晾晒采收的苁蓉

扔进了荒沙滩，只有咬着牙不断坚持才能取得成功。

经过不懈的努力，辛勤栽种的耐旱、耐寒、抗热、抗风沙的梭梭没有辜负宝花的期望，在漫天的风沙中顽强地存活下来，昔日的荒沙滩开始逐渐有了一抹绿色。

这抹绿色给宝花带来了信心，也让嘎查里的农牧民看到了希望。

十数载寒来暑往，梭梭林从开始的几亩一直种到了 19 万亩，她也因此被人们称为“梭梭女人”。

梭梭连片成林，防风固沙的效果初显。然而，如何合理利用这片“新绿洲”产生经济效益，从而吸引更多的农牧民参与到梭梭种植中来，又成了宝花的“新课题”。经过多方考量，她把目光放在了种植苁蓉上。

2003 年，有了这个想法的宝花开始尝试在梭梭根部试种苁蓉。第二年苁蓉破土而出，试种成功。她又扩大规模，种了 300 亩，采挖后卖了 3 万多元。

榜样的力量是无穷的，宝花的成功带动了全嘎查栽梭梭、种苁蓉的积极性。如今在嘎查周围农牧民个人造林已达 50 多万亩，种苁蓉 8 万多亩。仅此一项，每家每户就可以年增收 2 万到 3 万元。

昔日满目荒凉的戈壁滩上有了大片绿洲，漫天黄沙“出镜”的频率越来越少，蔚蓝天空出现的天数越来越多。

有了梭梭林这个“绿色银行”做依托，宝花站得更高，看得更远，不断寻找新的发展之路，尽力引领全嘎查农牧民共同致富。经过考察了解，2012 年，宝花带头成立了阿拉善右旗曼德拉育肥山羊农牧民专业合作社。为了让农牧民放心大胆尝试特色养殖，宝花出资购买了 100 只小羊分给 3 户农牧民饲养，自己只收回成本，其余养殖收入都归养殖户所有。

在她的指导下，农牧民以锁阳等特色沙草为主要饲料进行科学饲养，喂养出的猪、羊肉质鲜嫩味美，备受市场青睐，养殖户很快尝到了甜头。其他农牧民看到了发展养殖的希望，纷纷找宝花要求加入合作社。

随着规模的不断扩大，宝花注册成立了阿拉善右旗曼德拉苏木绿洲沙草产业综合养殖有限公司，吸引 19 户农牧民入股，逐渐建成拥有 10 座棚圈及草库，包括锁阳猪、锁阳羊在内的年养殖规模达 5000 只的特色综合养殖基地。产业链也不断延伸，配套建设了冷库、加工厂、青贮窖、消毒室，养殖基地的特色肉产品已成为“孟根羊肉”这一地域品牌的有力代言。

为了打造新产业，丰富种植、养殖结构，继续为农牧民创造新的经济增长点，2017 年，宝花又通过“基地 + 合作社 + 农户 + 公司”的经营模式筹建养鸡合作社，引进广州优良品种土山鸡，以每户 5000 元入股、年底分红的形式帮助嘎查 3 名贫困户脱贫。

宝花是一名共产党员，她时刻不忘创业的艰辛，脚踏实地、埋头苦干，充分发挥党员的先锋模范作用，在生产发展、生活富裕、生态良好的发展之路上，追求着繁荣、富裕、文明、和谐的目标，引领人们追求更美好的生活，践行着让更多人跟着她从黄沙中掘金、从生态中致富的初心。

劳动创造幸福，实干成就伟业。宝花用自己的一言一行坚定着嘎查群众生态治家、绿色致富的信心和决心，她也先后获得了“全国劳动模范”“全国绿化劳动模范”“内蒙古自治区三八红旗手”等荣誉称号。

如今的宝花，已经深深扎根在巴丹吉林沙漠，用忠诚热血在大漠戈壁续写着传奇的故事。

# 张钧：打造“种粮”产业“真金”品牌

走进内蒙古真金种业科技有限公司的展厅，一幅幅陈列整齐的荣誉证书引人注目。“国家高新技术企业”“国家技术转移示范机构”“内蒙古自治区农牧业龙头企业”……这些荣誉，是真金种业多年来持续创新的结果，更离不开公司董事长张钧几十年如一日的坚守和付出。

张钧出生于1965年，从事农业科技创新及应用技术推广工作已有30多年。秉持着“助民族种业振兴，圆亿万农民梦想”的理念，张钧坚守基层、坚守本业，在农业科技创新、科技成果转化及带领农业龙头企业服务“三农”等领域作出了突出贡献。

20世纪80年代，张钧刚参加工作时，他所在的工作单位没有任何科研育种基础。作为一个普通技术员，本着对种子奥秘的好奇，张钧拿出微薄工资的一部分，通过各科研单位联系种子与遗传育种材料，开始了漫长辛劳的田间试验。随着科研育种事业的萌芽，张钧的农业科学家梦想从此起航。

真金种业坐落于鄂尔多斯市达拉特旗树林召镇草原村。达拉特旗拥有广阔的黄河冲积平原，是鄂尔多斯市重要的粮食产区。“种子是农业科技芯片级核心载体，决定粮食的品质和产量，是国之重

张钧在田间与专家进行技术交流

器。种子的质量更是关乎农民的收成，甚至是生命！”秉持这样的信念，1998年任职公司经理后，张钧组织成立了研发部，组建科研团队，在海南三亚等地建设育种基地，先后引进国内外种质资源2000多份，建设了院士专家工作站，加入国家玉米产业技术体系，与国内外10多家科研院所进行合作。

经过多年不分寒暑的研究攻关，张钧率领的科研团队先后选育真金8号等新品种37个，获得植物新品种自主知识产权保护15项，这些品种填补了内蒙古自治区、鄂尔多斯市多项遗传育种方面的空白，为提高农业生产技术、促进农民增收发挥了极大作用，先后获得国家级和自治区级多项奖励。

其中，张钧及其团队历时15年选育成功的玉米新品种“真金308”，在国内玉米育种史上取得了两项突破性进展。其一，“真金

308”在机械化籽粒直收的植物学特征和生物学特性方面，表现出比国内之前大面积种植的诸多品种更耐密、更抗倒、更高产、更优质、籽粒脱水更快的特点，为实现全程机械化作业奠定了品种基础，补上了玉米全程机械化作业最后一公里短板，结束了我国玉米

张钧在田间观察玉米生长情况

种植 400 多年来只能收获果穗的历史。其二，由于抗性的提高，相比其他品种，“真金 308”每亩可多种植 1000 株左右，实现了正常水肥条件下大面积种植亩产吨粮的梦想。2017 至 2019 年连续三年，经农业农村部（原农业部）相关专家田间百亩大样方机械实收测产，“真金 308”的 14% 水分产量分别达 1027.4、1040.0、1042.9 公斤，比当下亩产量 750 公斤的玉米，平均亩增产 250 多公斤，亩增收 400 多元，创造了东北、华北地区单产最新纪录。“真金 308”的科研突破，在内蒙古乃至全国为首创，标志着中国玉米种植进入新时代。

在种业领域深耕 30 多年，张钧始终坚持服务“三农”的信念不动摇，坚守种子质量就是生命的信条，将科技生产推广相结合，想方设法转化科研成果，不断帮助农民增加收益。

20 世纪 90 年代和 21 世纪初，张钧率领的团队通过引进试验，向当地农民推广种植了各类农作物新品种，包括玉米、小麦、向日葵、马铃薯、西瓜等 10 多个种类，包括张钧团队选育的 10 多个品种，使当地农作物产量、品质均获得大幅度提高。30 多年来，推广累计达 1000 多万亩。

种子的质量关乎农民一年的收成。张钧一直保持严谨的工作作风，依循 ISO9001:2000 国际质量管理体系认证的原则，在种子生产、选育、加工、检验、包装、物流各环节，制定了严格的质量操作规程，让真金种业以优质的种子和服务，赢得了广泛的信誉。

在控制质量的同时，张钧还组建了农技服务队，举办农技大讲堂，常态化为农民进行农业技术讲授和田间指导，教农民如何用良种良法配套的技术夺取高产，引导农民科学种田、绿色种田，为农民提供全程服务。结合当地实际，张钧还带领团队将原农业部推广的玉米“一增四改”栽培技术，创造性地完善为“一增、二改、三保障”技术规程，并积极进行宣传推广。

为了解决普遍存在的农业投入不足、市场要素短板突出等问题，张钧创新性地提出并践行了靠科技支撑驱动、贴近市场的“种粮一体化”商业模式。通过“订单＋保险＋期货”的模式运行，每吨加价 20 ～ 40 元收购粮食，带动引导农民修复改良土壤，减少化肥农药施用，用新技术、新品种生产优质高产玉米。这一基于农业生产全产业链和农产品贸易全供应链，以市场为导向，以种子科技为核心，以农业技术全程服务、农资配送服务、粮食收储购销服务等业务为支撑的模式，为产业振兴奠定了良好的发展基础。

在多年的实践过程中，张钧发现，在玉米集中售卖的冬季，粮价相对较低，但农民缺乏专业的烘干、储粮设备，担心发霉变质，只能卖掉。为此，张钧创建了专门为农民提供“代收获、代加工、代干燥、代仓储、代销售”的五代服务“共享粮行”。在解决农户卖粮难、卖价低、保管难、损耗大等棘手问题上做出有益探索，创造性地建立了可持续运行的企业与农民利益联结机制，有力支撑了产后服务体系建设的后续进程，为当地农业产业振兴拓展了新模式。

春秋三十载，耕耘于大地。多年来，与张钧相伴的是风沙、酷暑、汗水、孤独，但他始终心无旁骛，坚持着自己的梦想，让饱含辛劳汗水的种子，在沃土上长出丰硕的果实。张钧也先后获得了“全国劳动模范”“内蒙古自治区劳动模范”等多项荣誉称号。

如今，真金种业“放心种、真金牌”的承诺已深入广大农牧民心中。在张钧的带领下，开拓了一个“种粮”产业，铸造了一个农业科技产业的“真金”品牌，在种子科技研发创新和农业产业化领域树立了标杆，持续发挥着示范引领作用。

# 龚呼达古拉：盛开在草原上的萨日朗

她是一位普普通通的蒙古族女性，却见识不凡。文化程度不高的她，深知知识改变命运的道理，培养出两名博士生；

她吃苦耐劳，信念执着。为了让牧民世世代代居住的草原绿意盎然，她主动承包 2000 亩沙沼地，栽树治沙，保护生态，她以超乎常人的毅力书写增绿的传奇；

她科学养畜，勤劳致富。她是远近闻名的养殖大户、致富带头人，多年来她先后协调资金 300 多万元，为牧民建标准化棚舍、窖池，进行品种改良，和牧民们携手奔小康；

她无私奉献，大爱无疆。为学校捐款，包联贫困牧民，捐款捐物奉献爱心……

她就是通辽市扎鲁特旗乌力吉木仁苏木查干淖尔嘎查牧民龚呼达古拉。提起她，乡亲们纷纷竖起大拇指。

1983 年 4 月，龚呼达古拉与赛因乌力吉喜结连理。当时，她的婆家只有 7 头牛、20 只羊，日子过得非常拮据。后来，两个儿子和一个女儿先后出生，家庭的负担更重了。

“穷，就该如此吗？不行，我要改变这种现状。”龚呼达古拉不服输，她开始想办法。

龚呼达古拉在田里劳动

“如果把黄牛品种改良了，不就可以提质增效吗？”龚呼达古拉意识到，只有改变传统养殖方式，走科技兴牧的路子，才能摆脱贫困的现状。

她虚心向苏木兽医站技术人员拜师求教，学习黄牛冷配人工授精技术，并主动与通辽市畜牧改良站合作，把服务站点建到家中，随时发现问题，随时解决问题。渐渐地，龚呼达古拉也成长了，成了半个专家。

牛品种的问题解决了，牛饲料不足的问题又出现了。为了增加效益，减少投入成本，龚呼达古拉通过划区放牧和轮牧、休牧等科学措施，使5000多亩草牧场提高了亩产量，使得草场的年均产干草量超过12万斤。同时她又增种300多亩饲料地，其中青贮饲料100亩，实现了牛的饲草料自给自足。

近年来，她还先后投入资金50多万元，建设现代化牲畜棚舍、窖池和标准化改良站，常年聘请一名技术人员提供精准服务，把技术服务延伸到家门口。

2014年，她家的西门塔尔牛存栏达到230多头，山羊100多只，品种改良率达到100%。2013年全年出售89头改良牛，收入达到90多万元，加上农业收入，总收入超过100万元，她家成了远近闻名的富裕户。

“草原是养育我们的衣食父母，我一定尽自己所能，让草原更美丽。”龚呼达古拉说。

2001年，龚呼达古拉不顾家人反对，承包了离嘎查50多里、无人问津的2000亩沙沼地植树种草。亲戚和朋友们都说她“缺心眼”、自讨苦吃、白糟蹋钱。

七年里，她先后投入治沙资金60多万元。尝遍酸甜苦辣，克服艰难困苦，到2008年，2000多亩沙沼地重披绿装。700多亩碗口粗的杨树迎风成长，1000多亩齐腰深的沙打旺、锦鸡儿等固沙植被长势良好。到了夏天放眼望去，一片郁郁葱葱，成为阻挡风沙侵蚀草原的一道绿色屏障。

她不仅自己干，还带动乡亲们挥舞铁锹，加入植绿护绿的队伍。苏木牧民以她为榜样，争相承包荒山荒坡进行治理。目前，全苏木已建有“家庭生态牧场”400多户，治理沙化面积100多万亩。

2003年至2013年，带领牧民走上致富路的龚呼达古拉当选为内蒙古自治区第九届、第十届人大代表。“当选人大代表不仅仅是荣誉，更多的是肩负的责任。只有真正把这份责任担负起来，才无愧于群众的信任。”龚呼达古拉说。

她关心关注家乡经济社会发展，积极建言献策，为改变家乡的基础建设面貌主动作为。“老百姓的需要，就是我努力的方向。”十年间，龚呼达古拉积极争取资金，累计协调修建柏油公路500多公里。争取项目资金300多万元，帮助牧民开展生猪养殖，建设奶站和现代化棚舍、窖池，筹备农田草牧场用电高低线路配套，引进农牧业机械，受到当地群众的交口称赞。

2007年，牧民金花不幸患上了乳腺癌，遭此不幸，金花失去了活下去的勇气。龚呼达古拉得知消息后，把刚刚卖牛的5000元钱送到金花手里，并积极协调有关单位及时解决了手术费用。

龚呼达古拉积极投身社会公益事业，用无私的奉献谱写人间大爱。汶川地震、当地学校开展各种活动、周围牧民受灾患病等，她都带头捐款捐物，金额累计超过10万元以上。

多年来，她获得了全国“双学双比女能手”“内蒙古自治区劳动模范”和自治区、通辽市、扎鲁特旗授予的“致富女状元”“三八红旗手”“双学双比致富明星”“感动草原——十大杰出母亲”等20多个荣誉称号。

面对荣誉，龚呼达古拉说：“这是激励，更是前行的动力。人生就应该努力向上，做点有意义的事情。”

“我做得远远不够，为人民服务哪有终点。”龚呼达古拉就像草原上的萨日朗，深深扎根大地，深情留给大地。

龚呼达古拉与孩子们

# 苏雅拉达来：从牧民发明家“晋级”全国劳模

苏雅拉达来和千千万万扎根于祖国大地的农牧民一样，憨厚朴实，崇尚实干。苏雅拉达来又不甘于当一名普普通通的牧民，生机勃勃的乌审草原见证了他为推进生态恢复、生产发展的付出，农牧民的笑脸印证着他为脱贫攻坚、共同富裕做出的奉献，农牧区的蜕变镌刻下他因地制宜、促进乡村振兴的拼搏。

苏雅拉达来被评为“全国劳动模范”

乌审旗苏力德苏木沙尔利格嘎查党总支书记、嘎查委员会主任，乌审旗文梅农牧业开发有限公司总经理，鄂尔多斯市劳动模范，自治区劳动模范，全国农业劳动模范，全国劳动模范……苏雅拉达来身上的多重“标签”，就是他扎根沃野的最好证明。

在沙尔利格嘎查，提起苏雅拉达来的名字，人们总是竖起大拇指，异口同声地说他是勤劳致富、科技兴牧的“状元”，是农牧民心中的“科技达人”。

苏雅拉达来的发明爱好，是来自于他自小就有想制造一种机械帮助父母减轻负担的朴实梦想。1993 年，苏雅拉达来高中毕业，报考了内蒙古电子学校。后来，他瞒着家人中途放弃学业，在呼和浩特市一家家电维修部拜师学习无线电、机电家电维修技术。出徒后，他选择返乡创业，从一名地地道道的牧民干起。

在这段牧民生活中，苏雅拉达来发现，在饲草淡季圈养牲畜比放养效益高，可饲草料和人工成本也较高，而且农牧区劳动力短缺。面对现状，苏雅拉达来决定自己研发机器替代人工。

2000 年，他设计制造的全自动牲畜饮水机在家里试用成功，大大减少了劳动力成本。苏雅拉达来从 2009 年起开始申请专利，并先后投入 25 万余元，研制出智能铁轨式喂料机、饲料调配机、羊羔喂奶机等一系列农牧业机械配套设施，提高了农牧区机械化水平，既帮助了农牧民提高收入，又促进了牲畜良种发育。

目前，智能全自动牲畜饮水机作为苏雅拉达来发明的拳头产品之一，已升级至第 7 代，产品质量可靠、技术成熟，深受广大农牧民喜爱。另一个拳头产品铁轨式喂料机一天能喂 400 ～ 500 头牛，每年可节约 5 万元人工成本，农牧民都称赞他为“我们自己的发明家”。

曾经的沙尔利格嘎查由于地理位置偏远、交通不便、基础设施不完善，是个远近闻名的穷村，草场严重沙化。“路三步一个坑，一个一米深，天旱能圈驴，雨涝能养鱼”是当时嘎查的写照。

如今的沙尔利格嘎查植被恢复，硬件设施一应俱全，在全苏木率先发展智能化绿色花果蔬菜产业，又根据枣树生长特性，在枣林下种植其他经济作物，打造“上枣下瓜”的绿色产品……村庄由穷到富、由富到强的蜕变浸透着全体村民的汗水，刻印着苏雅拉达来如火的初心。

苏雅拉达来在通过自己生产的现代化农牧业机械设备，提升全嘎查的种养殖现代化水平的同时，还注册了以农牧业新技术新品种推广服务为主的乌审旗文梅农牧业开发有限公司。公司年收

苏雅拉达来扎根田间地头

入在160多万元，每年可以解决周边20多个闲散劳动力的就业问题，累计上缴利税30多万元。在烦琐的工作之余，他还是农牧民的“土专家”，经常走到农牧民当中普及科学化、规模化养殖技术。他根据每家的情况为村民出点子、找路子，带领农牧民成立合作社，大力发展优质肉牛、鄂尔多斯细毛羊、规模化种植业等特色种养殖业和文化旅游业。

苏雅拉达来常说：“群众的事就是我的事，只有把大家的日子当成自家的日子过，才能办好大家的事。”如今的沙尔利格嘎查集体收入每年达60多万元，村民人均收入近3万元。传统种养殖业蓬勃发展，新兴产业突飞猛进，特色产业欣欣向荣，乡风文明、村容村貌、生态环境、社会治理大幅改善，农牧民生活水平日新月异，嘎查致富路越走越宽。

苏雅拉达来不仅是个大忙人，也是嘎查牧民心中的“贴心人”。

2018年7月，苏雅拉达来担任苏力德苏木沙尔利格嘎查党总支书记、嘎查委员会主任后，从治“乱”开始，敢于碰硬，法情并用，仅用3个月时间，带领班子成员协调化解矛盾纠纷20余件，清理规范各类合同10余项，完善村规民约10条，树立了嘎查“两委”班子在群众中的威信。

为切实提高党员队伍思想政治素质和责任意识，苏雅拉达来深入开展“承诺、践诺、评诺”活动，号召嘎查党员充分发挥表率引领作用，积极为嘎查农牧民服务；带领嘎查“两委”班子冲在前、干在前，主动认领服务事项，公开承诺践诺，带领嘎查77名党员认领服务事项68项、做出承诺89条，树立了为民服务形象，筑牢了战斗堡垒。同时，认真做好党务、村务、财务公开，开发“腾飞的沙尔利格‘码上见’”智慧党建程序，让农牧民足不出户了解嘎查的大事小情，延伸了社会治理工作触角。

“自己富了不算富，大家富了才算富”，这是苏雅拉达来的座右铭。为了调动起贫困户的积极性，苏雅拉达来积极在全嘎查推行“党支部＋专业合作社或公司＋贫困户”模式，建立贫困户与新兴经营主体利益链接机制，带动周边贫困牧民共同发展，同时给予他们技术指导、思路、资金等方面帮助，免费提供农业机械。在他的帮助下，现在全嘎查的 10 户贫困人家已经成功脱贫。

苏雅拉达来还积极参与“结对联户”“帮扶共建”等活动，包联帮扶嘎查 4 户贫困户、孤寡老人、低收入家庭，真心实意支持帮助他们。他常常走访慰问帮扶对象，送去生活必需品和帮扶资金，累计捐款 30 余万元，为困难家庭、贫困学生解燃眉之急，还为部分贫困户免费提供农牧业机械配套设施。

“金杯银杯不如农牧民的口碑。”一项项荣誉并未让苏雅拉达来有半点浮躁，他依旧以赤诚之心和忠诚行动奋发竞进、躬身示范，用心用情用力在平凡中彰显一名优秀党务工作者的风采。

# 张继新：为乡亲们牵来“牛银行”

张继新

在巴彦淖尔市杭锦后旗陕坝镇中南渠村，大家都说，日子富起来离不开养牛。一说起养牛，就不得不提村里的“牛人”张继新。

张继新除了是一名养牛人，同时也是全国人大代表、2021年度“全国十佳农民”、中南渠村党总支书记。张继新带领村民一起养牛致富时，将不到200头奶牛的小养殖场发展到几万头肉牛存栏量的养殖园区，在不断做大产业的同时，张继新还探索建立起一整套农企利益联结机制，发展出一条绿色农牧业脱贫产业链。中南渠村成了周边的“首富村”，当地农民致富更加有底气。

张继新出生于1977年，在他儿时的记忆里，家乡的生活十分艰苦。“当时家家户户住土坯房，破破烂烂的，风一来四处走风，雨一来到处漏水。村子里都是泥土路，一下雨哪儿也去不了，更别说发展产业了。”

张继新是为数不多从家乡走出去的年轻人。1999年，从内蒙古农业大学兽医专业毕业后，张继新前往大连打拼，在一家生物工程公司从普通技术职员做到负责对外出口业务的副总。但一次的回家探亲改变了张继新的人生轨迹。

履职尽责的张继新

那是2002年底，张继新过节回家，看到乡亲们还是住着古老的土坯房，泥土路依然到了雨天就满是泥泞，从小一起长大的伙伴重复着父辈的生计。张继新想让自己的家乡和外面的世界一样，日新月异。

2003年恰逢当地政府大力扶持奶牛养殖业发展，政策条件十分优厚，机遇千载难逢。张继新毅然决然放弃了高薪的工作和舒适的大城市生活，回到家乡带着乡亲们一起创业致富。“当时亲戚朋友都很不理解，大家觉得我好不容易才走出这个穷地方，现在又回来，太不可思议了。”张继新回忆说。

经过认真细致的项目考察，张继新认为这里有丰富的土地资源和充足的饲料来源，政府支持力度又很大，也能给村民带来经济效益，他把所有的心血和精力都投入到了自己的事业中。张继新建起了一个存栏量不到200头奶牛的小型养殖场，成立奶站，以回收村里散户的牛奶。为了让更多的村民参与养殖，他通过“政策扶持+企业担保贷款”的方式，帮村民们买牛、盖牛舍，村里人忙得不亦乐乎。

2005 年国内乳业市场的不景气直接影响了终端鲜奶回收。但张继新始终坚持按照与村民约定好的价格照常收奶，自己掏腰包把窟窿堵上。

当时张继新赔得几乎要倾家荡产，“跳楼的心都有了！但是创业肯定会有风险，我愿意帮乡亲们扛住压力。”张继新说。积蓄花光了，张继新就找遍亲戚朋友借钱，继续扩大养殖场规模。后来，他还成为巴彦淖尔市第一个流转土地的农户，并对传统养殖模式进行规模化、标准化改造。

一波未平一波又起。2008 年爆出的三聚氰胺事件又使中国乳业遭受重创，各家乳业公司纷纷提出严控奶源。为了避免农户吃亏，张继新第一时间将散户养殖的奶牛以每头每年 3500 元的价格租到养殖场进行统一饲养管理。两年后，他又以每头 16000 元的价格将这些奶牛直接收购。这样，农户们避免损失的同时又获得了一笔可观的收入，牛奶的质量也得到了保障。

“奶牛养殖总是受制于上游乳企，被人掐着脖子，干起来很被动。”如何才能变被动为主动？张继新总结初次创业的经验，认为必须要走从单一奶牛产业向多元化产业发展的转型之路。

先从饲草料的种植开始。2008 年到 2010 年的三年间，张继新的企业承包了村里 7000 多亩土地，将之作为有机饲草料基地，统一种植、管理。企业还和农户签订了两万多亩地的订单种植合同，带动 5000 户农民种植饲草料，村民每亩地收入达到 1500 元以上，大大增加了农民收益。

2010 年，张继新敏锐地抓住巴彦淖尔市肉牛养殖市场的空缺，建起了肉牛养殖园区及屠宰加工场。张继新借鉴奶牛养殖的模式，还通过企业担保贷款为农户购买牛犊，并和村民签订订单养殖合同，将小牛犊交给村民分散饲养。目前，当地肉牛养殖基地发展到100家以上，周边30多个合作社、3000多户农民参与肉牛养殖。

“在我们村，一户贫困户一年养一头牛就能稳稳地脱贫！”如今，张继新对于带领乡亲们致富这件事信心十足。农户的每头牛体重达标后，企业会以高出市场价的价格回收，之后再统一育肥、屠宰、销售，农户饲养一头牛每年平均收益能达到4000多元。2019年，中南渠村加入肉牛养殖产业链条后，村民户均收入就超过了13万元，全体农牧户摘掉了“穷帽子”，收入水平走在了全市前列。

现在，张继新创办的杭锦后旗丰源牧业有限公司成为集高产奶牛繁育，优质奶源生产，肉牛繁育、饲养、屠宰、加工、包装销售，土地流转和先进管理经验、理念、模式的示范推广及技术培训为一体的现代化、规模化、标准化、专业化的自治区农牧业产业化重点龙头企业。为了提高农户养牛积极性、保障农户的稳定收益，他推出承包、租赁、寄养三位一体的经营举措，采用了“牧场＋农户＋基地”的经营模式，直接带动周边510多户农民加入奶牛、肉牛养殖业，带动1500户农民种植饲草，极大地增加了农民收益。

探索一种模式，带动一个产业，振兴一方经济，富裕一片百姓。近年来，巴彦淖尔市政府推出“天赋河套”农产品区域公用品牌，引导当地产业走绿色发展之路。从中南渠村“绿色循环产业链”上产出的有机牛肉首批入选，搭上了向全国乃至世界更广阔高端市场进发的快车。“我这一路走过来，很了解农民的需求。除了继续实实在在为乡亲们做事外，接下来我也会努力带着他们一起蹚出一条致富路！”张继新对未来充满希望。

# 李菊兰：用“锁阳猪”闯出特色养殖新天地

李菊兰在养殖园里忙碌

全国就业创业先进个人、全国科普惠农兴村带头人、内蒙古自治区首届乡村创富好青年、全区农村牧区青年致富带头人……创业20多年，李菊兰身上的头衔越来越多，而她致富家乡、让家乡人富起来的初心始终不变。

阿拉善盟阿拉善右旗茫茫戈壁滩上，看似瘦弱的李菊兰凭借着一股能吃苦、敢打拼的精神，把养猪做出了名堂，远近闻名的“锁阳猪”产业成了她带领乡亲们脱贫增收的“金钥匙”。

如今在戈壁滩深深扎根的李菊兰曾经也是一个向往大城市生活的“北漂”。

1997年李菊兰中专毕业后来到北京工作，肯吃苦、善钻研的她很快被提升为单位的管理人员。不过她并不满足按部就班的打工生活，在她眼里，外出务工更应该是人生经验的积累和个人意志的

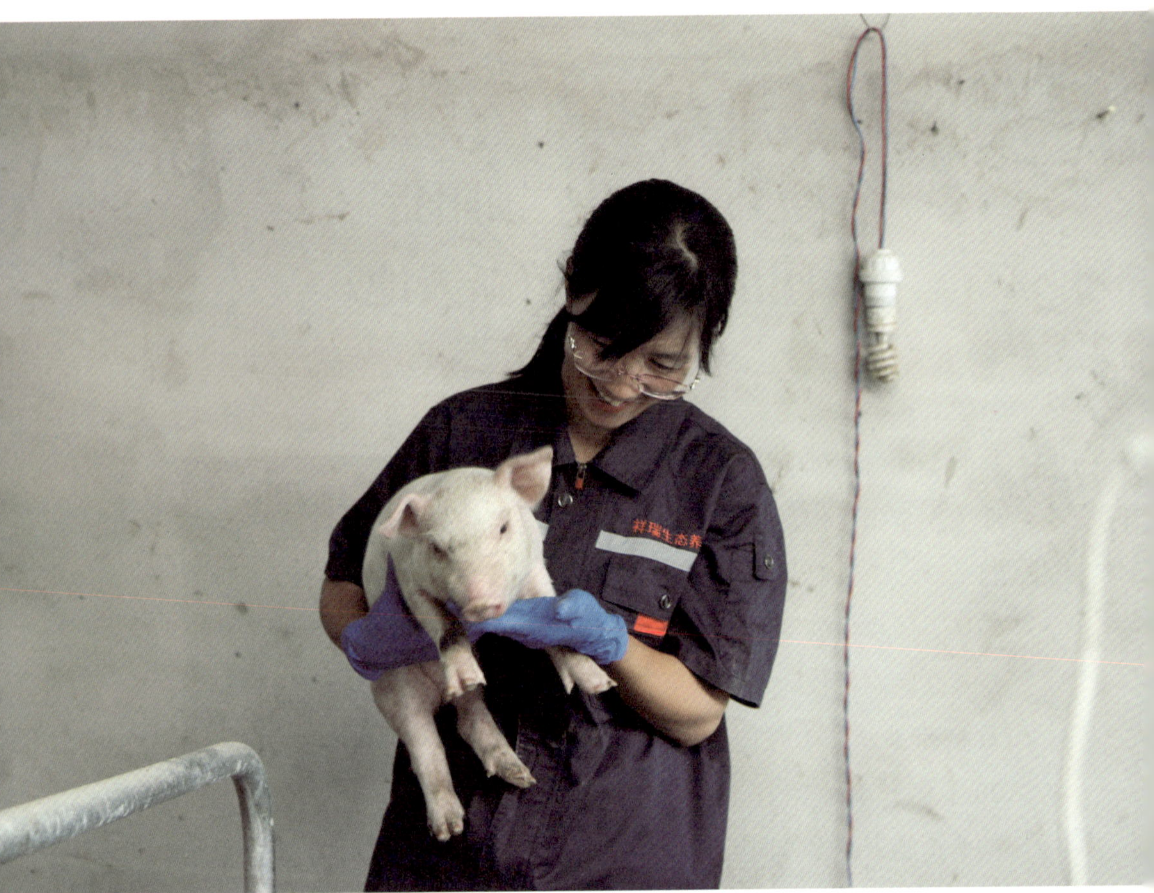

怀抱小猪仔的李菊兰

磨炼。1999 年，李菊兰选择了下海经商，凭借着先前打工积累下来的管理经验，她在北京成立金色年华服装服饰有限公司，进行服装成衣生产及销售。该公司生产的服装被销往全国各地，李菊兰也淘到了人生的第一桶金。随着公司的扩大，她还一边经商，一边自学大专和本科课程，提升自己的素质。

“北漂”的十几年间，李菊兰拥有了自己的服装厂，也找到了相伴一生的人。然而，别人眼中的幸福美满生活也没有让李菊兰感到满足，甜是家乡水，亲是家乡人，风筝飞得再高再远，线总在家乡系着。当自己拥有幸福生活时，李菊兰总会想起自己的家乡和那些乡亲们，她开始在心中酝酿起返乡创业的念头。

2008 年，李菊兰和丈夫一起回到家乡，并投资 180 余万元在阿拉善右旗阿拉腾朝格苏木查干通格嘎查成立了阿拉善右旗祥瑞生态养殖园，并从嘎查招收退牧还草的牧民，对他们进行专业技术培训，然后正式投产。“养猪虽然又脏又累，而且也不是很体面，但我看中了家乡的优势，并且要依托家乡的自然资源优势，创造品牌。”李菊兰说。

万事开头难。创业之初的李菊兰不仅要面对日日刮风的戈壁滩，喝咸到难以下咽的井水，还要自学养猪的专业知识，开拓市场。

李菊兰先后前往兰州正大、张掖新华等大型生猪养殖场，学习先进的养猪模式和方法。购买养殖书籍认真学习，利用网络搜集各地市场信息，研究养猪技术，合理设计猪棚猪圈，四处奔波采购饲料，昼夜不眠看护临产母猪……李菊兰好像一个不知疲倦的陀螺，“因为涉足了一个全新的领域，那时候就希望自己迅速成为这个领域的专家，恨不得一天能有 48 个小时。”李菊兰笑着说。在李菊兰坚持不懈的努力下，养猪场成立之初就收获了不错的经济效益。

然而，市场是瞬息万变的。李菊兰的养殖园成立不久便受国际金融危机的影响。生猪市场低迷，猪肉价格下跌，饲料价格上涨，导致养殖园蒙受了巨大的经济损失。但李菊兰并没有就此放弃，她深知创业难、守业更难的道理，要想寻求更大的发展，就必须在科学管理上下功夫，在打造品牌上下功夫。

李菊兰开始在饲养、疫病预防等方面寻求突破。养殖园率先改用浓缩料，如今又改用科技含量更高的预混料，不使用化学合成的农药、化肥、生长调节剂、饲料添加剂等，遵循自然规律和生态原理。在疫病防治上，建立了蓝耳病、胸膜肺炎、萎缩性鼻炎、圆环病毒等疾病防疫程序，大大提高了猪的成活率和育成率。李菊兰还改变了过去散养模式，用集约化养猪做到全进全出，按批次生产。为了打造自己的品牌，丰富养殖品种的多样性，2009 年，李菊兰通过实地考察从东北引进了野猪。通过精心养殖，野猪肉在当地上市后颇受好评，供不应求，不但增加了企业收入，也提高了企业的知名度。

李菊兰和丈夫在养猪的过程中还发现猪爱吃锁阳，而这个发现让他们的猪肉卖到了 80 元一斤。锁阳是一种中草药材，具有补气益血、润燥养精、提高免疫力的功效，被称为沙漠小人参，而阿拉善正是盛产锁阳的地方。李菊兰看到了家乡的优势，她把锁阳和甘草等十多味中草药搭配起来，开发出专利饲料，给猪喂食，再凭借戈壁滩绿色无污染的养殖环境，成功做出了特色“锁阳猪”。李菊兰的特色养殖经验于 2016 年、2017 年连续两年通过中央电视台七套致富经栏目推广，“锁阳猪”这个品牌也开始走出内蒙古，走向全国各地，在 2016 年销售额就超过了 1600 万元。2021 年，阿拉善盟额济纳旗出现新冠肺炎疫情后，李菊兰还将价值 24 万元的两吨锁阳猪肉装车发往额济纳旗。“疫情当前，一线工作人员特别辛苦，他们的付出有目共睹。希望尽自己的一点微薄之力，更好地保障抗疫一线工作人员的饮食营养。”李菊兰说。

“一个人富了不算富，大家富才是真正的富。我要将这种成功的养殖模式进行复制，带动乡亲们走特色养殖致富之路！”李菊兰的事业蒸蒸日上的同时，她还不忘自己的初心。为此，李菊兰不断地摸索，采取“公司+基地+农户”的模式，由基地提供种苗和饲养技术，带动乡亲们在家乡养猪。她还在北京设立销售公司，协助养殖户销售，并放眼全国市场。如今，阿拉善右旗的祥瑞生态养殖园已逐渐步入正轨，是当地规模最大的一家集饲养、屠宰、加工和销售于一体的肉类食品企业。李菊兰还提出了“崇尚科学、推广绿色、倡导环保”的企业理念，合理利用养殖生产中产生的沼渣、沼液发展高效农业。

未来几年，李菊兰打算以提高生猪养殖的规模化、标准化、多元化为主攻方向，进一步扩大养殖规模。依托得天独厚的资源优势、配套完善的基础设施、专业的技术人才和科学先进的生产设备，打造自己特有的品牌。“感谢改革开放，感谢党的政策，没有党的好政策就没有今天的发展。”这是李菊兰常挂在嘴边的一句话。她也用实际行动回报党的恩情，为乡村振兴贡献自己的力量。

# 米吉格道尔吉：把青春热血献给草原

在美丽的巴尔虎草原上，有这样一个人，他大学毕业后，回到家乡所在的嘎查工作，至今已近 20 年。他始终将把嘎查的事当成自家的事，带领嘎查牧民心往一处聚、力往一处使，想方设法改变嘎查贫困落后面貌，走出了党建引领发展的致富新路子。他就是呼伦贝尔市新巴尔虎右旗克尔伦苏木芒来嘎查党支部书记米吉格道尔吉。

多年来，米吉格道尔吉深深扎根草原，带领牧民群众团结致富的步履从未停歇，他先后获得了第十七届“中国青年五四奖章”“全国劳动模范”“全国农业劳动模范”“全国优秀党务工作者”“内蒙古自治区优秀嘎查党支部书记”等荣誉称号。

米吉格道尔吉出生于 1982 年。2003 年，刚刚大学毕业的米吉格道尔吉被信赖他的牧民推举为芒来嘎查的副嘎查达。三年之后，他成为嘎查达，那年他只有 24 岁。

芒来嘎查曾是远近闻名的贫困嘎查，没有集体牲畜，草场界限不清，牧民间经常闹纠纷。为解决牧民因草场界限问题产生的纠纷，米吉格道尔吉聘请专家重新测量草场，不但清晰界定了牧户的草场，还收回 5 万亩集体草场，集体积累有所增加。

“在我的记忆里，家乡的土地虽然辽阔，但是靠天和草原吃饭的牧民却一直不富裕。我的梦想很简单，就是带领大伙儿一起过上好日子。”米吉格道尔吉深知，要想真正摘掉“穷帽子”，就要改变以往那种靠天养畜、逐草而牧的传统生产方式。

2009 年，米吉格道尔吉组织成立牧民合作社，探索规模化养殖道路。他组织牧民分组放牧，减轻草场放牧压力，节约成本。2011 年，米吉格道尔吉又组织成立呼伦贝尔种羊扩繁基地，将嘎

米吉格道尔吉（左）与嘎查牧民谈心

查的350只巴尔虎种羊集中整合进行游牧饲养，培育出优良种羊。

牧民富不富，关键看支部；支部强不强，关键看支书。2009年7月，米吉格道尔吉加入了中国共产党。2012年，芒来嘎查“两委”班子换届选举中，当了6年嘎查达的米吉格道尔吉被推选为嘎查党支部书记。他坚持民主议事原则，严格执行“三会一课”、党员议事、“三务公开”等制度，凡是嘎查重大事务，都通过“四议两公开”工作法落实。

2015年，米吉格道尔吉成立了米吉格家庭牧场，探索“旅游＋”发展模式，主要以家庭牧户体验为主，传播游牧文化等，吸引对游牧文化感兴趣的国内外游客到牧场旅游度假。

阿日布登仓是米吉格家庭牧场的员工，曾是嘎查建档立卡贫困户。米吉格道尔吉帮他贷款5万元购买了40只基础母羊，旅游旺季，阿日布登仓在米吉格家庭牧场打工，淡季就在草场上放牧。三年后，他的年收入达到了5万元，牲畜数量达到了150只，彻底摆脱了贫困。自米吉格道尔吉创建米吉格家庭牧场以来，带动引领周边多户牧民牧闲时间在家庭牧场工作，提高了农牧民的收入。

在旗委、苏木党委的支持下，米吉格道尔吉还在自家牧场设立了能够容纳20余人的党员群众讲习所，并定期开展党的理论政策、畜牧业养殖专业知识、电商发展模式、乡村振兴案例等相关培训，将牧民群众党员的教育与牧区工作相结合，不断提升党员群众素质。

为进一步促进牧民群众增收，有效保护草原生态，2019年，米吉格道尔吉成立了芒赉畜牧专业合作社，采取股份制经营模式，整合草场和畜群，在嘎查范围内形成划区四季轮牧的通道和区域，以绿色环保的轮牧方式逐年恢复草原生态。合作社有效解决了牧民

米吉格道尔吉（前排右一）和嘎查牧民们

一家一户单独经营所带来的草场面积小、畜牧业生产成本高、市场竞争力弱等弊端，大大提高了牧民收入。

在脱贫攻坚战中，米吉格道尔吉在组织嘎查党支部委员摸底排查贫困户基本信息及生产生活困难的基础上，积极探索“支部＋党员＋贫困户”联动帮扶模式，党支部帮助困难群众出致富点子，或为其提供劳动岗位，更多的是，党员干部从思想、创新意识、教育等方面对贫困户进行启发和鼓励。他组织嘎查“两委”班子会议讨论决定，将嘎查集体每年接产的300只羔羊，平均分给中等以下6户牧户，助力他们脱贫增收。占布拉道尔吉是嘎查相对贫困户，起初名下仅有50只羊，年收入仅1万元。通过嘎查集体资助，经过三年的努力，他已经有了超过160只的羊，年收入达到了5万元。据统计，近几年，通过“支部+党员+贫困户”联动帮扶模式，嘎查5户贫困牧民彻底摆脱了贫困，日子越过越红火。

为了持续壮大嘎查集体经济，米吉格道尔吉还提议将集体草场低价租赁给牧户，一方面为牧民节省了开支，另一方面也促进了嘎查集体积累的增长。通过几年的发展，芒来嘎查早已不是过去的那个“空壳嘎查”，而是发展成了拥有1100多只集体牲畜、集体经济年收入超过90万元的“富裕嘎查”。

作为嘎查党支部书记，米吉格道尔吉始终情系牧民群众，他时刻关注着嘎查看病难、生活难、读书难“三难”群众的生产生活，一次又一次向他们伸出援助之手，主动给予关心和帮助。他召开嘎查“两委”会议，经讨论决定从嘎查集体积累中拿出8万元，帮助患有重病的5户牧民。每年，嘎查还为考上大学的每位学生资助1000元。牧民的合作医疗费、养老保险费等全部由嘎查承担，参加合作医疗率已达到100%。

如今，在芒来嘎查，一提起嘎查党支部书记米吉格道尔吉，牧民们都不由得竖起大拇指，对他赞赏有加。一位牧民说：“米吉格道尔吉为人正直，敢说敢干，为群众着想，我们打心里支持他！”

在米吉格道尔吉的团结带领下，芒来嘎查牧民的日子越过越好，嘎查还被评为市级“文明嘎查”。从二十出头的年轻嘎查达，到年过四十的老支部书记，米吉格道尔吉在基层一干就是近 20 年。他常说：“我没有别的东西可以奉献，唯有辛劳和血汗。”

正是由于米吉格道尔吉有一颗为民服务的赤诚之心，不为所求、默默奉献，他赢得了嘎查群众的一致支持和认可，成为基层组织的“当家人”、牧区致富的“引领人”、牧民群众的“贴心人”。他秉持着为人民服务的坚定信念，把青春热血献给草原，书写了属于内蒙古青年的奋斗篇章。

# 齐轩：为世界籽仁产品供应贡献中国力量

齐轩作为自治区人大代表履职尽责

见到齐轩时，他正在公司的生产车间了解最近一批订单的生产进程。在车间的流水线上，齐轩一路低头细细察看着，不时地和工人们对话沟通，了解生产情况，还不住地提醒大家工作时注意安全，及时清理车间里的杂物。尽管已是企业董事长，但经常深入公司基层了解情况，这是他多年来雷打不动的习惯。

内蒙古轩达食品有限公司董事长、总经理齐轩，是一位实实在在的扎根农村的新时代企业家劳模。

内蒙古轩达食品有限公司位于巴彦淖尔市五原县工业园区内，是一家专业研究生产加工葵花籽仁、无壳南瓜籽、西瓜籽仁等农产品加工的自治区级重点龙头企业。

和所有的创业故事一样，齐轩的“发家史”也不例外，吃苦是唯一的味道，努力奋斗是唯一的“捷径”。40 多年前，年仅 15 岁的农村小伙子齐轩辞别父母，离开贫困不堪的河北老家，一路向西，在黄河北岸、阴山南麓的河套平原落脚。举目无亲的外来户齐轩靠着灵活的脑瓜和勤劳的双手边打零工边做起了农副产品的加工和收购。经过多年的打拼，他创办了轩达公司，生产高品质的葵花籽仁、南瓜籽仁等产品。十几年时间里，齐轩凭借诚信和智慧经营让轩达从一家不为人知的小作坊，发展成产品行销欧美、日韩、中东等国家和地区的大型农牧业产业化龙头企业。

随着乡村振兴持续深入推进和“天赋河套”区域公用品牌的大力推广，农副产品精深加工迎来前所未有的发展机遇。齐轩深知商机的重要性，于是他率先在全县范围内建立了“企业＋合作社＋基地＋农户”的联合体模式，带动农民共同走向致富路。联合体共有11个合作社、10个基地，累计农户1万多户，签约农民每年可增收10%。齐轩还大力扶持贫困户脱贫致富，以提高收购价格形式，使100多户精准贫困户每年增收达20%。2019年，联合体被自治区农牧业厅、发改委、财政厅、自然资源厅联合评选为内蒙古自治区农牧业产业化联合体。

“诚信”二字是齐轩时常挂在嘴边的词。多年来，他坚守诚信经营，与许多国内外客商建立了良好的合作共赢机制。不仅如此，从贫苦中走出来的齐轩对农民的不易最能感同身受，对合作社的农户也拿出了十足的诚信和诚意，“我创办企业的目的不仅仅是让自己拥有更好的生活，更是为了让辛勤劳作的农民找到增收致富的路子。”齐轩说。

2016年春天，五原县农民的葵花籽出现滞销状况。看到心急如焚的乡亲们，齐轩也在心里想着法子。为了不让农民们蒙受损失，齐轩紧急投资50余万元，五次前往土耳其、埃及、伊朗、迪

心怀“打造中国籽仁行业百年品牌”愿景的齐轩

拜等国家和地区，最终帮助农民成功销售了两万多吨葵花籽，为五原县的葵花籽销售打了一个漂亮的翻身仗！自2015年以来，轩达公司为农民销售葵花籽、葫芦籽累计6.886万吨，给农民支付货款49919万元，为国家创汇累计7200万美金，上缴税金150多万元，每年解决200多人实现稳定就业。能看到自己优质的农产品行销世界，齐轩内心也满是欢喜，“我不会放过每一个让我们的农产品走出内蒙古并走向世界的机会。我希望为县域经济绿色高质量发展、缓减地方就业压力作出积极贡献”。齐轩坚定地说。

发展是第一要务，人才是第一资源，创新是第一动力。在企业顺利发展的过程中，齐轩也深深认识到，要想在激烈的市场竞争中立于不败之地、把企业做大做强，就必须打造一支现代化的高效运营团队。经过多年的苦心经营，轩达公司成立了研发、采购、生产等十几个部室，配齐了党支部、工会等部门。在齐轩的带领下，打造出一支爱学习、肯钻研、精业务的高素质精英团队，还形成了“天道酬勤，臻于至善，诚信是金，质量第一”的企业文化，始终奉行着“重合同、守信誉”的经营宗旨，同时，实行赏优罚劣，每年拿出20多万元表彰奖励优秀员工。轩达公司成为中国西北部地区较大的葵花籽深加工出口创汇企业，多次被五原县政府评为社会效益贡献大户，由他创造的“轩达”品牌籽仁食品加工产品，年产量可达 3 万吨，产品远销欧美、东南亚等 50 多个国家和地区。经过 30 多年的艰苦创业，齐轩获得了“全国劳动模范”“自治区劳动模范”“自治区优秀农牧民工”“巴彦淖尔市创业就业先进个人”等荣誉，企业也取得了多项国际认证。

这些荣誉对齐轩来说，更像是提醒他不断前进的信号，“对我来说，每一项荣誉都是一种鼓励和鞭策，让我们民营企业家更有激情、更有斗志”。齐轩认为，得到的荣誉越多，也意味着他有义务承担更大的责任，作为企业家，不能忘记回馈社会和奉献社会的初心使命。齐轩热心投身社会公益事业，近年来，他带领公司先后为汶川和玉树等地震灾区、乡村修路、自来水安装等捐款捐物；帮助牧区抗旱救灾，资助失学儿童和贫困大学生，让他们能够重返校园，为他们的人生带来希望；齐轩还积极为敬老院老人和包联贫困户提供帮助，累计捐款捐物近 50 万元。新冠肺炎疫情暴发后，齐轩第一时间代表公司为五原县医院和疾控中心捐款 2.6 万元，助力全县人民打赢疫情防控阻击战。

心怀着“打造中国籽仁行业百年品牌”的愿景，肩负着带领员工致富，帮助农民增收，为世界籽仁产品供应贡献中国力量的使命，齐轩希望未来能在特色农产品加工领域走得更远。

# 额尔登其木格：当好与草原和谐共处的带头人

内蒙古包头市达尔罕茂明安联合旗（以下简称达茂旗）草原推行禁牧政策前期，草原严重沙化退化，实行禁牧、休牧政策为的是保护脆弱的生态环境。可一些农牧民在认识上还接受不了，认为舍饲养羊太麻烦，不如把羊赶出去放在草原上方便。同时，实行圈养

额尔登其木格于 2015 年 5 月被评为“全国劳动模范”

以后，很多农牧民没有圈养经验，饲草供应、圈舍建设等配套措施也没有跟上。

额尔登其木格就是在这样的情况下，于 2001 年和爱人那日苏从包头市回到达茂旗达尔罕苏木额尔登敖包嘎查创业的。

位于包头市北 150 公里处的达茂旗，地处阴山北麓。那时，曾经“敕勒川阴山下，风吹草低见牛羊”的壮景不在，草原土壤含沙量大，土层薄，风蚀沙化严重，生态系统十分脆弱。

额尔登其木格回到阔别多年的家乡，已是深秋。远处起伏的丘陵失去灌木的遮掩，露出瘦骨嶙峋的胸膛，时紧时慢的秋风在原野上飞来奔去，把落叶、枯草搅起又胡乱地撒落开来……

额尔登其木格心潮澎湃，这里有她的父老乡亲，有她童年少年时期的记忆，有她千丝万缕的根……她相信自己一定能凭着勤劳的双手改变这里的生活环境，创造属于自己的幸福。

起初，额尔登其木格考察了包头当地养梅花鹿的项目。禁牧政策下，梅花鹿可以圈养，吃草少，鹿肉、鹿角都可以变现。回到草原，额尔登其木格便养起了梅花鹿。可是由于养殖经验不足，很快，养鹿的路子走不通，损失惨重。

但她没有气馁，主意一定，当下拍板：还是做牧民擅长的——养羊！

于是，额尔登其木格就和草原上的父老乡亲商量：把羊圈养起来，投资育肥羔羊养殖。

“养羊可辛苦了，你得吃得了苦。”一个姐妹给她打起了“预防针”。额尔登其木格却倔强地说：“我不怕吃苦，干事业没有不吃苦的。”

说干就干，额尔登其木格每天喂料、清粪，浑身沾满羊膻味。

起初圈养，不少人不习惯，完全是应付，喂料不定时，甚至有时饥一顿饱一顿，羊舍粪污长期不清理能攒几十厘米厚……

“你要是应付羊，羊也会应付你，那是绝对赚不到钱的！”额尔登其木格说，“要引进新的肉羊品种，把羊圈养起来，数量是降下来了，但质量提上去了，经济效益照样好。”

有些牧民习惯放牧，嫌圈养麻烦，除了夜里偷牧，还有的在禁牧区和休牧区的边界活动，搞“游击式”放牧，还有人把禁牧区的牲畜转移到休牧的草场……

听到这些招数，额尔登其木格语重心长地说：“既然国家搞禁牧工作就一定有国家的道理。这些年我们的草场确实退化严重，生态涵养不起来。因为缺水、干旱，植物长得不够茂密，不够粗壮，像缺少营养的孩子，让人心痛。政府是让生态自我休养一阵子，把羊圈养起来也是一条出路。就是改变原有的靠天吃饭，哪里有草就往哪里放牧的习惯。将牲畜安置到房舍中，用人工种植的牧草或人工饲料喂养，这样在房舍中的牲畜不容易被冻死，而且便于接种疫苗，便于管理。政府这次找我谈话，就是希望我给禁牧带个好头……”

于是，额尔登其木格开始了她的育肥羔羊养殖。

事业才刚刚起步，就赶上了2003年发生的SARS疫情，由于没有经验，第一次养育也遭受了失败。

想想自己买回羊时的手忙脚乱，羊病了的痛苦无奈，额尔登其木格心里很不是滋味。那日苏也有点打“退堂鼓”，有时候也会赌气地说：“干脆还是放弃吧，我们也像嘎查里的年轻人一样到大城市打工去！”

额尔登其木格却说，既然选择了就要坚持下去。

额尔登其木格（右）在羊圈中喂羊

她开始查阅书籍，请教技术专家。通过学习，她发现舍饲畜牧业有别于传统畜牧业，额尔登其木格一边学一边自己琢磨。

在畜牧站技术人员耐心的指导下，按科学配方配制饲料，定时定量少喂勤添，做好饲养卫生和消毒工作，经常打扫羊舍、活动区域，每月做一次常规消毒……很快，2005 年，她的育肥羊项目就见到了效益，挣了 2.7 万元，到 2008 年收入已达到 4 万多。

“饲养要科学配比，这样羊吃了才会长得快，防疫程序一定要做好，不然来了疫情就麻烦了，简单的羊病一定要会自己治，不然找兽医，半只羊钱就没了……”额尔登其木格把自己的经验传授给大家，也把“禁牧、休牧、轮牧、舍饲”的观念传授给大家，使农牧民转变畜牧业生产方式，摸索出一套与草原和谐共处的发展之路。

多年来，他们夫妻俩积极响应党和政府的号召，学科技、学政策，不等不靠，凭着一双勤劳的双手，辛勤劳动，带头禁牧，保护草原生态，带头转变思想观念，改变传统的粗放散养经营方式，带头转产，发展三产旅游业，开办生态草原旅游“牧家乐”接待点，使达茂旗草场增产又增绿，收入年年增，为当地牧民群众勤劳致富带了好头。

2015 年 5 月，额尔登其木格被评为“全国劳动模范”，更是成了达茂旗草原家喻户晓的名人，成为牧民心中的“劳动标兵”。

2014 年，她有了学做蒙古袍的想法，说干就干，她去呼和浩特市学习了半年。回到达茂旗百灵庙镇开起了蒙古袍手工制作店铺，边做边带学徒。“平均每件能卖到 500 元左右，收入也是很不错的。”2020 年新冠肺炎疫情暴发，额尔登其木格惦记家中的羊群，又回到了嘎查。

经过几年的休养生息，草原又回到了过去的一望无际、碧草连天。如今 49 岁的额尔登其木格和她的 300 只羊、五六十匹马，以及她的爱人那日苏，依然坚守在美丽的家乡额尔登敖包嘎查。

# 后　记

2022年，是进入全面建设社会主义现代化国家、向第二个百年奋斗目标进军新征程的重要一年，是党的二十大召开之年。为迎接党的二十大，特将《全面建成小康社会内蒙古奋斗者》一书付梓，以献给内蒙古自治区各族干部群众。

按照自治区党委宣传部的部署安排，内蒙古日报社承担此书的整理、编撰重任。内蒙古日报社高度重视这项工作，成立了由副总编辑江新辉牵头，张俊在、马少林、许晓岚、戴宏、庞俊峰、郭俊楼、梁亮、白丹、宋爽、潘佳佳、陈春艳、李晗、韩雪茹、薛来、帅政、高慧、康丽娜、马芳、柴思源、赵曦、李存霞、王坤组成的编写组。编写组多次召开协调会，讨论完善大纲，统筹安排编写任务，终成此书，殊为不易。此外，自治区党委组织部、宣传部，自治区乡村振兴局、总工会等部门对本书的编写工作给予支持和帮助，在此一并表示感谢。

作为《“纪录小康工程”地方丛书》的分册，我们在“奋斗者”人物的选择标准上，侧重选取党的十八大以来荣获全国性重要荣誉的区内人物，具体包括国家荣誉称号获得者，“七一勋章”获得者，2021年中共中央、国务院表彰的全国脱贫攻坚楷模和先进个人，最美奋斗者，全国优秀共产党员，全国劳动模范和先进工作者以及具有社会引领作用的时代楷模、全国道德模范等。通过选编部分先进典型人物的感人故事，记录这段波澜壮阔的奋斗历程，以期激励全区广大干部群众继往开来、奋斗不止。

由于时间、编撰人员能力水平、资料掌握等方面的限制，书中难免有不当和缺漏之处。我们恳切地期待广大读者给予批评指正。

本书编写组

2022 年 6 月 1 日